MÜNCHENER BEITRÄGE

ZUR

ROMANISCHEN und ENGLISCHEN PHILOLOGIE.

HERAUSGEGEBEN

VON

H. BREYMANN und J. SCHICK.

———

XXV.

DIE WIELANDSAGE IN DER LITERATUR.

ERLANGEN & LEIPZIG.
A. DEICHERT'SCHE VERLAGSBUCHH. NACHF. (GEORG BÖHME).
1902.

DIE

WIELANDSAGE

IN DER

LITERATUR.

Von

DR. P. MAURUS.

————⊶⊹⊷——

ERLANGEN & LEIPZIG.
A. DEICHERT'SCHE VERLAGSBUCHH. NACHF. (GEORG BÖHME).
1902.

PT 212
W6 M3

Vorwort.

Die Wielandsage erfreute sich von jeher der besonderen Beachtung der Forschung — von den Brüdern Grimm und K. Müllenhoff bis auf die neueste Zeit herab.

Ich glaubte darum nichts Überflüssiges zu unternehmen, wenn ich im Folgenden alles diese Sage Berührende in einem Buche zu vereinigen suchte.

Fürs erste bringt nun dasselbe die von der Forschung gewonnenen Zeugnisse der Wielandsage in systematischer Darstellung. Natürlich erfuhren bei diesem Unternehmen die sämtlichen in den verschiedensten Büchern zerstreut liegenden, einschlägigen Abhandlungen die gebührende Beachtung. Durch die Verwertung der Ergebnisse dieser Einzeluntersuchungen, sowie durch die Heranziehung der neuesten Ausgaben der einzelnen Texte, dürfte dieses Material vielfach in neuem Gewande erscheinen.

Vor allem aber wird die Bedeutung und weite Verbreitung der Wielandsage dadurch klargelegt, dass das Bild der Sage in all ihren Gestaltungen von ihrem ersten Erscheinen in der Literatur an bis auf unsere Tage dem Leser vor Augen geführt wird.

Nicht ohne Interesse dürfte auch der Abschnitt sein, der den mittelalterlichen blutigen Mohrengeschichten gewidmet ist, auf deren Verwandtschaft mit der Wielandsage erstmals Professor Sarrazin in Herr. Arch. XCVII, 373 hinweist.

So war ich denn bestrebt, ein erschöpfendes Bild der Wielandsage zu geben.

Noch habe ich an dieser Stelle allen Förderern vorliegender Arbeit meinen tiefgefühlten Dank auszusprechen. Herrn Prof. Dr. Varnhagen verdanke ich die Anregung und Anleitung zu derselben, während die Herren Professoren Dr. Breymann und Dr. Schick, meine hochgeschätzten Lehrer, mich bei der Drucklegung derselben mit Rat und That unterstützten. Herrn Prof. Dr. Schick insbesondere fühle ich mich für die viele Mühe, der er sich bei der Durchsicht meiner Arbeit unterzog, zum tiefsten Danke verpflichtet.

Besonderen Dank schulde ich auch der k. b. Hof- und Staatsbibliothek in München, der k. Bibliothek in Berlin, der k. k. Hofbibliothek in Wien, der Bibliothek in Leiden, endlich dem Richard Wagner-Museum in Eisenach, für die bereitwillige Überlassung der zur Ausführung vorliegender Arbeit benötigten Werke.

Inhalt.

Benützte Literatur.

A. Bücher, in denen über den Wielandmythus gehandelt wird.

Bahder, K. v.: König Rother. Halle. 1884. 8⁰.

Baumgarten, S. J.: Nachrichten von merkwürdigen Büchern. Halle. 1752—58. 12 Bde. 8⁰.

Binz, G.: Zeugnisse z. german. Sage in England (Beiträge z. Geschichte d. deutschen Sprache und Literatur, hersg. v. Sievers, XX, 143—223). Halle. 1895. 8⁰.

Bosworth, J. — Toller, N.: An Anglo-Saxon Dictionary. Oxford. 1882—98. 4 vols. 4⁰.

Brooke, Stopf. A.: The History of Early English Literature. London. 1892. 2 vols. 8⁰.

Brunet, J. Ch.: Manuel du Libraire. Paris. 1860—65. 6 vols. 8⁰.

Creizenach, W.: Studien z. Geschichte d. dramat. Poesie im siebzehnt. Jahrh. (Berichte üb. d. Verhandl. d. k. sächs. Gesellsch. d. Wissensch. zu Leipzig. 38. Bd.) Leipzig. 1886. 8⁰.

— —: Die Schauspiele d. engl. Komödianten. (Deutsche Nationallitteratur, herausg. v. J. Kürschner. 23. Bd.) Berlin und Stuttgart. 1889. 8⁰.

Daub, C. und Kreuzer, F.: Studien. Heidelberg. 1805 bis 11. 6 Bde. 8⁰.

Depping, C. B. et Michel, F.: Véland le Forgeron. Diss. Paris. 1833. 8⁰.

Detter, K.: Zur Völundarkviða. (Arkiv for nordisk Filologi III, 309 ff.) Christiania. 1886. 8⁰.

Fränkel, L.: Refer. über A. Schröer's Ausg. v. Percy's Reliques of Ancient English Poetry. (Engl. Stud. XIX, 423 ff.) Leipzig. 1894. 8⁰.

Gering, H.: Zum Clermonter Runenkästchen. (Zeitschrift f. deutsche Philologie XXXIII, 140 f.) Halle a. S. 1901. 8⁰.

Goedeke, K.: Grundriss d. deutschen Dichtung. 2. Aufl. Dresden. 1884—1900. 7 Bde. 8⁰.

Golther, W., Die Wielandsage und die Wanderung d. fränk. Heldensage. (Germania XXXIII, 449 ff.) Wien. 1888. 8⁰.

Graesse, J. G. Th.: Trésor des livres rares. Dresde. 1859 bis 69. 7 vols. 4⁰.

Grimm, J.: Irmenstrasse und Irmensäule. Wien. 1815. 8⁰.
— —: Deutsche Mythologie. 1.—2. Bd. 2. Aufl. Göttingen. 1844. 8⁰. 3. Bd. 4. Aufl., besorgt von E. H. Meyer. Göttingen. 1875—78. 8⁰.

Grimm, W.: Die deutsche Heldensage. 3. Aufl., von Reinh. Steig. Gütersloh. 1889. 8⁰.

Grimm, Brüder: Kinder- und Hausmärchen. 3. Bd. 3. Aufl. Göttingen. 1856. 8⁰.
— —: Deutsche Sagen. 2. Aufl. Berlin. 1865—66. 2 Bde. 8⁰.

Hofmann, K.: Über d. Clermonter Runen. (Sitzungsber. d. Münchner Akad. d. Wiss. 71, 665—76 und Nachtrag, ebend. 72, 461 f.) München. 1871—72. 8⁰.

Hummel, J.: Neue Bibliothek v. seltenen und sehr seltenen Büchern. Nürnberg. 1776—81. 2 Bde. 8⁰.

Jänicke, O.: Nachlese z. Heldensage. (Zeitschr. f. deutsches Altert. XV.) Berlin. 1870. 8⁰.

Jiriczek, O. L.: Deutsche Heldensagen, I. Bd. Strassburg. 1898. 8⁰.
— —: Ein französ. Wielandmärchen. (Stud. z. vgl. Literaturgesch. Erst. Bd. Heft III. S. 354 ff.) 1901. 8⁰.

Kemble, J. M.: Codex Diplomaticus Aevi Saxonici. London. 1839—48. 6 vols. 8⁰.
— —: The Saxons in England. London. 1849. 2 vols. 8⁰.

Kögel, R.: Geschichte d. deutsch. Literat. bis z. Ausgang des Mittelalt. I. Bd. Strassburg. 1894. 8⁰.

Kögel, R. — Bruckner, W.: Althoch- und altnieder-deutsche Literatur. (Paul's Grundriss der german. Philologie. 2. Aufl. II, 29 ff.) Strassburg. 1901. 8⁰.

Köhler, R.: Kleinere Schriften. Erster Bd. Zur Märchenforschung. Herausg. von J. Bolte. Weimar. 1898. 8⁰.

Koeppel, E.: Beiträge z. Geschichte d. Elisabeth. Dramas. IV. Titus Andronicus. (Engl. Stud. XVI, 365 ff. und Nachtrag, ebend. S. 372 ff.) Leipzig. 1891. 8⁰.

— —: Quellenstudien zu den Dramen George Chapman's, Philip Massinger's und John Ford's. (Qu. F. 82.) Strassburg. 1897. 8⁰.

Kuhn, A.: Die Sprachvergleichung und die Urgeschichte d. indogerm. Völker. (Zf. f. vgl. Sprachforsch. IV, 81.) Berlin. 1855. 8⁰.

— —: Sagen, Gebräuche und Märchen aus Westfalen, Leipzig. 1859. 2 Bde. 8⁰.

Kummer, F.: Besprechung von Jos. Börsch's Drama 'Wieland der Schmied'. (Blätter f. literar. Unterhaltung. Jahrg. 1896. I, 26 f.) Leipzig. 1896. 4⁰.

Liebrecht, F.: Zur Volkskunde. Heilbronn 1879. 8⁰.

Meyer, E. H.: Mythologie d. deutsch. Heldensage von W. Müller. (Anzeig. f. deutsch. Altert. XIII, 19 ff.) Berlin. 1887. 8⁰.

— —: Indogerman. Mythen. Berlin. 1887. 2 Bde. 8⁰.

— —: German. Mythologie. Berlin. 1892. 8⁰.

Meyer, K.: Die Wielandsage. (Germania XIV, 283 ff.) Wien. 1869. 8⁰.

Mone, F. J.: Untersuchungen z. Geschichte d. teutschen Heldensage. Quedlinburg und Leipzig. 1836. 8⁰.

— —: Schauspiele des Mittelalters. Karlsruhe. 1846. 2 Bde. 8⁰.

Müllenhoff, K.: Wado. (Zeitschr. f. deutsch. Altert. VI, 62 ff.) Leipzig. 1848. 8⁰.

— —: Zeugnisse und Exkurse z. deutsch. Heldensage (ZE.), (ebend. XII, 253 ff.) Berlin. 1865. 8⁰.

Müller, P. E.: Sagabibliothek. II. Bd. Übers. v. G. Lange. Berlin. 1832. 8⁰.

Müller, W.: Mythologie d. deutsch. Heldensage. Heilbronn. 1886. 8⁰.

Napier, A. S.: The Franks Casket. (An English Miscellany Presented to Dr. Furnivall in Honour of his Seventy-fifth Birthday. S. 362 ff.) Oxford. 1901. 4⁰.

Niedner, F.: Volundarkviþa. (Zeitschr. f. deutsch. Altert. XXXIII, 24 ff.) Berlin. 1889. 8⁰.

— —: Zur Liederedda. Progr. Berlin. 1896. 8⁰.

Oesterlein, N.: Katalog einer R. Wagner-Bibliothek. Leipzig. 1882—95. 4 Bde. 8⁰.

Rassmann, A.: Die deutsche Heldensage und ihre Heimat. II. Bd. Hannover. 1863. 8⁰.

Rieger, M.: Die Nibelungensage. (Germania III, 176.) Stuttgart. 1858. 8⁰.

Sarrazin, G.: German. Heldensage in Shakspere's Titus Andronicus. (Herr. Arch. XCVII, 373 ff.) Braunschweig. 1896. 8⁰.

Schilling, H.: König Ælfred's Angelsächs. Bearb. d. Weltgeschichte des Orosius. Diss. Halle. 1886. 8⁰.

Schlösser, R.: Wieland der Schmiedt. Seine Entstehung, seine Quellen und seine Bedeutung. (Bayreuther Blätter 1895. S. 30—64.) Bayreuth. 1895. 8⁰.

Schrader, O.: Sprachvergleichung und Urgeschichte. Jena. 1890. 8⁰.

Schröer, A.: Titus Andronicus. Marburg. 1891. 8⁰.

Schück, H.: Volundsagan. (Arkiv f. nordisk Filologi IX, 103 ff.) Lund. 1893. 8⁰.

Sijmons, B.: Heldensage. (Paul's Grundriss der german. Philologie. 2. Aufl. 3. Bd.) Strassburg. 1900. 8⁰.

Simrock, K.: Die Edda, die ältere und die jüngere, übers. und mit Erläuterungen begleitet. 2. Aufl. Stuttgart und Augsburg. 1855. 8⁰.

— —: Handbuch der deutschen Mythologie mit Einschluss der nordischen. 3. Aufl. Bonn. 1869. 8⁰.

Stephens, G.: The Old-Northern Runic Monuments I. London. 1866—67. fol.

Stieglitz, C. A. d. Ält.: Die Sage von Wieland dem Schmied, dem Dädalus der Deutschen. Leipzig. 1835. 8°.

ten Brink, B.: Geschichte d. engl. Litteratur, herausg. v. A. Brandl. I. Bd. 2. Aufl. Strassburg. 1899. 8°.

Trautmann, M.: Zur Berichtigung und Erklärung der Waldere-Bruchstücke. (Bonner Beiträge zur Anglistik. V, 162 ff.) Bonn. 1900. 8°.

— —: Zum zweiten Walderebruchstück (ebend. XI, 133 ff.). Bonn. 1901. 8°.

Uhland, L.: Schriften z. Geschichte d. deutsch. Dichtung und Sage. I. Bd. Stuttgart. 1865. 8°.

Varnhagen, H.: Zur Vorgeschichte der Fabel von Shakespeare's Titus Andronicus. (Engl. Stud. XIX, 163 f.) Leipzig. 1894. 8°.

Viëtor, W.: Das Angelsächs. Runenkästchen aus Auzon bei Clermont-Ferrand. Fünf Tafeln in Lichtdruck. Mit erklärendem Text. Marburg. 1901. 2 Hefte. 4°.

Voss, L.: Überlief. und Verfassersch. des mhd. Ritterromans Friedrich von Schwaben. Diss. Münster. 1895. 8°.

Wadstein, E.: The Clermont Runic Casket. (Skrifter utg. af Kongl. Human. Vetenskaps-Samfundet i Upsala VI, 7.) Upsala. 1900. 8°.

Wagner, R.: Briefwechsel zwischen Wagner und Liszt. Leipzig. 1887. 2. Bde. 8°.

— —: R. Wagner's Briefe an Theod. Uhlig, Wilh. Fischer, Ferd. Heine. Leipzig. 1888. 8°.

— —: Briefe an Aug. Röckel von R. Wagner. Eingeführt durch La Mara. Leipzig. 1894. 8°.

Ward, A. W.: A History of English Dramatic Literature to the Death of Queen Anne. New and Revised Edition. London. 1899. 3 vols. 8°.

Warton, Th.: History of Engl. Poetry from the Twelfth to the Close of the Sixteenth Century, Edited by W. E. Hazlitt. London. 1871. 4 vols. 8°.

Wedde, J.: Miscellen aus dem Sachsenwalde. (Jahrb. d. Vereins f. niederdeutsche Sprachforschung. Jahrg. 1875.) Bremen. 1876. 4°.

Windle, B. C. A.: Life in Early Britain. London. 1897. 8°

Wolf, F.: Zu der Sage von Wieland dem Schmiede. (Alt-deutsche Blätter I, 34 ff.) Leipzig. 1836. 8⁰.

Wülfing, J. E.: Besprechung von Jos. Börsch's Drama 'Wieland der Schmied'. (Deutsche Dramaturgie. Zeitschr. f. dramat. Kunst und Literatur II, 25 ff.) Leipzig. 1895 —96. 4⁰.

Wülker, R.: Grundriss z. Geschichte der angelsächs. Litte-ratur. Leipzig. 1885. 8⁰.

— —: Bibliothek d. angelsächs. Poesie. Begründet von Chr. Grein. Kassel und Leipzig. 1881—98. 3 Bde, 8⁰.

— —: Geschichte der engl. Litteratur von den ältesten Zeiten bis zur Gegenwart. Leipzig und Wien. 1896. 8⁰.

Zupitza, J.: Ein Zeugnis für die Wielandsage. (Zeitschr. f. deutsches Altertum XIX, 129 f.) Berlin. 1876. 8⁰.

B. Texte der Überlieferungen, Zeugnisse und Bearbeitungen der Wielandsage (sowie der verwandten mittelalterlichen Mohrengeschichten).

Adémar de Chabannes: Chronique publiée d'après les manuscrits par Jul. Chavanon. Paris. 1897. 8⁰.

Allfeld, Ph.: Wieland der Schmied. Oper in 3 Aufzügen. Nach Simrock's gleichnamigem Heldengedicht bearbeitet. Musik von Max Zenger. München. 1894. 12⁰.

Arwidsson, A. J.: Svenska Fornsånger, En Samling af Kämpavisor, etc. Stockholm. 1834—42. 3 vols. 8⁰.

Bandello, M.: Le tre parti de le Novelle. 3 vols. Lucca. 1554. 4⁰.

Bartsch, K.: Meisterlieder der Kolmarer Handschrift. (Litt. Ver. 68. Bd.) Stuttgart. 1862. 8⁰.

Behaghel, O.: Heinrichs von Veldeke Eneide. Heilbronn. 1882. 8⁰.

Belleforest, Fr.: Histoires tragiques, Extraictes de l'italien de Bandel, etc. Rouen. 1603. 7 vols. 16⁰.

— — (span. Übers.): Historias tragicas exemplares, sacadas de las obras del Bandello Verones. Nueuamente tradu-zidas de las que en lengua Francesa adornaron Pierre

Bouistau y Francisco de Belleforest. (A costa de Claudio Curlet.) Salamanca. 1589. 8⁰.

Bêowulf: Herausg. von M. Heyne. VI. Aufl., besorgt von A. Socin. Paderborn. 1898. 8⁰.

Bergmann, J.: Von dem übelen wîbe. (Anzeigebl. f. Wissensch. und Kunst, N 94 zu Jahrb. d. Literatur 94. Bd.) Wien. 1841. 8⁰.

Bladé, J. Fr.: Contes Populaires de la Gascogne. Tome I. (Les Littératures de toutes les nations, XIX.) Paris. 1886. 8⁰.

Bodin, J.: Les Six Livres de la République. Paris. (chez J. du Puys) 1577. fol.

— — (ital. Übers.): I sei libri della republica del Sig. Giovanni Bodino. Tradotti di lingua Francese nell' Italiana da Lorenzo Conti. Genua. 1588. fol.

— — (span. Übers.): Los Seis Libros de la Republica de Joan. Bodino. Traducidos de lengua Francesa, y emmendados Catholicamente: Por Gaspar de Annastro Ysunza. Turin. 1590. fol.

— — (lat. Übers.): Joan. Bodini de Republica Libri Sex, Latine ab Authore redditi, multo quam antea locupletiores et nunc hac secunda editione ex authoris autographo recogniti, etc. [Paris] Dupuys. 1591. 8⁰. Frankfurt. 1622. 8⁰. 1641. 8⁰.

— — (engl. Übers.): The Six Bookes of a Common-Weale, out of the French and Latine Copies, Done into English by Rich. Knowles. London. 1600. fol.

Börsch, J.: Wieland der Schmied. Drama in fünf Aufzügen. Bonn. 1895. 8⁰.

Comyn, A.: Joseph Börsch. Wayland the Smith. Drama in Five Acts. Translated by A. Comyn. London. 1898. 8⁰.

Costo, F.: Il Fuggilozio, diuiso in otto giornate, etc. Nuova Aggiunta al F. dello stesso Autore. Venetia. 1660. 8⁰.

Demmin, Aug.: Wieland der Schmied. Saga-Drama in vier Aufzügen. Leipzig. 1880. 8⁰.

Deutsches Heldenbuch: I. Teil: Biterolf und Dietleib, Laurin. und Walberan, herausg. v. O. Jänicke. Berlin. 1866—70. 5 Teile. 8⁰.

II. Teil: Alphart's Tod, Rabenschlacht, herausg. v. E.
Martin.

V. Teil: Virginal, herausg. v. J. Zupitza.

Doon de Maience: Chanson de Geste, publiée par A. Pey.
Paris. 1859. 8⁰.

Drachmann, Holger: Vølund Smed, Melodrama. Tredie
Oplag. Kjøbenhavn. 1898. 8⁰.

Fierabras: Chanson de Geste, publiée par A. Kroeber
et G. Servois. Paris. 1860. 8⁰.

— —: Fierabras, Ein schöne History von einem Riesen aus
Hispanien, etc., auss Frantzösischer Spraach verteutscht.
Cölln. 1603. 8⁰.

— —: Der Roman von Fierabras, Provenzal. herausg. v.
J. Bekker. Berlin. 1829. 4⁰.

— —: El cantare di Fierabraccia et Uliuieri, herausg. v. E.
Stengel. Marburg. 1880. 4⁰.

— —: Sir Ferumbras, Edited by S. J. Herrtage. London.
1879. 8⁰.

Golther, W.: Das Lied vom Hürnen Seyfried nach der
Druckredaktion des 16. Jahrh. Mit einem Anhange.
Das Volksbuch vom gehörnten Siegfried nach der ältesten
Ausgabe (1726). Halle a. S. 1889. 8⁰.

Görres, G.: Der hürnen Siegfried und sein Kampf mit dem
Drachen. Eine altteutsche Sage. 2. Aufl. Regensburg.
1883. 8⁰.

Goulart, S.: Thresor d'Histoires Admirables et Memorables
de nostre temps, Recueillies de plusieurs Autheurs, Me-
moires et Avis de divers Endroits. Mises en lumière par
Simon Goulart Senlisien. 1610. 3 vols. 8⁰.

— — (holländ. Übers.): Cabinet der Historien. Bestaende
in veel vreemde, notabele en uytstekende Geschiedenissen.
Door Sim. Goulart. zijnde seer vermakelick en profytelick
te lesen, alle Beminners der Wetenschappen. Uyt het
Frans vertaelt. T'Amsterdam. 1664. 4 vols. 12⁰.

Groote, E. v.: Des Meisters Godefrit Hagen, der Zeit
Stadtschreibers, Reimchronik der Stadt Cöln aus dem
dreizehnten Jahrh. Cöln a. Rh. 1834. 8⁰.

Grundtvig, Svend: Danmark's gamle folkeviser I. Kjöben-
havn. 1853. fol.

Hadorph, J.: Två gamhla svenske Rijm-Krönikor. Stockholm. 1674—76. 2 vols. 4⁰.

Hagen, F. H. v. und Primisser, A.: Der Helden Buch
in der Ursprache herausg. Berlin. 1820—25. 2 Bde. 4⁰.

Heerbrandt, G.: Wieland der wackere Schmied. Nach
einer alten Volkssage bearbeitet. Schwäb. Hall. 1854. 8⁰.

Heinric: Roman van Heinric en Margriete van Limborch,
uitgegeven door Mr. L. Ph. C. van den Bergh. Leiden.
1846—47. 2 Teile. 8⁰.

Hildebrand, K.: Die Lieder der älteren Edda (Sæmundar
Edda). Paderborn. 1876. 8⁰.

Holthausen, F.: Die Altengl. Waldere-Bruchstücke. Neu
herausg. Mit 4 Autotypien. Göteborg. 1899. 8⁰.

Holz, G.: Die Gedichte vom Rosengarten zu Worms. Halle
a. S. 1893. 8⁰.

Hondorff, A.: Promptuarium Exemplorum. Franckfurt
am Mayn. 1577. fol.

Huon de Bordeaux: Chanson de Geste, publiée par F.
Guessard et C. Grandmaison. Paris. 1860. 8⁰.

— —: Les gestes et faictz merveilleux du noble Huon de
Bordeaulx. Paris (ohne Jahreszahl). fol.

Hyltén-Cavallius, G. O.: Sagan om Didrik af Bern.
Stockholm. 1850—54. 8⁰.

Keck, K. H.: Die Sage von Wieland dem Schmied. Nach
der echten Überlieferung erzählt. (Dritter Teil von Iduna,
Deutsche Heldensagen, dem deutschen Volk und seiner
Jugend wiedererzählt.) Leipzig. 1878. 8⁰.

Keller, A. v.: Das Deutsche Heldenbuch nach dem muth-
masslich ältesten Drucke neu herausg. (Litt. Ver. 87. Bd.)
Stuttgart. 1867. 8⁰.

Labbe, Ph.: Novae Bibliothecae Manuscriptor. Librorum
Tomus II. Paris. 1657. fol.

Layamon's Brut, Edited by Th. Madden. London. 1847.
3 vols. 8⁰.

Manlius, J.: Locorum communium collectanea, etc. Budissinae. 1565. 8⁰.

Massinger, Ph.: Plays edited with Notes Critical and Explanatory by W. Gifford. The second edition. London. 1813. 4 vol. 8⁰.

Melander: Jocorum atque Seriorum tum novorum, tum Selectorum atque Memorabilium Libri tres. Recensentibus Othone J. C. filio et Dionysio P. P. H. Melandris. Frankfurt. 1617. 3 vols. 8⁰.

— (deutsche Übers.): Lich. 1605. 8⁰. Rostock. 1638. 8⁰.

Oehlenschläger, A.: Vaulundurs Saga, udgivet ved F. L. Liebenberg. (Folkeudgave Nr. 21.) Kjøbenhavn. 1888. 12⁰.

— —: A. Oehlenschläger's Schriften. 15. Bdchen. König Hroar. 17. Bdch. Waulundur. Breslau. 1830. 12⁰.

Orbarius, Th.: Boethii de Consolatione Philosophiae Libri V. Jena. 1843. 8⁰.

Peiper, R.: Ekkehardi Primi Waltharius. Berlin. 1873.

Percy's Reliques of Ancient Poetry: Herausg. von A. Schröer, Heilbronn 1889 und Berlin. 1893. 2 Bde. 8⁰.

Pontanus, J.: Joannis Joviani Pontani Opera omnia soluta oratione composita. III partes. Venetiis in Aedibus Aldi. 1518—19. 3 vols. 4⁰.

Ragor, J. H.: Locorum, etc. (s. ob. Manlius). Der erste Theil. Frankfurt. 1566. 8⁰.

Raimbert de Paris: La Chevalerie Ogier de Danemarche, publiée par J. Barrois. Paris. 1842. 2 vols. 8⁰.

Raoul de Cambrai: Chanson de Geste, publiée par P. Meyer et A. Longnon. Paris. 1882. 8⁰.

Ritson, J.: Ancient Engleish Metrical Romanceës. London. 1802. 3 vols. 8⁰.

Roxburghe Ballads, The: Printed for the Ballad Society. Hertford. 1871—74. 2 vols. 8⁰.

— —: Edited by Charles Hindley. London. 1873—74. 2 vols. 8⁰.

San-Marte: Vita Merlini, latein. Gedicht aus dem 13. Jahrh. Halle. 1853. 8⁰.

Scheffel, J. V. v.: Ekkehard. Eine Geschichte aus dem 10. Jahrh. 29. Aufl. Stuttgart. 1877. 8⁰.

Schlemm, O.: Drei Dramen zur Composition geeignet. Mit einer Einführung und einer ästhetischen Studie über das musicalische Drama. Hannover. 1880. 8⁰.

Schmidt-Weissenfels: Zwölf Schmiede. Histor.-novellist. Bilder der bemerkenswerthesten Zunftgenossen. 2. Aufl. Stuttgart. 8⁰.

Schönhuth, O. F. H.: Hugdietrichs Brautfahrt und Hochzeit. Wieland der kunstreiche Schmied. Zwei sehr ergötzl. und abenteuerl. Historien. Aus alter Geschrift gezog. und aufs Neue erzählt. 2. Aufl. Reutlingen. 1846. 8⁰.

Scott, W.: Kenilworth. (Tauchnitz Edition.) Leipzig. 1845. 8⁰.

Sedgefield, W. J.: King Alfred's Old Engl. Version of Boethius De Consolatione Philosophiae. Oxford. 1899. 8⁰.

Shakspere, W.: The Works of W. Shakespeare, ed. by W. G. Clark and W. A. Wright. (Globe Edition.) London. 1895. 8⁰.

Simrock, K.: Wieland der Schmied, Heldengedicht. 3. Aufl. Stuttgart und Tübingen. 1851. 12⁰.

— —: Das Heldenbuch. Stuttgart und Tübingen. 1843—44. 4 Bde. 8⁰.

Stark, F.: Dietrich's erste Ausfahrt. (Litt. Verein.) Stuttgart. 1860. 8⁰.

Stengel, E.: Bruchstück der Chanson de Garin de Monglane. (Gröber's Z. f. rom. Phil. VI, 403 ff.) Halle. 1882. 8⁰.

Sweet, H.: King Alfred's Orosius Part I. Old-Engl. Text and Latin Original. (E. E. T. S.) London. 1883. 8⁰.

Thèbes, le Roman de: publié par L. Constans. Paris. 1890. 2 vols. 8⁰.

Thierry, A.: Histoire de la Conquête de l'Angleterre par les Normands. Paris. 1883. 2 vols. 8⁰.

Thomae, H.: Titus und Tomyris oder Traur-Spiel. Beygenahmt die Rachbegierige Eyfersucht. Aufgesetzt von Hieronymo Thomae von Augstburg. Giessen. 1661. 4⁰.

Titus Andronicus: Eine sehr klägliche Tragoedia von Tito Andronico und der hoffertigen Kayserin, darinnen denckwürdige actiones zu befinden. Herausg. v. W. Creizenach. (23. Bd. von Kürschner's Nationallitteratur.) Berlin und Stuttgart. 1889. 8⁰.

Todd, H. A.: La Naissance du Chevalier au Cygne, ou les Enfants Changés en Cygnes. French Poem of the XII th Century. (Publ. of the Mod. Lang. Assoc. of America.) Baltimore. 1889. 8⁰.

Torrent of Portyngale: Edited by E. Adam. (E. E. T. S.) London. 1887. 8⁰.

Unger, C. R.: Saga Điđriks Konungs af Bern. Christiania. 1853. 8⁰.

Vos, J.: Aran en Titus, of Wraak en Weer Wraak. Treurspel door Jan Vos. t'Amsteldam. 1724. 8⁰.

Wace: Le Roman de Brut par Wace, publié par Le Roux de Lincy. Rouen. 1836—38. 2 vols. 8⁰.

Wagner, R.: Gesammelte Schriften und Dichtungen von R. Wagner. 2. Aufl. 3. Bd. Leipzig. 1887. 8⁰.

Wartmann, H.: Urkundenbuch der Abtei Sanct Gallen. Zürich und S. Gallen. 1863—64. 4 Bde. 4⁰.

Wilken, E.: Die Prosaische Edda im Auszuge nebst Völsunga-saga und Nornagests-tháttr. Paderborn. 1877. 8⁰.

Zarncke, F.: Das Nibelungenlied. 6. Aufl. 12. Abdruck des Textes. Leipzig. 1887. 8⁰.

I. Die Wielandsage.

Die Wielandsage tritt uns zum ersten Male in einem der ältesten Lieder der Edda, der Vǫlundarkviđa, in bereits ausgebildeter Gestalt entgegen, so dass dieses Eddalied die älteste und wichtigste Überlieferung des Mythus von Wieland dem Schmiede bietet.

Es beginnt darum dieses Kapitel mit der Erzählung der Wielandsage nach der Vkv., und zwar nach deren vollständigeren Gestalt, dem strophischen Teile. Da aber die Vkv. (bestehend aus Prosanotiz und strophischen Teil) die Unterscheidung zweier verschiedener Typen der Wielandsage notwendig macht, so glaube ich, trotzdem der eine Typus (Prosanotiz) gegenüber dem anderen (strophischen) Teil fast gar nicht in Betracht kommt, weil er in der Folge nur in einem einzigen Zeugnisse Vertretung gefunden hat, gleich von vornherein beide Typen strenge von einander scheiden und ihre gegenseitige Unabhängigkeit betonen zu müssen. Denn fürs erste ist doch durch die Thatsache des einmaligen Vorkommens in der Literatur die selbständige Fortpflanzung dieses Typus erwiesen, dann aber erfordern die neuzeitlichen Bearbeitungen der Wielandsage eine genaue Kenntnis beider Typen, weil in ihnen die Verknüpfung von beiden fast durchwegs unternommen wird, wie wir sehen werden.

Weiter sind auch die Fragen über Heimat, Ursprung und Alter unserer Sage zu behandeln. Bei ihrer Beantwortung habe ich mich nur an die neuesten Ergebnisse der Forschung, wie sie vor allem in den beiden hervorragenden Arbeiten von Jiriczek (*Deutsche Heldensagen* I) und Sijmons (*Die Heldensage*, in *Paul's Grundriss d. germ. Phil.*, 2. Aufl. III. Bd.) niedergelegt sind, anzuschliessen.

a) Die Sage nach ihrer episch-heroischen Gestalt der Überlieferung im strophischen Teil der Vkv.[1]

Níđuđ, König der Niaren, dringt mit seinen Leuten in das Wolfsthal ein und überfällt Vølund, den ersten der Schmiede. Sie nehmen sein Schwert und seine Schätze (darunter einen überaus wichtigen Ring, den Níđuđ nach seiner Heimkehr der Tochter gibt)[2] und schleppen ihn gefesselt nach dem königlichen Palaste. Auf den Rat der Königin durchschneidet man dem Finsterblickenden die Kniesehnen und setzt ihn auf einem benachbarten Holm gefangen. Dort fertigt Vølund Kostbarkeiten und sinnt auf Rache, die er in folgender Weise zur Ausführung bringt:

Die zwei jungen Söhne des Königs kommen zu seiner Schmiede, um sein Gold und seine Kostbarkeiten zu schauen. Vølund ergreift sie und schlägt ihnen die Köpfe ab. Aus ihren Schädeln bildet er Trinkschalen für den König, aus ihren Augen Edelsteine für die Königin und aus ihren Zähnen Brustspangen für Bøđvild, die Königstochter. Und als Bøđvild ihren Ring gebrochen hat und deshalb zu ihm gekommen ist, damit er ihn wiederherstelle, reicht er ihr einen betäubenden Trunk und thut ihr Gewalt an.

Nachdem er sich also gerächt hat, erhebt er sich in die Lüfte (mit Hilfe des wiedergewonnenen Ringes, ist anzunehmen).[2] Auf des Palastes Zinne sitzend verkündet Vølund dem

---

[1] Benutzt wurde für die *Vkv.* die *Edda-Ausgabe* von K. Hildebrand, *Paderborn* 1876 (*Vkv.* S. 131—139).
[2] Nähere Ausführung über die Bedeutung des Ringes folgt S. 13 f.

Könige sein vollbrachtes Rachewerk und fliegt hohnlachend
davon. Niđuđ aber vernimmt aus dem Munde der Tochter
die Bestätigung ihrer Schande.

b) Unterscheidung zweier verschiedener Typen der Sage in der Vkv.

Die einleitende Prosanotiz der Vkv.[1]) zwingt uns durch
ihre Angaben zu dem Schlusse, dass ausser der im darauf-
folgenden stroph. Teil (Inhaltsang. oben) wiedergegebenen
Tradition der Sage noch eine andere ursprüngliche Überlieferung derselben bestanden hat. Doch lässt sich aus dieser
Prosaangabe ein so wenig klares Bild gewinnen, dass infolgedessen der genannte stroph. Teil allein als die eigentliche
Wielandsage zu bezeichnen ist. Dessen ungeachtet ist aber
daran festzuhalten, dass ursprünglich zwei verschiedene Überlieferungen der Sage (wohl beide in Liedform) bekannt waren.
Diese wurden dann von dem norwegischen Dichter zu einem
Ganzen in der Vkv. verbunden (vgl. unten S. 13).

So müssen wir in der Vkv. zwei von einander verschiedene Sagentypen unterscheiden. Beide gehen jedoch
wiederum von derselben Quelle aus — dem niederen Mythus
des zauberhaften Schmiedes, welcher bei den meisten Völkern
verbreitet war.[2]) Die beiden Typen sind:

---

[1]) Die *Vkv.* zerfällt in 2 Teile: 1. die Prosanotiz am Anfang und
2. der daranschliessende stroph. Teil. Der Inhalt der Prosanotiz ist
folgender (nach Hildebrand S. 131):

Niđuđ war König in Schweden und hatte zwei Söhne und eine
Tochter Bǫđvild. Slagfiđr, Egill und Vǫlundr waren drei Brüder,
Hlaðguðr svanhvit, Hervǫr alvitr und Qlrún drei Schwanenmädchen.
Es kamen die Walküren über den Dunkelwald geflogen und liessen sich
am Meeresstrande nieder. Die Brüder ergriffen sie und machten sie zu
ihren Frauen. Aber nachdem sieben Winter vorübergegangen, flogen
die Mädchen wieder fort in den Kampf und verliessen die Brüder. Egill
und Slagfiđr gingen nun weg, um Qlrún und Svanhvit zu suchen. Vǫlundr aber blieb im Wolfsthal.

[2]) Literaturnachweis hierüber J i r i c z e k S. 7; die Fortpflanzung
dieses Mythus bis auf unsere Zeit ist durch die *Volkssage von Berkshire*
(s. S. 28 ff.) erwiesen.

I. Der Typus von dem 'Schwanjungfrauen-
raube'.

II. Der Typus von 'Wieland's Gefangenschaft
und Rache'.

Typus I nun findet sich mit Beziehung auf unseren
Helden nur in einem einzigen Zeugnisse [1]), dem mhd. Gedichte 'Friedrich von Schwaben'. Alle übrigen Zeugnisse
unserer Sage gehören Typus II an, der also mit vollem Rechte
die eigentliche Wielandsage genannt werden kann (s. nähere
Ausführung der in b enthaltenen Punkte bei Jiriczek S. 3 ff.
und Sijmons § 62. 63. 64).

c) Heimat, Ursprung und Alter der Sage.

Heimat. Die Sage gehört Niederdeutschland an, wie die
Untersuchungen über diesen Punkt hinlänglich darlegen (s.
Sijmons § 63; Kögel-Bruckner, Paul's Gr. II[2] § 23).

Ursprung.[2]) Obwohl nicht geleugnet werden kann, dass
die primitiven Motive unserer Sage sich bei vielen Völkern
vorfinden (s. oben über den Mythus vom zauberhaften Schmiede)
und zahlreiche Parallelen insbesondere in der griechischen und
indischen Mythologie nachweisbar sind [3]) (Jiriczek S. 3, reiche
Literaturangabe), so ist die Wielandsage doch eine germanische Sage. An ihrer echt germanischen Grundlage
darf nicht gerüttelt werden und ist die Annahme, dass antike
Mythen zur Bildung der Wielandsage beigetragen haben [4]),
durchaus abzulehnen (Sijmons § 64).

[1]) Doch ist sonst das Motiv vom 'Schwanjungfrauenraub' weit verbreitet (Literaturangabe Jiriczek S. 9).

[2]) Über diese schwierige Frage haben wiederum Jiriczek S. 1 ff.
und Sijmons § 64 gründlichst gehandelt. Im folgenden ist darum
nur das Ergebnis dieser Untersuchungen wiederholt.

[3]) Um nur ein Beispiel anzuführen, wähle ich aus F. Liebrecht's
'*Zur Volkskunde*' S. 248 folgende Parallele: „Als Amor von der un-
gehorsamen Psyche scheidend in die Luft emporfliegt, lässt er sich
noch einmal auf den Gipfel einer hohen Cypresse nieder und richtet von
da an sie seine letzten Worte." — In der Vkv. str. XXIX, 5 f. erhebt
sich Vǫlund nach Bǫðvild's Schwächung lachend in die Luft und
spricht dann auf des Palastes Zinne sitzend mit Niðuð (str. XXX).

[4]) A. Kuhn, *Z. f. vgl. Spr.* IV, 95 ff., versucht die germanische

Alter. Das Alter der Sage kann nicht mit Sicherheit bestimmt werden. Jedenfalls aber muss die Sage bereits im 7. Jahrh. nach England und nicht viel später nach dem Norden gewandert sein.[1]) (Sijmons § 62. 63.)

II. Die Verbreitung der Sage in der Literatur.

Die Wielandsage zählt zu den herrlichsten der vom Volke geschaffenen Sagen. Naturgemäss sehen wir uns daher

---

Wielandsage vom griechischen Dädalosmythus abzuleiten; Golther, *Germ.* XXXIII, 449 ff., sucht die germanische Wielandsage als eine Verschmelzung der zwei antiken Mythen von Vulcan und Dädalus zu erklären, die im 6. Jahrh. ein fränkischer Redaktor unternommen. und Schück, *Ark. f. nord. Fil.* IX, 103 ff., betrachtet die Wielandsage als eine Übertragung der Dädalussage, die er sich in dieser Form selbst komponierte.

[1]) Die ersten literarischen Spuren, die vielleicht auf unsere Sage bezogen werden könnten, finden sich in einer Stelle der 'Vita S. Severini' des *Eugippius* aus dem Anfang des 6. Jahrh. (um 511), woselbst von einem Strafgericht berichtet wird, das Giso, die Gemahlin des rugischen Königs Feletheus, die Verfolgerin des hl. Severinus, betroffen. Sie lautet: Velox itaque secuta correptio animum prostravit arrogantis. quosdam enim aurifices barbaros pro fabricandis regalibus ornamentis clauserat arta custodia. ad hos filius memorati regis admodum parvulus, nomine Fridericus, eodem die quo regina servum dei contempserat, puerili motu concitus introivit. tunc aurifices infantis pectori gladium imposuere dicentes, quod si quis ad eos absque juramenti praefixo ingredi conaretur, parvulum regium primitus transfigerent et semet ipsos postea trucidarent; quippe cum sibi nullam spem vitae promitterent. macerati diuturnis ergastulis. his auditis regina crudelis et impia, vestibus dolore conscissis talia clamabat „o serve dei Severine . . . . . et aurifices protinus accipientes sacramentum ac dimittentes infantulum pariter et ipsi dimissi sunt. (*Mon. Germ. Hist. Auct. antiquissimi* I, 2, cap. VIII, S. 11, Hds³ 454). Da aber der wirkliche Zusammenhang dieser Episode mit unserer Sage durchaus nicht bewiesen werden kann, so ist es nicht nötig, hier darauf näher einzugehen (vgl. hiezu Jiriczek S. 30f., Sijmons § 64).

in zahlreichen literarischen Erzeugnissen mit ihr in Berührung gebracht.

Wir wollen uns nun bei der Untersuchung derselben zunächst mit der mittelalterlichen Literatur befassen und behandeln daher

A. Die literarischen Überlieferungen, Zeugnisse und Anspielungen des Mittelalters.

Die Verbreitungsgeschichte der Wielandsage im Mittelalter ist nach den von der Forschung gewonnenen Resultaten folgende:

Als Wiege der Sage ist Niederdeutschland (Sachsen) anzusehen (vgl. oben Kap. I, c). Von da ergiessen sich schon frühzeitig nacheinander zwei Hauptströme der Sage nach England und nach dem Norden. Auch nach Oberdeutschland wandert die Sage, ohne jedoch dort festen Fuss zu fassen. In der Heimat selbst lebt die Sage unterdess immer weiter und bildet im Laufe der Zeiten neue Variationen, die wieder in verschiedene Richtungen ausströmen, so dass vor dem 12. Jahrh. ein neuer Sagenzufluss nach England und dann wiederholt nach dem Norden gehen konnte. Vom Norden war bereits im 10. Jahrh. die Kunde vom Schmiede Wieland durch die Normannen nach Frankreich gebracht worden. Endlich finden sich in niederländischen Gedichten aus dem Siegfried-Dietrichsagenkreise Anspielungen auf die Wielandsage.

Diesem Stammbaum der Sagenverbreitung zufolge trete ich nun an die Behandlung der einzelnen Gruppen heran, dabei stets das chronologische und geographische Prinzip im Auge behaltend. Die Glieder einer jeden Gruppe sind ebenfalls chronologisch geordnet (mit einer Ausnahme: unter den ae. Zeugnissen wird Dêors Klage als das wichtigere Zeugnis vor Bêowulf und die Waldere-Bruchstücke gestellt). Endlich gebe ich am Schlusse einer jeden geographischen Gruppe die etwaigen Lokalzeugnisse der Sage.

Die früheste Gruppe bilden

Die altenglischen Zeugnisse.[1]

Hierher gehören:

Das Clermonter Runenkästchen (Franks Casket) [2]
aus dem Ende des 7. oder Anfang des 8. Jahrh.
Ausgabe von W. Viëtor, Marburg 1901. 2 Hefte.

„The Franks Casket" bietet das älteste Zeugnis für
unsere Sage.[3]) Auf diesem Kästchen aus Walrossbein ist
auf der vorderen Seite links eine S c e n e a u s d e r W i e l a n d -
s a g e dargestellt, wie solches zuerst Bugge erkannt hat (s.
Stephens, Old Run. Mon., S. LXIX f.).

Bugge's Deutung dieser Scene ist folgende:

Ein Weib, Beadohild, kommt mit ihrer Dienerin zu
Wéland. Der Körper ihres erschlagenen Bruders liegt am
Boden und ein anderer Mann, Egil, Wélands Bruder, fängt
Vögel.

Jiriczek, a. a. O. S. 19 f., deutet nun die letztgenannte
Person anders. Seiner Auffassung nach stellt sie einen
Königssohn dar, der auf der Jagd nach Vögeln begriffen ist.

In der That ist Jiriczek's Erklärung, der sich auch Sijmons (S. 724, Note) rückhaltslos angeschlossen hat, sehr über-
zeugend. Denn wäre Bugge's Deutung die richtige, so müssten
bereits in so früher Zeit zwei Varianten der Fluchtscene be-

---

[1]) Vgl. Depping, *Vél. le F. chap.* III, Binz, *Beitr.* XX, 186 ff.,
Jiriczek S. 28 f.

[2]) Vgl. Stephens, *Old North. Run. Mon.* *, Wülker, *Grundriss*
S. 356 f. (Literaturangabe), *Bibl. d. ags. Poesie 1.* *, E. Lit.-Gesch. S. 19*,
K. Hofmann, *Sitz.ber. d. kgl. bayer. Akad. d. Wiss.* 71, 665 ff., 72,
461 f., Brooke, *E. E. Lit.* I, 84, Note, Binz, a. a. O. S. 188, Jiri-
czek a. a. O. S. 16 ff. und die *Deutsche Heldens.* *, 2. Aufl. Leipzig 1897,
S. 162, Sijmons § 12, 62, E. Wadstein, *The Clermont Run. Casket* *,
Upsala 1900, A. S. Napier, *The Franks Casket* *, Oxford 1901,
W. Viëtor, *Das ags. Runenkästchen aus Auzon bei Clermont-Ferrand* *,
Marburg 1901, 2 Hefte, H. Gering, *ZfdPh.* XXXIII, 40 f. — Die mit
* bezeichneten Abhandlungen enthalten Abbildungen des Kästchens.

[3]) Obwohl für unsere Sage kein literarisches, sondern lediglich bild-
liches Zeugnis, dürfte doch dies hier der geeignetste Ort für seine Aufnahme sein.

kannt gewesen sein: die Flucht mit Hilfe des Ringes und
die Flucht vermittelst des Federhemdes. Aber es ist doch
gewiss nicht wahrscheinlich, dass zu einer Zeit, in welcher
die albische Natur des Helden noch nicht vergessen war, wie
die jüngere Vkv. bezeugt, zugleich an eine Flucht vermittelst
des künstlich gefertigten Federhemdes gedacht
worden sei.

Anmerkung. Die letzten Herausgeber des ae. Runenkästchens
— Napier, Wadstein, Viëtor — behalten Bugge's Deutung bei.
Wadstein insbesondere tritt für diese ein und sucht Jiriczek's
Ausführungen zu entkräften. Doch vermögen alle von ihm an-
geführten Gründe mich nicht zu bestimmen, Jiriczek's Ansicht
aufzugeben.[1]

So zeigt also das Clermonter Runenkästchen die Scene
von Wieland's Rache in ihren beiden entscheidenden Momenten, der Tötung der Königssöhne und der Entehrung der
Königstochter (Sijmons § 62).[2]

Dêor's Klage (Des Sängers Trost).[3] 8. Jahrh.
Text nach Grein-Wülker 1 278—280.

In diesem Gedichte wird anspielungsweise auf die wesentlichsten Züge unserer Sage hingewiesen: Wêland's Fesselung

---

[1] Viëtor nimmt nicht so entschieden wie Wadstein zu dieser
Frage Stellung. Er sagt: „Jiriczek und Sijmons halten diesen Zug der
Sage für jünger und sehen in der Figur einen der auf der Jagd ver-
irrten Königssöhne [?]. Auch Wadstein bezweifelt die Richtigkeit
dieser Annahme und weist Jiriczek's Gründe zurück." — Napier
nimmt auf Jiriczek's Deutung gar nicht Bezug.

[2] Auch eine Scene auf dem Deckelbilde des Runenkästchens ist
für uns nicht ohne Interesse, da ein dort abgebildeter Bogenschütze, der
im Kampf mit zahlreichen Angreifern liegt, als Egil (der Name Egili
ist gleichfalls auf dem Bilde in Runen zu lesen), der aus der ThS. als
Bogenschütze bekannte Bruder Wieland's, erklärt wird, so bereits
von Bugge, etc. Dass sich Reminiscenzen an dieselbe Geschichte von
Egil in englischen Balladen erhalten haben, sucht Wadstein a. a. O.
an der Hand einer solchen nachzuweisen. Während H. Gering, ZfdA.
XXXIII, 40 f. geneigt ist, der Ansicht Wadstein's beizupflichten,
weisen dagegen Napier und Viëtor die Berechtigung zu einer solchen
Annahme zurück. Da wir hier nun jedenfalls den Bruder Wieland's
ohne Zusammenhang mit unserer Sage vor uns haben, so dürfte dieser
kurze Hinweis auf diese Scene vollauf genügen.

[3] Vgl. Kemble, The Saxons I, 421; Brooke a. a. O. I, 8,

durch König Nîðhâd und die Schwängerung der ihrer Brüder
beraubten Beadohild (Sijmons § 62).

Die betreffenden Strophen lauten: [1]

Wêland him be wurnan [2]) *wræces cunnade,*
ânhŷdig eorl earfoþa drêag.
hæfde him tô gesîþþe sorge and longaþ,
wintercealde wræce: wêan oft onfond,
siþþan hine Nîðhâd on nêde legde,
swoncre seonobende [3]), *onsyllan monn.*
  þæs oferêode, þisses swâ mæg!
Beadohilde ne wæs hyre brôþra dêaþ
on sefan swâ sâr swâ hyre sylfre þing,
þæt hêo gearolîce ongieten hæfde,
þæt hêo êacen wæs, æfre ne meahte
þrîste geþencan, hû ymb þæt sceolde.
  þæs oferêode, þisses swâ mæg!

Zeigen nun die beiden angeführten Strophen des ae.
Liedes vollkommene Übereinstimmung mit dem Berichte der
Vkv., so kann der Dichter dennoch keine nordische Quelle
benutzt haben, da die von ihm gebrauchten Namensformen
nicht die nordischen, sondern die deutschen sind, nur anglisiert
(Kögel a. a. O. S. 102 f., Binz a. a. O. S. 189). Es bleibt
also nur die Annahme offen, dass der altengl. und der nordischen Überlieferung eine gemeinsame Quelle zu Grunde ge-
legen hat, ein niederdeutsches Lied von Wêland's Gefangenschaft und Rache (Niedner, ZfdA. XXXIII, 36; Kögel
a. a. O. S. 103; Jiriczek S. 29; Sijmons § 62).

Note B 326; *Hds* [3] N 8, 1; Niedner, *ZfdA.* XXXIII, 24 ff.; Kögel,
Deutsche Litg. I, 101 ff.; Binz, a. a. O., S. 186; Jiriczek, S. 28,
Note 1; Sijmons, § 13, 62; ten Brink, *E. Litg.* [2] I, 71 f.

[1]) Ich habe in den angeführten ae. Texten die Längezeichen ein-
gesetzt, wenn sie in den benutzten Ausgaben nicht vollständig angegeben
waren.

[2]) Kögel schlägt statt *bewurman* die Form *be wurnan* vor.

[3]) Ebenfalls nach Kögel.

Bêowulf [1]) (gehört spätestens dem 8. Jahrh. an).
Text nach der Ausgabe von Heyne-Socin.

Im Bêowulf wird Wêland ein kunstvoll gearbeitetes
Panzerkleid zugeschrieben. v. 452 ff. richtet Bêowulf an
Hrôdgâr, den Dänenkönig, die Bitte:

> 'Onsend Higelâce, gif mec hild nime,
> beadu-scrûda betst, þæt mîne brêost wered,
> hrægla sêlest; þæt is Hrædlan lâf,
> Wêlandes geweorc.'

Die Namensform Wêland beweist wiederum (vgl. oben
Dêor's Klage), dass der altengl. Dichter sich auf die deutsche,
nicht die nordische Sage bezieht.

Die altenglischen Waldere-Bruchstücke. [2])
Mitte des 8. Jahrh.
Text nach Holthausen's Ausgabe, Göteborg 1899.

Diese Bruchstücke — sie gehen auf die allemannische
Tradition der Waltharisage zurück (vgl. Sijmons § 65) —
bestehen aus nur zwei Blättern. Im ersten Blatte wird Wêland's Schmiedekunst gepriesen, während im zweiten Widia
Wêland's Sohn genannt wird. [3]) Die betreffenden Verse
lauten (nach Holthausen S. 14 f.):

> *(Ia)* hyrde hyne georne:
> 'Huru Wêlandes worc ne [4]) geswîced
> monna ængum [5]) dâra de Mimming can

---

[1]) Vgl. *Sagabibl.* II, 133; Kemble a. a. O. I, 420; Brooke
a. a. O. I, 106; *Hds³* N 6, 1; Sijmons § 13, 23 f.

[2]) Vgl. Müllenhoff. *ZE* 7; Brooke, a. a. O. I, 136, 139 f.;
Kögel a. a. O. S. 235 ff.; Binz a. a. O. S. 187, 217 ff.; Sijmons § 13;
ten Brink I² 37 f.; Trautmann, *Bonner Beiträge zur Anglistik* V.
162 ff., XI, 133 ff. (Trautmann's Abweichungen von Holthausen's
Text gebe ich in den betreffenden Anmerkungen wieder).

[3]) Die früheste Erwähnung dieses Helden geschieht im *Widsîþ*.
124, 130, wo er Wudga der Genosse des Hama genannt wird.

[4]) Trautm. nê.

[5] Trautm. ænigum.

hear[d]ne[1]) gehealdan.   Oft æt hilde gedrêas
swâtfâg and sweordwund sec[g] æfter ôðrum.
(IIa) *v. 4. Ic wât, þæt [h]it ðôhte [2]) Ðêodrîc Widian*
selfum [3]) onsendon, and êar sinc micel
mâðma mid ðŷ mêre, monig ôðres mid him
golde gegirwan — iûlêan genam [4]) —
þæs ðe hine of nearwum Nîðhâdes mæg,
Wêlandes bearn, Widia ût forlêt.

Ælfred's altengl. Übersetzung der 'Consolatio Philosophiae' des Boethius. [5]) 9. Jahrh.

Ausgabe W. J. Sedgefield, Oxford 1899.

Dem Verse des lateinischen Originals

'Ubi nunc fidelis ossa Fabricii manent' [6])

entspricht folgende Übersetzung Ælfred's:

*Hwær synt nû þæs foremêran ꝉ þæs wîsan goldsmiðes bân
Wêlondes? Forþi ic cwæð þæs wîsan forþŷ þâm cræftegan nê
mæg næfre his cræft losigan nê hine mon ne mæg þôn êð on
him geniman ðe mon mæg þa sunnan âwendan of hiere stede.
Hwær sint nû þæs Wêlondes bân, oððe hwâ wât nû hwær
hî wæron? (nach Sedgef. S. 46).[7]*

---

[1]) M. Foerster (E. St. XXIX, 108) hearde.

[2]) Trautm. Ic wât, þæt geðôhte.

[3]) Trautm. selfne.

[4]) Trautm. golde gegildan — iûlêan sellan.

[5]) Vgl. *Sagabibl.* II, 132; Kemble I, 421, *Hds[1]* N 14; Binz a. a. O. S. 188; ten Brink I[2], 92 f.

[6]) Ausg. Orbarius Lib. II. Carm. VII. v. 15.

[7]) In Ælfred's Metren lautet diese Stelle (nach Sedgef. *Metr.* X. S. 165):

V. 33. hwær sint nû þæs wîsan Wêlandes bân
  þæs goldsmiðes, þe wæs geô mærost?
  forþŷ ic cwæð þæs wîsan Wêlandes bân,
  forþŷ ængum ne mæg eorðbûendra
  se cræft losian þe him Crîst onlænð.
  ne mæg mon æfre þŷ êð ænne wræccan
  his cræftes beniman, þe mon oncerran mæg
  sunnan onswîfan, ꝉ ðisne swiftan rodor
  of his rihtryne rinca ænig.
  hwâ wât nû þæs wîsan Wêlandes bân,
  on hwelcum hî hlæwa hrûsan þeccen?

J. Grimm bemerkt, ohne Zweifel richtig, zu dieser Übertragung Ælfred's: „In Fabricius lag ihm faber." (Hds[3] N 14.)

> Anmerkung. Auch einer Stelle in Ælfred's Übertragung der Weltgeschichte des Orosius dürfte derselbe Ideengang zu Grunde liegen. Dort sagt Æ. nämlich vom Geschlechte der Fabier 'þê mon hêt eall hiera cynn Fabiane, forþon hit ealra Romana ænlicost wæs and cræftegast' (nach H. Sweet, E. E. T. S. London 1883. Pars I. S. 72).
> Hiezu bemerkt Schilling: „Aus diesem an sich rätselhaften Zusatze erhellt. dass Æ. sich irgend eine Etymologie für den Namen Fabiane gebildet hatte; leider aber haben wir zu wenig Anhaltspunkte, um dieselbe zu ermitteln. Man wird jedoch unwillkürlich an die bekannte Stelle in der Trostschrift des Boetius erinnert, wo Æ. für Fabricius den *wîsan and foremæran goldsmið Wêlond* setzt; in beiden Fällen ist der Stamm des latein. Eigennamens, der ja offenbar massgebend war, derselbe, und die Bezeichnungen *ænlîc* und *cræfteg* würden sich auch sehr wohl auf *Wêlond* anwenden lassen. Es ist daher nicht unmöglich, dass dem Zusatz in unserem Werke und der Namensvertauschung im Boetius derselbe Ideengang zu Grunde liegt."[1]

Den ae. Zeugnissen folgen zeitlich

Die beiden skandinavischen Überlieferungen.

Es sind dies die beiden Hauptüberlieferungen unserer Sage. Darum ist ihre genaueste Kenntnis zur Beurteilung der übrigen Zeugnisse von nöten.

Die ältere Überlieferung ist

Die Vǫlundarkviða.[2] Ende des 9. Jahrh.
Ausgabe von K. Hildebrand, Paderborn 1876.

Wichtigkeit der Vkv. Die Vkv. ist die wichtigste Überlieferung unserer Sage, weil sie den ursprünglichen, dämonischen Charakter derselben am treuesten bewahrt hat.

Quelle der Vkv. Die Sage ist von Niederdeutschland nach Norden gedrungen (s. ob. Kap. I, c).

---

[1] H. Schilling, *König Ælfred's ags. Bearb. d. Weltgesch. des Orosius.* Diss. Halle a. S. 1886; vgl. auch Binz, a. a. O., S. 188.

[2] S. die Angabe der wichtigsten die *Vkv.* (und *ThS.*) behandelnden Werke bei Sijmons, § 62 (Schluss).

Inhalt der Vkv. (s. ob. I a, I b Anm.).

Die zwei Teile der Vkv.: Prosanotiz am Anfang und stroph. Teil; ihre höchst lose Verbindung zu einem Ganzen.

Eine kurze Bezugnahme auf diesen Gegenstand erfolgte bereits oben (I b), insofern dort festgestellt wurde, dass die beiden Teile der Vkv. ihren Ursprung in zwei verschiedenen Liedern nehmen. Über ihre Verbindung zu einem Ganzen ist nun hier in Kürze auszuführen:

Die Prosanotiz endigt mit dem Bericht vom einsamen Zurückbleiben Vølunds im Wolfsthal, und der stroph. Teil vermeldet darauf die Gefangennahme des einsamen Vølund durch König Níđuđ. Der Redaktor beider Lieder benutzte darum offenbar das einsame Verweilen des Helden im Wolfsthal als Bindeglied für die beiden Berichte der Vkv.

Allein diese Verbindung ist nun eben nur eine gewaltsame, die viele Unklarheiten an sich trägt. Denn beide Berichte werden einzig durch den Namen des Helden[1]) und einen rätselhaften Ring zusammengehalten. Wie sollten wir aber vom Zusammenhange beider Teile ein klares Bild gewinnen können, wenn an ihrer Verbindungskette wichtige Glieder fehlen und durch keine Kombination ergänzt werden können?

Bedeutung des Ringes in der Vkv.[2]) Dieser Ring muss ursprünglich in beiden Berichten eine sehr bedeutende Rolle gespielt haben, deren Kenntnis später allerdings verloren gegangen ist. Wird uns ja noch aus der Vkv. selbst seine überaus grosse Wichtigkeit durch folgende Punkte klar:

1. Die Krieger des Königs suchen ihn vor allem in ihre Gewalt zu bekommen, bevor sie sich noch an den Helden selbst wagen (Str. 9).

2. Der König gibt ihn seiner Tochter (Prosastelle nach Str. 16), und diese rühmt sich des Ringes (Str. 26).

---

[1]) Nichts zwingt uns, verschiedene Helden in beiden Berichten anzunehmen, wie dies M. Rieger, *Germ.* III, 176, und K. Meyer, *Germ.* XIV, 286, thun. Schon F. Liebrecht, a. a. O., S. 249, hält eine solche Scheidung für unwahrscheinlich.

[2]) Die erschöpfende Behandlung dieses Gegenstandes unter Würdigung der verschiedenen, zu Tage getretenen Ansichten s. bei Jiriczek, S. 11 ff.

3. Vølund erhebt sich unmittelbar nachdem er den Ring wieder gewonnen hat in die Lüfte (Str. 29).

Letzterer Punkt legt besonders nahe, dass der Ring eine Zauberkraft besass, die es Vølund ermöglichte, sich in die Luft zu erheben. Er muss also ein **Flugring** gewesen sein.

Als Resultat dieser Untersuchung steht also fest:

Vølund unternimmt in der Vkv. seine Flucht mit Hilfe des wiedergewonnenen Ringes. [1])

Als jüngere Überlieferung tritt neben die Vkv.

Die Thidrekssaga (Vilkinasaga). 13. Jahrh.
Ausgabe Unger, Christiania 1853.

Die *Velentgeschichte* (c. 57—79).

Die ThS. gibt in diesem Abschnitt die Form wieder, welche unsere Sage im 12—13. Jahrh. auf dem heimischen Boden angenommen hat (Jiriczek S. 34).

Über die verschiedenen uns erhaltenen Redaktionen der Wielandpartie der ThS. s. Jiriczek S. 35.

Inhalt. Der Riese Vaðe lebte in Seeland auf den Höfen, die sein Vater Villcinus ihm gegeben hatte. [2]) Er hatte einen Sohn, der **Velent** hiess. Diesen brachte er zu dem berühmten Schmiede Mimir in Hunaland in die Lehre. Zur selben Zeit war auch Sigurð bei Mimir und spielte dessen Gesellen übel mit. Als Vaðe vernahm, dass auch Velent von Sigurð geschlagen ward, kam er, um ihn nach dreijährigem Aufenthalte bei Mimir heimzuholen und behielt ihn zwölf Monde bei sich. Dann brachte er ihn zu zwei Zwergen im Berge Kallava, welche die besten aller Schmiede waren. Unterwegs trug er den Sohn auf seinen Schultern über den Grœnasund. Den Zwergen zahlte er eine Mark Goldes dafür, dass sie seinem Sohne ein Jahr lang ihre Kunst lehrten.

---

[1]) Ich bemerke gleich bei dieser Gelegenheit, dass die Art und Weise, wie der Held die Flucht bewerkstelligt, den Hauptunterschied zwischen der älteren (Vkv.) und der jüngeren (ThS.) Überlieferung der Sage bildet (s. ob. S. 8 und unt. S. 17).

[2]) Wie Villcinus mit einem Meerweib Vaðe zeugte, berichtet c. 23.

Jung Velent lernte nun alles, was seine Lehrmeister ihm
zeigten und diese waren so zufrieden mit ihm, dass sie Vaðe,
als er nach Ablauf eines Jahres zurückgekehrt war, den Sohn
heimzuholen, um ein Jahr Aufschub baten. Auch gaben sie
ihm die Mark Goldes zurück. Doch reute sie jetzt ihre
Freigebigkeit, und sie fügten deshalb die Bedingung bei, dass
sie Velent töten dürften, wenn der Vater nicht am bestimmten
Tage einträfe. Vaðe gab hiezu seine Einwilligung, gebrauchte
aber vor seinem Weggehen die Vorsicht, dem Sohne an einem
heimlichen Orte ein Schwert zu hinterlegen, auf dass er sein
Leben gegen die Zwerge verteidigen könnte, wenn irgend ein
Unfall den Vater hindere, rechtzeitig einzutreffen. Als das
Jahr zu Ende ging, machte sich Vaðe wieder auf den Weg
und erreichte den Berg drei Tage bevor er geöffnet ward.
Müde von der Reise legte er sich nun nieder, um auszuruhen,
wurde aber während des Schlafes von einem herabstürzenden
Felsstücke begraben. Am bestimmten Tage öffneten die
Zwerge den Berg. Als Velent die herabgestürzten Felsmassen
sah, erriet er den Untergang des Vaters und ging sein Schwert
zu suchen. Mit diesem tötete er die beiden Zwerge. Hierauf nahm er ihre Schmiedewerkzeuge und ihre Schätze, lud
sie auf den Rücken eines Pferdes und verliess den Berg,
gegen Norden ziehend. Nach drei Tagen gelangte er ans
Ufer der Visara, fällte dort einen Baum und höhlte ihn zum
Kahne. [1] In diesem Fahrzeuge erreichte er die See und
landete nach 18 Tagen an der Küste von Jütland, worüber
König Niðung herrschte, indem sein Boot in Fischernetze sich
verfing und von den Fischern ans Land gezogen wurde. Niðung nahm ihn gut auf und wies ihm einen Dienst bei
Hofe an. Bald hatte Velent Gelegenheit, eine Probe seiner
Schmiedekunst abzulegen. Als er eines Tages mit dem Reinigen dreier ihm anvertrauter Tischmesser beschäftigt war,
fiel ihm eines davon ins Meer, und er fertigte nun, um den

---

[1] In Chaucer's *Merchaunt's Tale* v. 9297 findet sich eine Anspielung auf Wade's Boot. Doch ist die angenommene Identität mit
dem Boote Wieland's nur imaginär. Jiriczek, S. 36, Note 2; vgl.
ZfdA. VI, 66 f. Über Wade in den me. Zeugnissen s. Binz, a. a. O.,
S. 196 ff.

Verlust desselben zu verbergen, ein anderes, ganz gleich dem verlorenen. [1]) Bei Tische ward dem Könige die wunderbare Schärfe des Messers kund und Velent musste sich schliesslich als dessen Verfertiger bekennen. Amilias, der Schmied des Königs, trug nun, um seine Ehre zu retten, Velent eine Wette an, wer die besten Waffen schmieden könne. Als nach einem Jahre die Wette zum Austrag kam [2]), da durchschnitt das Schwert Velents, das er Mimung benannte, die Rüstung des Gegners so sachte, dass dieser es gar nicht gewahr wurde. Als er aber auf die Aufforderung Velent's hin sich schüttelte, fiel er in zwei Hälften entzwei. [3]) Die Wette ward somit von Velent aufs glänzendste gewonnen. Einige

---

[1]) Er thut dies heimlich in der Werkstätte des Hofschmiedes Amilias und lässt als Zeichen seiner Kunst auf dem Amboss einen kunstvollen, dreikantigen Nagel liegen, den er gleichfalls in dieser kurzen Zeit geschmiedet hat.

[2]) Doch liegt zeitlich noch die Reginnepisode dazwischen: Reginn, ein Ritter des Königs, hatte Velent's Werkzeuge und Schätze, die dieser nach seiner Ankunft vergraben, entwendet. Vel. erinnerte sich nun zwar, damals einen Mann in der Nähe gesehen zu haben, kannte jedoch dessen Namen nicht. Nun befahl der König das Aufgebot aller seiner Mannen. um den Thäter ausfindig zu machen, doch war dies vergebens. da Reg. als Gesandter in Schweden weilte. Vel. fertigte nun in dieser Not die Bildsäule des Diebes und siehe, Niðung erkannte sofort seinen Ritter Reginn. Nach seiner Rückkehr musste nun dieser das gestohlene Gut zurückgeben.

[3]) Zur Herstellung des Schwertes Mimung ist zu bemerken: Der Künstler schmiedete ein Schwert und liess es, um seine Schärfe zu erproben, ein im Strome dahinschwimmendes Bündel Wolle durchschneiden. Dann zerfeilte er die Waffe wieder und stellte sie von neuem aus gereinigtem Eisen her, das er aus dem Dünger von Mastvögeln, unter deren Mastung er die Späne seines zerfeilten Schwertes gemischt, nach Ausscheidung der Schlacke gewonnen. Eine zweite Probe: dasselbe Verfahren des Zerfeilens und Wiederherstellens der Waffe, bis bei einer dritten Probe endlich das Schwert nach des Meisters Zufriedenheit das Wollbündel durchschnitt. Was übrigens diese Schwertprobe am Flusse anbelangt, so heisst es schon genau so von Sigurd in der *Volsungasaga: hann fór till árinnar með ullarlagð ok kastar ígegn straumi, ok tók ísundr, er hann brá við sverðinu* (Wilken, *Vols. saga* c. 15 [5—6]). Jiriczek (S. 41) weist jedoch die Annahme eines Abhängigkeitsverhältnisses der in der ThS. erzählten Schwertprobe von dieser und anderen nordischen Quellen zurück.

Zeit später zog der König zu einem Kriege aus und bemerkte am Abend vor der Schlacht, dass er seinen Siegstein vergessen. Nun versprach er demjenigen Ritter, der den Stein vor Tagesanbruch herbeibrächte, die Hälfte seines Reiches und die Hand seiner Tochter. Allein niemand wagte dies Unternehmen, das für unausführbar gelten musste, da das Heer bereits fünf Tagemärsche vom Hofe des Königs entfernt war. Da wandte sich Nið. an Velent und dieser vollbrachte mit seinem Rosse Skemming [1]) das unmöglich Scheinende. Doch erhielt er vom Könige nicht den versprochenen Lohn, er wurde vielmehr verbannt, weil er bei seiner Rückkehr den Truchsess des Königs, der ihm den Siegstein abnehmen wollte, erschlagen hatte. Um Rache zu nehmen, kehrte er heimlich an den Hof zurück und mischte Gift in die Speise des Königs. Sein Plan misslang aber, da ein Zaubermesser der Königstochter den Betrug offenbarte. Vøl., auf den sich der Verdacht des Königs sogleich lenkte, wurde ergriffen. Ihn zu strafen, ordnete Nið. die Durchschneidung seiner Kniesehnen an — wie in der Vkv., mit der auch die nun folgenden Scenen von Velent's Rache, der Tötung der Königssöhne und Schändung der Königstochter, übereinstimmen. Die Fluchtscene hingegen weicht wiederum ganz und gar von der älteren Überlieferung ab (vgl. ob., S. 14, Anm. 1). Die ThS. berichtet hier, dass Egill, Velent's Bruder, der berühmte Bogenschütze, um diese Zeit an den Hof des Königs kam, von Vel. herbeigerufen. Der grausame Herrscher nötigte ihn, als Probe seiner Kunst einen Apfel vom Haupte seines eigenen Kindes zu schiessen. Vel. ersuchte den Bruder, Federn von allen Vögeln für ihn zu sammeln und bereitete dann aus diesen ein Federhemd, um mit dessen Hilfe jetzt nach Vollendung seiner Rache zu entfliegen. Er erhob sich also in die Lüfte. [2]) Vom höchsten Turme des Palastes

---

[1]) In Anbetracht der wunderbaren Schnelligkeit des Pferdes sind wir zur Annahme geneigt, dass es das von den Zwergen weggeführte war. Doch wie brachte es Vel. in seinem Boote über die See? (vgl. Jiriczek, S. 47, Note 1).

[2]) Der Erhebung Velent's in die Lüfte geht eine komische Scene

herab verkündete er dem Könige seine Rache und flog dann davon.[1] Niđ. aber starb bald darauf und überliess das Reich seinem dritten Sohne Otvin, welcher sich nachher mit Vel. aussöhnte. Die Königstochter gebar einen Sohn Viđga und wurde noch von Vel. geheiratet.

Untersuchung der Sage (nach Jiriczek S. 35 ff., Sijmons § 65).

1. *Der Riese Vađe, Velent's Vater: Ansätze zu einer cyklischen Verbindung.*

Wie Widia (ThS. Viđga) bereits in den Waldere-Bruchstücken (s. ob.) als Wêland's Sohn bezeugt wird, so nennt jetzt die ThS. weiter einen Vater Velent's, den Riesen Vađe.

Ist nun die Albennatur des Helden (in der Vkv. wird er álfa lióđi str. 11[3], vísi álfa str. 14[4], 32[2] genannt) der ThS. bereits nicht mehr bekannt, so zeigt doch seine Abstammung von einem Riesen, dass das Bewusstsein seiner übernatürlichen Herkunft noch nicht erloschen (Jiriczek S. 36).

Ziehen wir dann weiter in Erwägung, dass die Sage Wate als den besten Schiffer kennt (Binz a. a. O. S. 196 ff.; Sijmons § 60), dass ferner auch Eigel, der beste Schütze, und der gewaltige Jäger Nordian mit Velent's Person als Bruder, bezw. Oheim verbunden werden (Sijmons § 65), so müssen wir mit Müllenhoff (ZfdA. VI, 67) an die Absichtlichkeit dieser Zusammenstellung glauben.

Hat darum die ThS. um Wieland, den besten Waffenschmied, andere Meister in Künsten und Fertigkeiten gruppiert, so sind darin schüchterne Ansätze zur cyklischen Verbindung der Wielandsage zu erkennen (Sijmons § 65).

2. *Velent's Jugendgeschichte* (c. 57—62).

Die Jugendabenteuer Velent's tragen den Stempel junger

---

voraus: Egill fällt bei der Erprobung der Schwingen, zu welcher ihn Vel. eingeladen hatte, heftig zu Boden. Dem Rate seines Bruders gemäss, der sein Davonfliegen befürchtete, hatte er sich mit dem Winde niedergelassen und wurde so mit grosser Gewalt zur Erde geschleudert.

[1] Egill musste zwar auf Befehl des Königs nach dem Bruder schiessen, traf jedoch nur eine mit dem Blute der Königssöhne gefüllte Blase, wie zuvor unter den Brüdern verabredet war.

Sagenbildung. Da man die albische Natur des Helden, der die Schmiedekunst eigentümlich war, nicht mehr verstand, so werden Mimir und die beiden Zwerge seine Lehrmeister. Velent's Jugendgeschichte wird auf diese Weise zum Teil mit der Siegfriedsage, zum Teil mit der Zwergsage verknüpft, das Ganze aber ist als eine Vermengung von zwei Parallelberichten anzusehen, von denen der erste uns überflüssig erscheinen muss und sich einzig aus dem Bestreben nach äusserer Verkettung mit der Siegfriedsage erklären lässt.

3. *Erweiterung des Stoffes: Ameliasepisode— Reginnepisode— Truchsessepisode* (c. 62—72).

Ameliasepisode. Der Bericht vom Wettstreite der beiden Schmiede ist nach Niedner (ZfdA. XXIII, 29 Anm. 2 und Jiriczek S. 44) als der älteste Bestand dieses Abschnittes anzusehen. Eine Bestätigung dieser Annahme mögen wir in der Sachsenwaldsage (s. S. 22) erblicken.

> Anmerkung. Die Wette beider Schmiede hat die Herstellung des Mimung zur Folge. Depping, a. a. O. S. 54, berichtet nun von den Schwertfegern Bagdads dasselbe Herstellungsverfahren ihrer Schwerter. Wir haben deshalb guten Grund anzunehmen, dass die Entstehung des Berichtes von Mimung's Schmiedung erst der Zeit der Kreuzzüge angehört, welche das Abendland mit dem Morgenland in Verbindung brachten. Selbst der Bericht von der Schwertprobe zwingt uns nicht, eine frühere Zeit anzusetzen (s. Jiriczek S. 41 f.). — Um auch noch die Wortbildung von Mimung zur Sprache zu bringen, so verwirft Jiriczek (S. 39) die Annahme, dass Mimung nach Velent's Lehrmeister Mimir benannt worden.

Reginnepisode. Bezüglich dieser Episode dürfen wir uns wohl mit Jiriczek, S. 45 f., der Ansicht von K. Meyer, Germ. XIV, 296 anschliessen, der aus der Schöpfung der plastischen Figur Reginn's eine späte Entstehung dieser Episode ableitet. Sie setzt eine Zeit voraus, in der plastische Werke in Sachsen als nichts Ungewöhnliches mehr angesehen werden, also 11.—12. Jahrh.

Truchsessepisode. Jiriczek äussert sich (S. 47): „Der König, der um einer Hilfeleistung willen dem Helfer das halbe Reich und die Hand der Tochter verspricht, das zauber-

2*

haft schnelle Zurücklegen grosser Strecken auf einem besonderen Pferd, der neidische Truchsess (Ritter, Hofmann), der
sich unehrlicherweise den Preis zuwenden will, sind alles
wohlbekannte Märchenzüge, die hier zu einem kleinen frei er-
fundenen Roman zusammengestellt sind."

Legen wir nun auch noch dem Versuche Velent's, die
Königstochter durch Liebeszauber zu überlisten, ein Märchen-
motiv zu Grunde, so dürfte wohl die Annahme richtig sein,
dass all diese Märchenzüge zu einem Ganzen verbunden
wurden, um eine Ursache für die Ungnade des Königs und
die grausame Bestrafung Velent's herbeizuführen. Denn da
dieser in der ThS. vom Könige freundschaftlich aufgenommen
wurde, so müssen, um seine Bestrafung nach dem Muster
der Vkv. zu ermöglichen, die Gründe dafür erst geschaffen
werden.

4. *Velent's Gefangenschaft, Rache und Flucht.* c. 73—78.

Dieser Teil zeigt in den Grundzügen völlige Übereinstimmung mit der von der Vkv. vertretenen Sagenform; im
einzelnen finden sich jedoch Abweichungen und Änderungen,
welche wiederum einen jüngeren Charakter tragen.

In der alten Überlieferung ist Boðvild das Opfer einer
dämonischen Rache, in der ThS. erfolgt Wiederversöhnung
und Heirat. Der Ring hat in der ThS. seine ganze Bedeutung verloren und ist zum gewöhnlichen Ring herabgesunken,
der niemals Velent angehört hat. Dass dieser ihn wieder
zurückgibt, anstatt unmittelbar nach Vollführung seiner
Rache mit seiner Hilfe sich in die Luft zu erheben, dies ist
als die am meisten charakteristische Abweichung der ThS. von
der alten Überlieferung anzusehen (vgl. ob. S. 14).

Egillepisode. Die Apfelschussscene ist eine Umbildung der
nordischen Hemingsage (s. Sijmons § 65). Wahrscheinlich
wurde der Sagaschreiber zur Einführung Egill's angeregt
durch die Andeutung in der Vkv. str. 37 [5—8]:

> erat sví maðr hír
> at þik af hesti taki,
> né svá oflugr
> at þik neðan skióti.

· Denn seine Kenntnis der Vkv. lässt · sich aus zwei
Stellen nachweisen: c. 69 verrät er Kenntnis der älteren
nordischen Tradition, wenn er von Velent spricht 'er Væring-
iar kalla Volond', und c. 75 nennt er Egill 'Olrunar Egil'.
Ǫlrún kennen wir aber aus der Vkv. als Egill's Weib.

Auch weist der Zug, dass Vel. ThS. c. 73 die beiden
Knaben bei ihrem ersten Besuche zurückschickt und sie bei
frischgefallenem Schnee rückwärts gehend wiederkommen
heisst, auf eine vollständigere Gestalt der Vkv., in deren
jetzigen Fassung Vølund's Aufforderung 'komið annars dags'
(str. 22²) kaum genügend begründet ist (nach Sijmons § 62).

Egill's Erscheinen ist einzig, um Velent's Flucht zu ermöglichen, benötigt. Darum dürfte der Schluss gestattet sein:

Die Egillepisode gehört dem Sagaschreiber selbst an und
an sie anschliessend auch die Fluchtscene; denn Franks Casket dürfte einen alten Ursprung der letzteren nicht beweisen
(vgl. ob. S. 8). Beide Scenen sind somit als literarische Erfindungen anzusehen.

Als Resultat unserer Zerlegung der ThS. in ihre einzelnen Teile ergibt sich endlich:

5. *Schlussfolgerung.* Neben der Anlehnung an die alte
Überlieferung der Sage (Vkv.) stossen wir in der Velent-
geschichte der ThS. noch auf andere deutsche und skandina-
vische Sagen (Siegfried-, Zwergsage; Hemingsage), auf indo-
germanische Märchenmotive (Truchsessscene), auf Kunst- und
Handwerksanekdoten (Schaffung von Mimung und Regian's
Bildsäule), endlich auf eigene literarische Erfindungen des
Sagaschreibers (Egillepisode und Flucht Velent's im Vogel-
gewande), so dass das Ganze einen bunt zusammengewürfelten
Charakter trägt.

Das also ist die ThS., worin sich die Gestaltung unserer
Sage während des 12.—13. Jahrh. auf ihrem Heimatsboden,
Niederdeutschland, wiederspiegelt.

Unmittelbar an die ThS. sind anzureihen

Die Sachsenwaldsage und die nordischen Zeugnisse, welche gleich der ThS. ihre Quelle in Niederdeutschland haben.

Die Sachsenwaldsage.[1])

(Von Wedde aus dem Volksmund aufgezeichnet im Jahrb. d. Vereins f. niederdeutsche Sprachf. 1875. I 104 f.)

Sie lautet: *„Am Bache Aue [im Sachsenwald] ... lag vor vierzig Jahren die Stangenmühle, deren Mühlendamm heute noch steht. Dort hauste in alter Zeit der Schmied Mêland oder Ammêland. Er schmiedete die besten aller Waffen: Gewährsmann, — Holzvogt Brant, — hat noch ein dreikantiges, armdickes, 10' langes, an beiden Enden zugespitztes Schmiedeeisen in der Erde gefunden, das er auf Mêland zurückführt. Einst wollte Mêland das Land verlassen; aber der König, der ihn nicht entbehren wollte, liess ihm die Augen ausstechen. So schmiedete er mit Zwang weiter. Des alten Brant Berichterstatter, ein Knecht, der zu Anfang des Jahrhds. schon ein Greis war, hat noch eine lange Geschichte davon gewusst, die Brant, als ich ihn kennen lernte, schon vergessen hatte. Auch wollte Brant wissen, dass schon vor Mêland ein anderer Schmied dort im Walde und zwar in derselben Schmiede sein Handwerk betrieben habe. Der sei aber bankerott geworden und nach Hamburg gezogen."*

Diese Erzählung bietet unzweideutig einen letzten, schon erlöschenden Rest der Wielandsage. Mêland ist offenbar Kompromissform aus Wêland und Amêlias. Im Namen Mêland oder Ammêland zeigt sich somit noch eine Spur der Existenz von Velent's Rivalen Amelias (Jiriczek S. 44, 54). Die Quelle der Sachsenwaldsage ist demnach dieselbe wie die der ThS., nämlich die bodenständige Überlieferung Sachsens (Niederdeutschlands).

Die nordischen Heldenlieder (Folkeviser, Kämpaviser).[2])

(Enthalten viser von Vidrik Verlandson.)

Diese Lieder gelangten noch vor dem 13. Jahrh. aus Niederdeutschland nach dem Norden. Denn sie enthalten

---

[1]) Vgl. E. H. Meyer, *Anz.* XIII, 30; *Hds*[3] 492; Jiriczek S. 29 Note 3, S. 44. 54; Sijmons § 63.

[2]) Vgl. *Stud.*, hrsg. von Daub und Kreuzer IV, 243 ff.; *Sagabibl.*

Einiges, wovon die aus dem 13. Jahrh. stammende ThS. nichts mehr weiss (Hds³ N 144, Jiriczek S. 33 f.).

Sie wurden von dem dänischen und schwedischen Volke gesungen. Wir finden sie in Grundtvig's *'Danmarks Gamle Folkeviser'* und Arwidsson's *'Svenska Fornsånger'* gesammelt.

Da beide Sammlungen von 'Vidrik Verlandson' in derselben Weise berichten, so führe ich nur Stellen aus der ersteren an:

Die 'Danmarks Gamle Folkeviser' (Ausgabe Kopenhagen 1853) handeln I N 7 (A-H) von 'Kong Didrik og hans Kæmper'. Ich habe im folgenden die Verse ausgewählt, welche in Beziehung zu unserer Sage stehen.

A. str. 17 berichtet Vidrik Verlandson:

> *„Skeminng saa heder min guode hest,*
> *er født paa Grimmer-stodt:*
> *Mimring heder mitt guode suerdt,*
> *thett rinder y kiempe-blod."*

A. str. 45 werden seine Zeichen übereinstimmend mit der ThS. c. 81. 175. 330 beschrieben:

> *„Ther skiner y denn andenn skioldt*
> *en hamer och enn thanng:*
> *denn fører Viderick Verlandzønn,*
> *beder sla och inngen thage thill fange."*

B. str. 15 sagt er von sich selbst:

> *„Werlandt heder min fader,*
> *war en smedt well skøn:*
> *Buodell hede min moder*
> *en konig-dather wen.*

Hierzu bemerkt Sijmons § 65: „Besonderes Interesse erregt der Name Buodell für Witege's Mutter, der, wenn er auf jüngerem niederdeutschen Sagenimport beruht, den Namen der Königstochter *Baduhild auch für die sächsische Sage sichert." [1])

II. 139 ff.; Rassmann, *Deutsche Heldens.* II, 259; *Hds³* N 144; Jiriczek S. 33 f.; Sijmons § 65.

[1]) Die *'Svenska Fornsånger'* handeln in demselben Sinne von Vidrik: I N 3 (Widrik Werlandsons Kamp med Högben Rese; vgl. ThS.

Ein Zeugnis von Hermann Chytraeus in 'Mindesmärker i Skaane, Halland og Bleking', vom Jahre 1598.[1])

(Text nach Grundtvig a. a. O. I, 424 f.)

Dieses Zeugnis lautet: „*Apud Insulam Juam in ipso lacu a parte septentrionali castrum Brattisburgicum ab indigenis conditum esse, atque inundatione submersum ferunt. Huius fundator Vitricus Vallandi filius perhibetur, de quo miranda prodidit antiquitas. Patrem eius fabrum fuisse eumque magica arte insignem produnt, qui hunc Vitricum ex filia Regis cuiusdam Nortvagiae clandestino concubitu progenuit. Unde heroica parens, irae efferuiscentia excandescens, artem suam exercendo miserabile transigeret aeuum. Huius ignominiae vindictam faber moliens ipsius Regis filios in officinam suam passibus auersis allexit, eosque obtruncauit et membratim discerpsit. Ex quorum craniis, auro circumdatis, crateres confecit. Ex tibiis capulos cultrorum, quos Regi dono obtulit, habituque plumeo fabricato, aufugit, re tota per ignominiosam cantilenam Regi patefacta. Ante obitum Vitrico arma parauit, quae sub saxo ingente abscondit, matrique id significauit, mandans, ne id ipsi ante maturam aetatem significaretur. Vitricus virili assumta toga, facinora egregia, magnaeque fortitudinis specimen egregium coepit edere. Patria itaque egressus ad regem Didericum Bernam venit, aliisque conjunctus gigantibus, sub huius imperio in variis regionibus triumphos duxerunt clarissimos. Tandem in Patriam ad Regem Sivardum rediens, qui Silvisburgum aedificauit, Vitricum prouincia illa vastissima Blekingiae vicina donauit, quam a patre Willands Herwidt nominauit. In cuius memoriam incolae adhuc in sigillo et vexillo suo malleum cum forcipe retinent. Gigantis sepulcrum apud amnem Sisebeck, plurimis saxis circumdatum, demonstratur.*"

Die Sage wird hiermit nach der ThS. erzählt.[2]) Die der

c. 193–200), I N 4 (De Tolf Starke Kämpar; vgl. ThS. c. 200 ff.), I N 5 (Ulf från Zern).

[1]) Gedruckt in *Brings monum. Scan.* I, 301—302 (mir nicht zugänglich) und abgedruckt bei Grundtvig a. a. O. I, 424 f.; vgl. *Sagabibl.* II, 168; Rassmann a. a. O. II, 259 f.; *Hds³* N 160.

[2]) Die *Sagabibl.* II, 168 und *Hds³* N 160 führen als einen Unterschied von der ThS. an, dass Vallandus hier die Waffen für seinen Sohn unter einem Stein aufhebt, während es dort Vaðe, sein Vater, für ihn selbst

Erzählung eigentümlichen Züge sind wohl aus der lebendigen
Volkssage geschöpft (vgl. Hds³ N 160; Rassmann a. a. O.
II, 259).

Ein Zeugnis in Hadorphs 'Två gambla svenske Rijm-Krönikor'.[1]
Ausgabe Stockholm 1674—76.

I, 2 f. sagt König Philmer (Vilcinus) von sich:

Sidan aflade jagh iett sinne,
Wideladz Fader Fader medh en Mürinne.

Die Sagabibl. II, 140 berichtet nun, dass der zweite
Vers in einer Handschrift lautet:

Wideladz Fader medh en Mürinne,

so dass in dieser Hs. Vilcinus in Übereinstimmung mit der
ThS. die Erzeugung von Wieland's Vater mit einem Meerweib erzählt.

Noch sind anzuführen

Nordische Lokalzeugnisse.[2]

1. **Verlehall** — ein grosser Felsen auf einer Insel in der
See bei Alletorp, von dem das Volk in Werend behauptet,
da sei Verland's Schmiede gewesen (Sagabibl. II, 142; Hds³
N 169, 2a).

2. **Velands** — oder **Villandsherrad** — ein Ort in
Schonen; seine Bewohner leiten den Namen von Veland's
Aufenthalt daselbst ab. Auch führten sie im 16. Jahrh.
Hammer und Zange im Siegel (Sagabibl. II, 142; Hds³
N 169, 2b).

3. **Willandsherred** — bei Sisebeck, wo Widerick

---

thue. Dieser Bemerkung ist entgegenzuhalten, dass auch in der ThS.
c. 76 Vel. für seinen Sohn Waffen verbirgt und der Königstochter befiehlt, dies später seinem Sohne zu sagen.

[1] Vgl. *Sagabibl.* II, 140.

[2] Vgl. *Sagabibl.* II, 142 f.; *Myth.³* 350; *Hds³* N 169; Rassm. II,
260 ff.; weitere Quellenang. s. bei Jiriczek S. 53 Note 1.

Werland's Sohn begraben liegt (s. ob. S. 24; Rassm. a. a. O. II, 260).

4. Vellev Sogn (Vellev By) — im Stift Aarhus in Jütland. Es hat seinen Namen von Verland erhalten und soll sich dessen Grab in Vellev By befinden (Sagabibl. II, 143; Rassm. a. a. O. II, 263 f.; Hds³ N 169, 2 c).

5. Velandsurt (dänisch), Velantsurt (isländ.), — der Name des Baldrians (Myth.³ 350; Rassm. a. a. O. II, 267).

6. Vølundr ist im heutigen Isländ. zum Appellativ geworden und bezeichnet einen kunstreichen Arbeiter im allgemeinen, gleich wie Volundarhus die treffendste Übersetzung von Labyrinth ist (Sagabibl. II, 143; Rassm. II, 269; Golther, Germ. XXXIII, 470; Jiriczek S. 3 Note 2, S. 8 Note 3).

Vom Norden kehren wir wieder nach England zurück.

Die wallisischen und mittelenglischen Zeugnisse.[1])

Ein erneuter Zufluss der Sage ging vor dem 12. Jahrh. von Niederdeutschland nach England (Jiriczek S. 32).

Die 'Vita Merlini' des Geoffrey of Monmouth.[2]) 12. Jahrh.
Ausgabe von San-Marte, Halle 1853.

König Rhydderich sucht den wahnsinnigen Merlin mit Geschenken zu beschwichtigen:

v. 233. *Afferrique jubet vestes, volucresque, canesque,*
　　　　Quadrupedesque citos, aurum, gemmasque micantes,
　　　　Pocula quae sculpsit Guielandus in urbe Sigeni.

Die Form des Namens des Helden und die Lokalisation der Sage weisen auf einen deutschen Ursprung. Darum muss eine neue Sagenbildung nach England gedrungen sein (vor dem 12. Jahrh.) mit der Lokalisation der Sage in Siegen.

Auch ThS. c. 73 fertigt Vel. Trinkbecher (tva mikil borðker) aus den Schädeln der erschlagenen Königssöhne.

---

[1]) Vgl. Depp. Chap. III; Rassm. II, 270 f.; Binz a. a. O. S. 186 f.

[2]) Vgl. *Hds³* 45; Binz a. a. O. S. 186 f.

Layamon's Brut.[1]) Anfang des 13. Jahrh.
Ausgabe Madden, London 1847.

Von Arthur wird hier gesagt:

II, 463, v. 21129. *þa dude he on his burne:*
ibroide of stele.
þe makede on aluisc smiđ:
mid adelen his crafte.
he was ihaten Wygar:
þe Witege wurhte.

Nach Binz (a. a. O. S. 187) ist es zweifelhaft, ob wir in dem aluisc smiđ **Wygar**, der Arthur's Brünne verfertigt haben soll, einfach eine Entstellung von **Weland** zu erkennen haben. Jedenfalls beruhe der Zusatz der letzten vier Zeilen, welche Layamon in seiner französischen Quelle[2]) nicht vorfand, auf irgend einer englischen Sage.

Horn Childe.[3]) 14. Jahrh.
Ausgabe Ritson, Ancient Engleish Metrical Romanceës, 3 vol. London 1802.

III, 295 gibt Rimenild Horn ein Schwert Bitterfer, 'aller Schwerter König'. Es ist ein Werk von **Weland**. Die Stelle lautet:

Than sche lete forth bring
A swerd hongand bi a ring
To Horn sche it bitaught:
It is the make of Miming
Of all swerdes it is king
And Weland it wrought.
Bitterfer the swerd hight
Better swerd bar never knight.[4])

---

[1]) Vgl. Jänicke, *ZfdA.* XV N 68; Binz a. a. O. S. 187.
[2]) D. i. Wace's *Roman de Brut.* Dort werden Ausg. Le Roux de Lincy (Rouen 1836—38) Bd. II, v. 9510 ff. Artur's Waffen beschrieben.
[3]) Vgl. *Sagabibl.* II, 136, Anm.; Depp. S. 29 und Note 5; *Hds³* N 106; Binz a. a. O. S. 186.
[4]) Die Ausgabe von Wissmann (Strassb. 1881, nach Ms. Cambr. Univ. Bibl. Gg. 4. 27. 2) enthält die Stelle nicht.

Miming, Wieland's Meisterstück, fanden wir ausserdem in den ae. Waldere-Bruchstücken (ob. S. 10) erwähnt. Dem Namen Miming begegnen wir somit in einem ae. und einem me. Zeugnisse.

Torrent of Portyngale.[1]) 15. Jahrh.
Ausgabe Adam (EETS), London 1887.

Der König von Provyns gibt Torrent sein Schwert Ado-lake, das Velond gefertigt hat.

str. 38, v. 420. *The kyng of Perrense seyd: 'So mot I the,*
Thys seson yeflles schall thow not be.
Haue here my Ring of gold,
My sword, that so wyll ys wrowyt;
A better than yt know I nowght
With in chrystyn mold;
Yt ys ase glemyrryng as the glase
Thorrow Velond wroght yt wase
Bettyr ys non to hold.
I have syne sum tyme in lond,
Whoso had yt of myn hond,
Fawe they were I-told.
str. 39, v. 432. *Tho wase Torrent blythe and glad,*
The good swerd ther he had,
The name was Adolake.

Die Berkshire-Sage.[2])

Die Berkshire-Sage ist eine alte Volkssage (zum ersten Male mitgeteilt in einem Briefe von Francis Wise an Dr. Mead, — Letter written by Francis Wise to Dr. Mead "concerning some antiquities in Berkshire, particulary the White Horse").
Sie lautet:
Text nach Mr. Price's Preface. Warton-Hazlitt, Hist. of E. Poetry, London 1871, I, 63 f.

---

[1]) Vgl. Zupitza, *ZfdA.* XIX, 129 f.; *Hds*[3] 476; Binz S. 186.
[2]) Vgl. *Sagabibl.* II, 134 f.; *ZE*, VI; *Hds*[3] N 170; Wright, Archaeologia X, 187; Windle, Life in Early Britain S. 52; Jiriczek, S. 5 Note 1, S. 31; Traill, Social England I, 223.

.... *All the account which the country people are able to give
of it is: At this place [close to the White Horse of Berkshire]
lived formerly an invisible smith; and if a traveller's horse had
left a shoe upon the road, he had no more to do than to bring
the horse to this place with a piece of money, and leaving both
there for some little time, he might come again and find the money gone, but the horse new shoed. The stones standing upon
the Rudgeway, as it is called, I suppose, gave occasion to the
whole being called Wayland-Smith[1]), which is the name it
was always known by to the country people.*

So begegnen wir in dieser Volkssage dem niederen
Mythus vom zauberhaften Schmiede (ob. I b) wieder, der hier
seine Anwendung auf **Wayland** gefunden hat.[2])

*Anmerkung. Verwertung der Berksh.-Sage in W. Scott's
'Kenilworth', c. IX—XI.*

Die B. S. wurde von W. Scott in seinen Roman '*Kenilworth*' (c **IX—XI**) verwoben.

Chap. X (Tauchnitz Edition, Leipzig 1845) heisst es:
*[The boy Dickie Lickie Sludge guides Tressilian] to a mys-
terious place — a bare moor, and a ring of stones, with a great
one in the midst.*

*"You must tie your horse to that upright stone that has the
ring in't, and then you must whistle three times, and lay me
down your silver groat on that other flat stone, walk out of the
circle, sit down on the west side of that little thicket of bushes, and
take heed you look neither to right nor to left for ten minutes, or
so long as you shall hear the hammer clink, and whenever it ceases
— then come into the circle, you will find your money gone and
your horse shoed."*

Scott gibt dazu selbst folgende Erklärung (Note B.
Legend of Wayland Smith, a. a. O. S. 170):
.... *On the east side of the southern extremity, stand three*

---

[1]) Nach Kemble's Nachweis wird der Ort jedoch bereits in einer
Urk. v. J. 955 Wêlandes smiŏŏe, d. i. Wieland's Schmiede genannt (vgl. unt. S. 30).

[2]) A. Kuhn erzählt in der 'Sage von Darmssen' (*Sag. aus
Westfal.* I, 42 f.) eine Parallele zur Berkshire-Sage; vgl. übrigens auch
unt. Anhang zu den afr. Anspielungen.

squarish flat stones, of about four or five feet over either way, supporting a fourth, and now called by the vulgar Wayland Smith, from an idle tradition about an invisible smith replacing lost horses shoes there." Gough's edition of Cambden's Britannia vol. I, p. 221.

The popular belief still retains memory of this wild legend, which, connected as it is with the site of a Danish sepulchre, may have arisen from some legend concerning the northern Duergar, who resided in the rocks, and were cunning workers in steel and iron. It was believed that Wayland Smith's fee was sixpence, and that, unlike other workmen, he was offended if more was offered. Of late his offices have been again called to memory; but fiction has in this, as in other cases, taken the liberty to pillage the stores of oral tradition. This monument must be very ancient, for it has been kindly pointed out to me that it is referred to in an ancient Saxon Charter, as a landmark. The monument has been of late cleared out, and made considerably more conspicuous.

Englische Lokalzeugnisse.[1])

An englischen Lokalnamen sind hier zu nennen:

1. Wêlandes stocc — ... up andlang strǣte on Wêlandes stocc (Urk. aus Bucks a. 903. Bi. 2, 603, s. Binz a. a. O. S. 189).

2. Wêlandes smiđđe — þis sint đæs landes gemǣre æt Cumtûne, andlang fyrh đ hit cymđ on đæt wîde geat be êastau Wêlandes smiđđan (Urk. von Eadred, v. J. 955, s. Kemble, Cod. Dipl. V N 1172 S. 332, 23).

Weitere Zeugnisse können nicht angeführt werden, da es bei den in Frage kommenden Fällen nicht möglich ist, den wirklichen Zusammenhang mit unserer Sage nachzuweisen [2]), vgl. Binz a. a. O. S. 189 f.

[1]) Vgl. Binz, a. a. O. S. 189 f.; Bosworth-Toller, *An Anglo-Saxon Dictionary* (Wêland).
[2]) So lassen sich z. B. für die von Stephens unternommene Verknüpfung des Leedskreuzes in Yorkshire mit der Wielandsage keine überzeugenden Gründe finden, vgl. Jiriczek S. 9 f.

Begeben wir uns nun von England nach Frankreich.

Die altfranzösischen Anspielungen.[1])

Die Normannen, welche im 10. Jahrh. in Frankreich landeten, brachten dorthin die Kunde von Wieland. Doch kannte man ihn in Frankreich nur als den grössten Schmied und Verfertiger der berühmtesten Schwerter. Eine tiefere Kenntnis der Sage lässt sich aus den altfranzösischen Anspielungen nicht erschliessen. Wieland wird dort W a l a n d e r, G a l a n s genannt. Die Form W a l a n d e r weist durch ihre Endung auf den altnordischen Nominativ (Jiriczek S. 22 f.; Sijmons § 65).

Diese Anspielungen finden sich zunächst

In Chroniken.

Die Chronik des Adémar de Chabannes.[2])
(1. Hälfte des 11. Jahrh.)
Ausgabe von Jules Chavanon, Paris 1897.

Des Herzogs Willelmus Beiname 'Sectorferri' wird hier lib. III, c. 28 erklärt:

Willelmus denique Sector ferri, qui hoc cognomen indeptus est quia, commisso praelio cum Normannis et neutro cedenti, postera die pacti causa cum rege eorum Storin solito conflictu deluctans, ense corto durissimo per media pectoris secuit simul cum torace una modo percussione . . . .

In einer Anmerkung bemerkt dazu der Herausgeber, dass in C[5] [C = Bibl. nat. ms. lat. 5926] nach *corto* die Worte

---

[1]) Vgl. D e p p.. chap. 5 und notes; F. W o l f, *Altdeut. Bl.* I, 34 bis 47; R a s s m. II, 271; *Hds*[3] N 28. 29. 30; J i r i c z e k S. 22 f.; Sij-m o n s § 63.

[2]) Vgl. D e p p. S. 37 f., S. 81, Note 3; *ZE* 70; J i r i c z e k S. 23, Note 1.

'nomine durissimo quem Walander faber cuserat' eingeschaltet sind.

Dass die Form Walander auf die nordische Herkunft des Namens schliessen lässt, wurde bereits oben betont.

Die Historia Pontificum et Comitum Engolismensium.[1])
(12. Jahrh.)

enthalten in Ph. Labbe's Novae Bibliothecae manuscript. Librorum (Paris 1657) tomus II, 249—264.

Diese Historia Pontificum etc., gibt die in Adémar's Chronik befindliche Notiz wieder:

c. XIX (F. 252 f.). Guillermus itaque Sector-ferri, (qui hoc nomen sortitus est, quia cum Normannis confligens, venire solito conflictu deluctans, ense corto, vel scorto durissimo, quem Walandus faber condiderat, per medium corpus loricatum secauit vnâ percussione) . . . .

Walander ist hier also bereits in Walandus umgebildet.

Joannis Monachi Historiae Gauffredi Ducis Normannorum Libri II.[2]) 12. Jahrh.
Ausgabe Paris 1610.

Vom Herzog wird zum Kampfe gerüstet: *Adducti sunt equi, allata sunt arma, distribuitur singulis, prout opus erat (S. 18).*

S. 19 bringt nun die Notiz:

Ad vltimum allatus est ei ensis de thesauro Regio ab antiquo ibidem signatus, in quo fabricando fabrorum superlatiuus Galannus multa opera et studio desudauit.[3])

Grimm (Hds[3] N 29) bemerkt hiezu: „Ohne Zweifel ist Wialant gemeint; das romanische g, gu für v, w macht gar keine Schwierigkeit (vgl. Gramm. 2, 342 Anm.)."

Die übrigen Anspielungen lesen wir

---

[1]) Vgl. *Hds*[3] N 28; Jiriczek S. 22 Note 2.
[2]) Vgl. Depp. S. 38, 82, Note 4; *Hds*[3] N 29.
[3]) Bei Depp. S. 82 Note 4 ist zu lesen, dass A. Thierry in seiner

In den 'Chansons de Geste' des 12.—13. Jahrh. und den aus diesen entstandenen Prosaromans.

Wir haben zu verzeichnen:

Raoul de Cambrai.[1]) Chauson de Geste.
Ausgabe von P. Meyer et A. Longnon, Paris 1882.

Louis IV. umgürtet Raoul mit einem Schwerte, das Galans geschmiedet hat:

> v. 486. *Li rois li çainst l'espée fort et dure.*
> *D'or fu li pons et toute la heudure,*
> *Et fu forgie en une combe oscure.*
> *Galans la fist qi toute i mist sa cure.*
> *Fors Durendal qui fu li esliture,*
> *De toutes autres fu eslite la pure:*
> *Arme en cest mont contre li rien ne dure.*

La Chevalerie Ogier de Danemarche par Raimbert de Paris.[2])
Ausgabe von J. Barrois, Paris 1842, 2 vol.

Sadones umgürtet sich mit einem Schwerte, das Galant gefertigt hat:

> v. 1672. *Sadones s'arme bel et cortoisement;*
> *Il vest l'auberc, lacha l'elme luisant*
> *Et chainst l'espée de la forge Galant;*

> v. 9882 heisst es weiter von einem Schwerte des Brehus:
> *Puis çainst l'espée au senestre giron:*
> *Cele fu prise el trésor Pharaon,*

'*Histoire de la Conquête de l'Angleterre par les Normands*' diesen Text benützt, Galand aber irrtümlicher Weise *«le plus renommé des ouvriers du temps d'Henri Ier»* nennt. Während ich nun diesen Irrtum in der That in einer Ausgabe, Paris, 1826 (II, 388), fand, ist jetzt die Stelle in der Ausgabe Paris 1883 rektifiziert. Sie lautet (a. a. O. II, 303): «un ouvrage de Waland, l'artiste fabuleux des vieilles traditions du Nord.» .

[1]) Vgl. Depp. S. 39, 82 Note 5.
[2]) Vgl. Depp. S. 39, 83 Note 6; *Hds*[3] N 30, 1.

Galans le fist en l'ille de Mascon:
Contre l'acier n'a nule arme faison.

v. 11250 heisst es endlich von einem anderen Schwerte
des nämlichen Helden:

Et çaint l'espée à son flanc senestrois:
Galans le fist en l'ille de Persois;
Unques millor ne porta quens ne rois,
Inde et vermeil un des costés estoit,
Et l'autre blans assés plus qe n'est nois:
Rice iert li brans, jà millor n'en verrois,
Corte fu bone, mais cele en valut trois;
Espermentée fu jà par maintes fois
Des Sarrasins ki tienent putes lois.
Mil cristiens en a ocis li rois,
Brehus li fel....

Grimm bemerkt hierzu (Hds[3] N 30, 1): „Da eine orien-
talische und damascierte Klinge für die stärkste und härteste
galt, so lässt sich leicht erklären, warum der Dichter den
Wieland, von dem er weiter nichts wissen mochte, in Da-
mascus und Persien das Schwert verfertigen lässt, und es als
einen Teil von Pharao's Schatze betrachtet."

Fierabras.

a) La Chanson de Geste de Fierabras.[1])
Ausgabe von A. Kroeber et G. Servois. Paris 1860.

In dieser Ch.d.g. ist von drei Schwertern — Plorance,
Bautisme, Garbain — die Rede, welche von drei Brüdern
Galans, Munificans, Aurisas geschmiedet wurden. Die Stelle
lautet:

v. 638. *Fierabras d'Alixandre fu moult de grant fierté:*
Il a çainte l'espée au senestre costé,
Puis a pendu Bautisme à l'archon noielé,
Et d'autre part Garbain au puing d'or esmeré.
De ceus qui les forgierent vous dirai verité,
Car il furent .III. frere tout d'un pere engerré.

---

[1]) S. Depp. S. 39 f., S. 83 ff. (Note 7—10).

Galans en ju li uns, ce dist l'auctorité;
Munificans fu l'autres, sans point de fauseté;
[Aurisas] fu li tiers, ce dit on par verté.
[Ceulx firent .IX. espées dont on a moult parlé.
Aurisas fit Baptesme au puing d'or esmeré],
Et Plorance et Garbain, dont li branc sont tempré;
XII. ans i mist anchois que fuisent esmeré.
Et Munificans fist Durendal au pui[n]g cler,
Musaguine et Courtain, ki sont de grant bonté.
Dont Ogiers li Danois en a maint caup donné.
Et Galans fist Floberge à l'acier atempré,
Hauteclere et Joiouse, où moult ot digneté:
Cele tint Karlemaines longuement en certé.
Ensi furent li frere de lor sens esprouvé.

b) Le Roman de Fierabras.[1])

Text nach Ausgabe Lyon 1597, Abdruck in Hds³ N 30, 3.

In dieser Prosaauflösung lautet die einschlägige Stelle:

Fierabras—ceignit son espee nommee Plorence, et en l'arçon de la selle en auoit deux autres bonnes, dont l'une estoit nommee Graban, lesquelles estoient faites tellement, qu'il n'estoit harnois, qui les peust rompre ne gaster. Et qui demanderoit la maniere, comme elles furent faites, ne par qui, selon que ie trouue par escrit: trois freres furent d'un pere engendrez, desquels l'un auoit nom Galand, le second Magnificans et le tiers Ainsiax. Ces trois freres firent neuf espees, c'est a sçauoir chacun trois. Ainsiax tiers fit l'espee nommee Baptesme, laquelle auoit le pommeau d'or bien peinct, et aussi fit Plorence et Graban, lesquelles Fierabras auoit. Magnificans l'autre frere fit l'espee nommee Durandal, laquelle Rolland eut, l'autre estoit nommee Sauuagine, et la tierce Courtin, que Ogier le Dannois eut. Galand l'autre frere fit Flamberge et Hauteclere et Joyeuse, laquelle espee Charlemaigne auoit par grand specialite. Et ces trois freres nommez furent les ouuriers des dites espees.

Anmerkung. Die Stelle von den drei Schmieden fehlt in der provençal. Version der Chans. d. g. (herausg. v. J. Bekker,

---

[1]) Vgl. *Hds³* N 30, 3; J. Bekker, *Der Rom. v. Fierabr. provenç.* S. 178; Depp. S. 84 ff.

Berlin 1829), ebenso im 'El cantare di Fierabraccia et Uliuieri' (herausg. v. E. Stengel, Strassb. 1880) und dem englischen 'Sir Ferumbras' (herausg. v. Sidney J. Herrtage, London 1879); dagegen gibt sie die deutsche Übersetzung des Roman de Fierabras — Fierrabras: Ein schöne History von einem Riesen auss Hispanien etc. Auss Frantzös. Spraach verteutscht. Cölln 1603 — getreulich wieder. Sie lautet:

„*Da nun Fierrabras wol gewapnet war, danckt er Oliuiern gar fast seines angewendten fleiss, gürtet vmb sich sein gutes Schwerdt, das hiess Plorantz vnnd bandt fornen an den Sattelbogen sein andere zwey Schwerter. Dass eine hiess Batime, das ander Graban, die waren als fest, dass kein Harnisch sie verletzen oder brechen mocht. Vnnd man findet geschrieben, dass drey Männer, genannt G a l a m s, Magnificans, vnnd Anisiax, alle drey von einem Vatter Gebrüder, vnnd von Handwerck Waffenschmied waren, diese drey schmidten 9. Schwerter, gar besonderer güte, Anisiax schmidt drey Schwerter, deren eins hiess Plorantz, das ander Patime, welches hett ein guldinen Knopff, das dritte Graben. Diese Schwerdter wurden alle drey dem Fierrabras, König zu Alexandrien: Magnificans macht auch drey, das eine genannt Durandel (heisst hertigkeit) wardt Rulanden, das zweyt Sauange (bedeut erlöserin) das dritt hiess Kurteyn (heisst kurtz), das ward Otgern König zu Dennemarck. Unnd G a l a m s macht auch drey Schwerdter, deren eins hiess Flanberg, war dem künen Reinharden von Montabon, das ander Hartecklere, (das bedeut hoher clarheit) das wardt Oliuiern, das dritte heiss Joiouse (bedeutet freudenreich oder frölich) das Schwerdt führt Keyser Carle selber.*[1])

La Naissance du Chevalier au Cygne ou les Enfants Changés en Cygnes.[2])

Ausgabe v. A. H. Todd. Baltimore 1889 (in den Public. of the Mod. Lang. Assoc. of America).

Lotaire umgürtet seine fünf Söhne mit fünf Schwertern aus der Schmiede von Galant:

[1]) Der Umstand, dass in all den angeführten Stellen G a l a n s der Verfertiger des Schwertes von Kaiser Karl selbst genannt wird, lässt ihn als den bedeutendsten der drei Brüder erscheinen.

[2]) Entspricht dem *Roman du Chevalier au Cygne, première branche,* bei Depp. S. 40. 87 Note 11; Grimm *Hds*[3] N 30, 2 (*Chev. au cisne*).

v. 3098. *Il a doné .V. brans de le forge galant;*
Li doi furent jadis le roi Octeviant,
La les orent pieç'a aportés Troïant,
Quant Miles espousa Florence le vaillant;
Se li dona Florence qui bien le vit aidant
Et encontre Garfile fierement combatant;
Et Miles dona l'autre a .i. sien connisçant.
Puis furent il emblé par Gautier le truant,
Et cil en est fuïs de la fort païsant,
S'en est venus au pere le roi Lotaire errant;
A celui le dona, et il en fist presant.
Li rois les esgarda, bien les a a talant,
S'a Gautier done fief et fait rice et manant.
Les autres trois avoit en son tresor gisant;
Il ot conquis .i. roi en Aufrique le grant
Quant ala outre mer le sepucre querant,
Que treü demandoit as pelerins errant.
Il li coupa la teste, onques nen ot garant,
Et l'espee aporta et .i. elme luisant.
Illuec aprés conquist Caucase l'amirant
Dont l'espee aporta et l'auberc jaserant.
Et l'autre espee fu trovee el flun Jordant,
Ainc ne pot estre blance, tant l'alast forbisant.
Les. V. espees a li rois cascun enfant
Çainte au senestre les u bien seent li brant.

Weitere zwei auf unseren Helden bezügliche Stellen werden bei Depp., S. 88, aus dem Roman du Chevalier au Cygne, deuxième branche (bisher noch keine Ausgabe vorhanden) angeführt.

Die erste Stelle lautet (Depp. S. 88 Note 12):

L'emperère [Othon] ert as astres devers soleil levant,
Environ lui estoient maint chevalier vaillant.
Virent amont le Rin un blanc oisel noant,
El col une caïne et un batel traiant;
Et virent en la nef .i. chevalier gisant,
Dalès lui son escu et s'espée trençant,
Et un molt biel espiel qui molt par ert vaillant.

Jo ne sai se il fu de la forge Galant;
Mais ains nus ·hom de ear ne vit si rice brant.

Die zweite Stelle lautet (Depp. S. 88 Note 13):

Or eevalee Espaullars à la cière grifaigne.
Il fu molt bien armés d'auberc et d'entresagne
Et d'escu et de lance et d'elme de Sartaigne;
S'ot une espée çainte qui fu faite en Bretagne.
Li fèvres qui le fist en la terre soutaigne
Ot à non Dionises, l'escriture l'ensaigne;
Si fu frères Galant, qui tant par sot d'ovraigne.
Trente fois l'esmera por çou qu'ele ne fraigne,
Et tempra .XXIII. Bien desfent c'on n'el cainge
Qui ne soit conquérans et que guerre n'empraigne.
Maudras, un marcéans qui fu nés de Bretagne,
Le vendi .c. mars d'or tot par droite bargagne
Et .XX. pailes de Frise et .II. cevals d'Espagne.
Césars li emperères l'ot maint jor en demagne,
Engleterre en conquist, Angou et Alemagne,
Et France et Normendie, Saisone et Aquitaigne
Et Puille et Hungerie, Provence et Moriaigne.
Or en est cil saisis qui maint home en mehagne;
Par sa grant cruelté sovent en sanc le baigne.

Les Enfances Godefroi de Bouillon.[1]

Vom Schwerte Godefroi's heisst es hier (Hist. litt. XXII, 398):

Puis li cainsent l'espée dont mort fu Agolans,
Bone iert l'adouberie, mais mieux valoit li brans.
Letres i ot escrites qui dient en romans
Que Galans le forga, qui parfu si raillans.
Durendals fu sa suer, cele ot li quens Rollans.

Von einem anderen Schwerte heisst es (Depp. S. 88, Note 15):

---

[1] Entspricht dem 'Roman de Godefroi de Bouillon', bei Depp. S. 42 f., S. 89 Note 14—17, welchem ich die uns interessierenden Stellen wieder entnehmen muss, da noch keine Ausgabe der Dichtung vorhanden ist. Die erste Stelle findet sich auch Hist. litt. XXII, 398

Li brans que on lui çainst Irashels le forja,
Puis le fist Galans qui .i. an le tempra;
Por çou qu'il doi le fissnt Recuite l'apela.
Quant il l'ot esmerée, en son tronc l'asaia.
En fresci qu'en la terre le fendi et coupa.
Celi ot Alixandres qui le mont conquesta,
Et puis l'ot Tolemés, puis Macabeus Juda;
Tant ala li espée que de çà et de là
Que Vespasianus, qui dame-Deu venja,
Al sépucre l'ofri ù Dex résuscita;
Puis l'ot Cornumarans et ses fils Corbada;
Jhérusalem traï cil qui il le dona,
Ainc puis dedens le vile .i. jor ne le laissa.

An einer dritten Stelle werden Galan's Waffen gepriesen
(Depp. S. 89, Note 16):

Mais or prie Mahon et ton Deu Tervagant
Ke de ta gregneur perte te desfende en cest an,
Car molt par sont preudome tot icil crestian,
Car quant il sont armé des haubers jaseran
Et ont espées nues de le forge Galan
(Plus souef trence fer que coutels cordouan)
Pour .XXX. de nos Turs n'en fuiroit uns avant.

Endlich geschieht Galan's an einer vierten Stelle Erwähnung (Depp. S. 89, Note 17):

‹ Or tost, dist l'amirals, mes armes m'aportés.›
Et si home respondent: ‹Si com vous commandés.›
Ses armes li aporte Corsaus et Salatrés.
Devant le maistre tref fu uns tapis jetés
Et desor le tapi uns pailes colorés.
Là s'asist l'amirals, qui est de grans fiertés.
Ses cauces li cauça li rois Matusalés
D'un clavain ploiéis, onques hom ne vit tés:
Les bendes en sont d'or, si le fist Salatrés,
Uns molt sages Juus qui des ars fu parés
A claus d'argent estoit cascuns clavains soldés.
Ses esperons li cauce l'amirals Josués;
Jà beste c'on en poigne n'ara ses flans enflés.

Puis vesti une broigne que fist Antequités,
Qui fu .XXV. ans comme Dex aorés.
A lui fu Israels et Galans li senés;
Là aprisent le forge dont cascuns fu parés.
Molt ert rice la broigne, cascuns pans fu safrés
De fin or et d'argent menu recercelés,
Et tos li cors deseure tos à listes bendés.

Huon de Bordeaux.

a) La Chanson de Geste de Huon de Bordeaux.[1]
Ausgabe von F. Guessard et C. Grandmaison, Paris 1860.

Der Admiral Yvorin lässt Huon ein Schwert geben, das von Galans geschmiedet worden ist:

v. 7558 *.I. Sarrasins cuida Huon gaber;*
  A son escrin est maintenant alés,
  Si en trait fors .I. branc d'achier letré,
  Vint à Huon, et se li a donné:
  «Vasal, dist il, cestui me porterés;
  «Je l'ai maint jor en mon escrin gardé.»
  Hues le prent, du fuerre l'a geté,
  De l'une part se traist lés .I. piler.
  Ce dist le letre qui fu el branc letré
  Qu'ele fu suer Durendal au puing cler;
  Galans les fist; .II. ans mist à l'ouvrer,
  .X. fois les fist en fin achier couler.

b) Le Roman de Huon de Bordeaux.[2]
Ausgabe von Jean Bonfonds, Paris [ohne Jahreszahl].

Fueillet LXV. Comment Huon fut arme et monte sur vng pauure roussin et alla apres les autres deuant enfalerne.

Droit a ceste heure comme de Huon deuisoient y auoit la vng payen, lequel oyant que le roy Juoirin auoit ordonne quil fust arme il sen partit si sen alla en sa maison et print vne grande espee moult enrouillee, laquelle il auoit moult grant temps gardee

---

[1] Vgl. Depp. S. 43 f., S. 91, Note 18.
[2] Vgl. Depp. S. 92.

*en son coffre: si laporta a Huon et luy dist Vassal ie voy que pas
nauez espee ne baston: dont ayder vous peussiez, et pource vous
donne ceste espee que moult longtemps ay gardee en mon coffre. Le
payen la donna a Huon en le cuidant truffer pource que auis luy
estoit que lespee estoit de petite valeur: Huon print lespee si la tira
hors du fourreau et veit que dessus estoit escript lettres en françois
qui disoient ceste espee forgea galans, lequel en son temps en
forgea trois et celle que le payen auoit donnee a Huon fust lune
des trois: dont lune fut durandal qui depuis fut a Roland lautre
fut courtain.*

Garin de Monglane.[1])

Ausgabe von E. Stengel (Bruchstück der Chanson de Garin de Monglane) in Gröber's Z. f. rom. Ph. VI, 403—413.

v. 106 heisst es:

> *Puis li laca son elme a fin or reluisant,*
> *Dont li ce[r]cles fu d'or, a pierres flamboiant.*
> *Ceinte li a l'espee dont je ros di itant,*
> *Que il n'avoit millor en cest siecle vivant*
> *Fors Durandart la bone et Cortain la veilant.*
> *Ces .III. furent ja faites en la forge Galant.*

Eine zweite in Stengel's Bruchstück nicht mehr enthaltene Stelle über Galant ist bei Depp., S. 92, Note 20, zu
lesen. Sie lautet:

> *Puis a trait le nu branc, qui bons fu et letrez:*
> *Des haus nons de Jhésus i ot escris assez.*
> *Li bons fèvres Galans, li mieldres qui fu nez,*
> *Cil le fist et forja, saciez de véritez.*
> *Tant fu fors li bons brans et tant fu afilez*
> *Que plus luist et resplent que argens esmerez.*

Der aus dem 15. Jahrh. stammende Prosaroman von
Garin de Monglane (mir nicht zugänglich, in Paris dreimal
gedruckt), enthält nach Depp., S. 93, Note 20, keine Stelle über
unseren Helden.

---

[1]) Vgl. Depp. S. 44. 92, Note 19, 20.

Doon de Maience.

a) La Chanson de Geste de Doon de Maience.[1])

Ausgabe von A. Pey, Paris 1859.

Doon zieht sein Schwert, das ein Arbeiter von Galan gefertigt hat:

v. 5028. *Et Do giete la main au branc d'achier fourbi,*
Que li avoit donné son pere u gaut foilli.
Ains meilleur n'en ot hons dès le temps Anséi:
.I. fevre, que Galan avoit tous jours nourri,
La fist et la forja, chen soi jen bien de fi.

v. 6906 ff. Kampf zwischen Karl und Doon:

Quant Do voit Kallemaine qui ot treste l'espée,
Durandal ot à nom, moult fu bien esprouvée,
Il a tantost la main à la soue getée.
En la forge Galan, le fix à une fée,
Fu feite sans mentir, ch'est verité prouvée;
Mès Galan ne l'ot pas forgie ne temprée,
Mex .I. sien aprentis, qui bien l'ot manouvrée.
Grant merveille orrés ja, se ele est escoutée,
De l'espée Doon comme ele fu faée.
Quant esmoulue fu, fourbie et atrempée,
Et la mere Galan l'ot tenue et gardée,
Et dit ses oreisons, seignie et conjurée
Com chele qui estoit de faement senée,
Sus .I. andier de fer l'a maintenant posée,
Le trenchant par dessous; ici l'a oubliée;
Et quant vint au matin, si l'a dessous trouvée,
Que coupé l'avoit tout et outre estoit passée.
‹Par foi! fet ele lors, merveille ai esgardée.
‹Pour chen voeil que soiez Merveilleuse apelée,
‹Et merveille sera de vostre renommée;
‹Ja rien encontre vous n'ara à coup durée,
Se Dex ne le deffent, qui mainte ame a sauvée.›

---

[1]) Bei Depp. nicht angeführt; dort findet sich nur die Prosaauflösung.

b) Le Roman de Doolin de Maience.

Text nach Ausgabe Paris 1501, Abdruck bei Depp. S. 93 f.

Dieser Prosaroman enthält gleichfalls zwei Stellen über Galant:

I. Stelle (Depp. S. 93, Note 21):

Et alors Doolin yssit de Paris moult bien armé sur ung bon cheval coursier d'Espaigne qui couroit plus par rochiers et montaignes que ne faisoit ung autre en plain champ; et avoit son escu au col et sa lance au poing de pommier à un large fer qui avoit esté fait en la forge de Gallant, où avoit esté forgée Durandal l'espée de Charles; et quant elle fut faicte elle fut essayée et couppa quatre pièces d'acier moult grosses à ung coup.

II. Stelle (Depp. S. 93, Note 22):

Et quant les deux barons eurent rompu leurs lances, Charlemaigne tira son espée Durandal, qu'il avoit conquise par force sur Braymont l'admiral; car c'estoit la meilleure qu'on eust sceu trouver. Et quant Doolin vit l'espée tirée, il mist la main à la sienne qui avoit nom Merveilleuse, laquelle avoit esté faicte en la forge de Galant: et l'afila une fée sans mentir; mais Galant ne la fit pas, car ce fut ung sien aprentis. Et ores maintenant en convient à parler. Quant l'espée à Doolin fut forgée et esmoulue et que la mère à Galant eut dit ses oraisons dessus elle, la seigna et conjura comme celle qui estoit ouvrière de faer; après elle la mist dessus ung grant trepier, le trenchant par dessoubz, et puis la laissa là. Et quant vint au matin, elle trouva dessus le trenchant qui avoit couppé tout oultre le trépier, et quant elle la vit, elle dist: «Par ma foy! je vueil que tu ayes nom Merveilleuse; car ce sera grant merveille comment tu trencheras, et riens n'aura durée contre toy se Dieu ne le deffent, qui a povoir sur toutes choses.»

Wenn sowohl hier als auch in der Chanson de Geste Galant's Mutter eine Fee genannt wird, so darf dies doch nicht ohne weiteres mit der aus der deutschen Sage bekannten Abstammung des Helden (vgl. ob. ThS. und unt. S. 51 Rabenschlacht) in Verbindung gebracht werden, da derartige Abstammungen von Helden in den mittelalterlichen Gedichten nichts Aussergewöhnliches sind.

Am Schlusse dieser altfranzösischen Anspielungen möchte ich nun mit Fr. Michel (Depp. S. 94) und F. Wolf (Altd. Bl. I, 44) hervorheben, dass sich die Anspielungen auf unseren Helden einzig in den Gedichten finden, welche dem fränkisch-karolingischen Sagenkreise angehören, eine Erscheinung, welche wir als einen Beweis für den germanischen Ursprung dieser Anspielungen betrachten können.

Anhang. Pieds-d'or, ein französisches Wielandmärchen.

Noch ist die Anführung eines französischen Märchens am Platze, das J. Fr. Bladé, in seinen 'Contes populaires de la Gascogne' (3 vol. Paris 1886) unter dem Titel 'Pieds-d'or' erzählt. Zeigt dasselbe doch so mannigfache Berührungspunkte mit der Wielandsage, dass sich hierüber in R. Köhler's *Kleineren Schriften zur Märchenforschung*, herausg. von J. Bolte (Weimar 1898), die Bemerkung findet: „Offenbar ist das Märchen ein Nachklang der Wielandsage, über die Sijmons in Paul's Grundriss der german. Philologie 2, 1, 59 handelt" (a. a. O. S. 120).

Ich gebe zunächst in möglichster Kürze die Inhaltsangabe des Märchens, wie es bei Bladé, a. a. O. I, 126—147 zu lesen ist:

In Pont-de-Pile am Flusse Gers hauste einst ein Schmied, der sein Handwerk so gut verstand wie kein anderer. Es war aber ein finsterer, hässlicher Geselle von gewaltiger Körperkraft, der seine Schmiede jedermann verschlossen hielt. Wollte einer bei ihm in die Lehre treten, so musste er so schwere Probearbeiten verrichten, dass noch jeder daran gestorben war. Einstmals aber bestand ein Junge von 14 Jahren, der Sohn einer Witwe im nahen La Côte, die Proben und wurde vom Schmiede als Lehrling angenommen. Der Junge machte solche Fortschritte, dass er bereits nach einem Jahre den Meister in der Kunst des Schmiedens übertraf. Auch war es ihm gelungen, das Geheimnis desselben zu entdecken. Der Schmied pflegte nämlich allnächtlich mit seiner Tochter. der Königin der Vipern (la Reine des Vipères), zusammenzukommen und ferner nach Mitternacht nach Ablegung der Kleider und seiner menschlichen Haut in Otterngestalt (et parut fait comme une grande loutre) in den Gers zu steigen und bis zum Morgengrauen darin zu verweilen.

Eines Tages nun betäubte der Schmied den Lehrling durch einen Trunk und fesselte ihn im Schlafe. An den Wiedererwachten richtete er darauf die Frage, ob er seine Tochter (die Königin der Vipern), die ihn liebte, heiraten wollte. Als der Lehrling dies verneinte, sägte ihm der Meister beide Füsse ab und warf sie ins Feuer. Der also Verstümmelte musste von jetzt ab in einem tiefen Turm am Meere. abgeschlossen von aller Welt, für den Meister schmieden. Sieben Jahre dauerten dort seine Leiden, bis ihm die Flucht gelang. Er hatte sich dazu heimlich goldene Füsse (une paire de pieds d'or) geschmiedet, mit denen er, ohne Schaden zu nehmen, auf den Hals der Vipernkönigin trat, die ihn allabendlich besuchte, ein scharfes Beil (une hache d'acier fin), mit welchem er ihr den Kopf vom Rumpfe trennte, und künstliche Flügel (une paire de grandes ailes légères), vermittelst derer er entflog. Zunächst wandte er sich nach der Heimat und wartete ab, bis der Meister sich um Mitternacht seiner Menschenhaut entledigte. Diese raubte er und kündete dem Schmiede sodann seine Rache: die Tötung der Vipernkönigin und den Raub seiner menschlichen Haut. Daraufhin verschwand der Unhold im Wasser und ward nie mehr gesehen. Der Lehrling aber ass die geraubte Haut und flog dann zum Schlosse Lagarde, auf welchem die jüngste Tochter des Besitzers, mit der er sich vor sieben Jahren heimlich verlobt hatte, seit seinem Unglück scheintot im Sarge lag. Er erweckte sie wieder zum Leben und erhielt sie von ihren Eltern zur Gemahlin. Zwölf Söhne entsprossen nachmals dieser Ehe.

Es dürften diese Angaben genügen, um auf Grund derselben Jiriczek, der in Stud. z. vgl. Litg. III, 354—362 an der Hand eines ausführlichen Auszugs von Bladé's Märchen, das Verhältnis desselben zur Wielandsage einer eingehenden Untersuchung unterzieht, vollkommen beipflichten zu können, wenn er a. a. O. S. 359 f. feststellt:

„Wie Wieland wird der Märchenheld im Schlafe gefesselt, an den Füssen verstümmelt und an einem unzugänglichen Orte gefangen gehalten, wo er für seinen Herrn schmieden muss. Wie Wieland die Königssöhne ermordet und die Königstochter entehrt, tötet er die Schlangenkönigin, die Tochter des Schmiedes. Wie Wieland entkommt er der Gefangenschaft, indem er davonfliegt. Wie Wieland endlich wird der Held selbst Herold seiner Rache."

Ist nun die Übereinstimmung in den genannten Punkten eine derartige, dass die Möglichkeit der Annahme, das Märchen als Nachklang der Wielandsage zu fassen (vgl. ob.), nicht ohne weiteres abgewiesen werden kann, so steht dem andererseits gegenüber, dass die Hauptmotive des Märchens: Zauberlehrling, Schlangenkönigin, scheintote Schöne, alle nichts mit der Wielandsage zu thun haben, wie wiederum Jiriczek treffend hervorhebt.

Als einzig sicherer Kern lässt sich darum nur die psychologische Verwandtschaft des Märchens mit der Wielandsage losschälen, indem es nämlich gleich derselben jenen uralten und gemeinindogermanischen Mythus vom zauberhaften Schmiede (vgl. ob. Ib) in sich birgt.

Ergibt somit die Untersuchung des Märchens auch keine sicheren Anhaltspunkte, die zur Aufgabe der Annahme, dass keine tiefere Kenntnis der Wielandsage nach Frankreich gedrungen ist (s. ob. Einleit. zu den afr. Anspielungen), führen müssten, so lässt es sich gewiss ebensowenig verbieten, unser Märchen im Sinne von Jiriczek ein französ.

Wielandmärchen zu nennen, 'als unverbindlicher Ausdruck für psychologische Verwandtschaft und typische Motivähnlichkeit', wie Jiriczek's
Worte (a. a. O. S. 362) lauten.

Wir gelangen nun im weiteren Verfolg der Wanderung
der Sage nach Oberdeutschland.

Die oberdeutschen Zeugnisse.[1])

Auch Oberdeutschland weist Kenntnis unserer Sage auf,
die hierher von Niederdeutschland eingedrungen ist. Doch
scheint sie keinen besonders festen Fuss gefasst zu haben, da
in den oberdeutschen Zeugnissen Wieland einzig als berühmter Waffenschmied oder Vater des Helden Witege erwähnt wird. Die Abenteuer des letzteren werden nun auch
in der nordischen ThS. erzählt und zwar verrät dieselbe in
vielen Fällen eine ältere und vollständigere Gestalt der Überlieferung als die oberdeutschen Berichte.

In erster Linie sind von diesen anzuführen

Zeugnisse in lateinischer Sprache.

Die beiden Urkunden von Sankt Gallen vom 8. April 864.[2])
Ausgabe Wartmann's Urkundenbuch der Abtei St. Gallen 1863—64, 4 Bde.

I. Teil. N. 498. 499.

In diesen zwei Urkunden werden zwei Männer Witigo
(Witigouvo) und Wielant (Welant) als Zeugen auf-
geführt. Wenn nun diese beiden Männer Vater und Sohn
waren, wie angenommen werden kann, so bilden diese Urkunden ein frühes Zeugnis für die Verbindung der beiden
Helden in Oberdeutschland.

---

[1]) Vgl. *Sagabibl.* II, 139; Depp. chap. III; Uhland, *Schrift.* I,
405 ff.; Rassm. II, 264 ff.; Jiriczek S. 23 ff. 33; Sijmons § 63.
[2]) Vgl. *ZE* N 14.

Waltharius manu fortis.[1]) (10. Jahrh.)
Gedicht des Mönches Ekkehard I. von St. Gallen.

Ausgabe von R. Peiper, Berlin 1873.

Den von Randolf jählings angegriffenen Walter schützt sein Panzer, ein Werk Wieland's.

v. 962. *Ecce repentino Randolf athleta cauallo*
Praeuertens reliquos hunc importunus adiuit;
Ac mox ferrato petiit sub pectore conto.
Et nisi duratis welandia fabrica giris
Obstaret spisso penetrauerat ilia ligno.[2])

Zahlreiche Anspielungen auf unsere Sage bieten dann

Die mhd. Gedichte des 13. Jahrh. aus dem Siegfried-Dietrich-Sagenkreise.

Hierher gehören:

Biterolf und Dietleib.[3])

Ausgabe von O. Jänicke, *DHB* I, 1—197.

V. 115—181 berichten von den drei Schmieden Mime, Hertrich, Wielant.

Von letzterem heisst es:

V. 156. *Swie vil man starker liste jach*
Wielande der dâ worhte
ein swert daz unervorhte
Witege der helt truoc,
und einen helm guot genuoc
der dâ Limme was genant:
ouch worhte er allez daz gewant
daz zuo dem swerte wol gezam,

---

[1]) Vgl. *ThS.* c 241 ff.; Depp. chap. V, note 2; *Sagabibl.* II, 138; *Hds*[2] 82.

[2]) Mehrere deutsche Übersetz. des Gedichtes, so J. V. Scheffel und A. Holder, Stuttg. 1874; F. Limming, Paderb. 1885[2]; H. Althof, Leipz. 1896.

[3]) Vgl. Depp. S. 78, Note 7; Uhl., *Schr.* I, 416 ff.; *Hds*[3] 160 ff.; Sijmons § 20.

Witege truor ez âne scham,
de êren ingesinde:
er hete ez sînem kinde
geworht so er beste mohte;
dannoch im niht tohte
daz er an diesem mære
sô wol gelobet wære,
als Mime unde Hertrîch:
ir kunst was vil ungelich.
die rede bescheide ich iu:
der swerte wâren zwelviu,
die sluogen dise zwêne man,
als ich iu kunt hân getân;
daz driuzehende Wielant;
daz was Mimminc genant.
Daz buoch heren wir sagen,
diu swert entorste nieman tragen
er enwære fürste oder fürsten kint.

Wir erinnern uns, dass Velent (ThS. c 81) dem Sohne sein Schwert Mimung und eine Waffenrüstung gibt. Auf dem Helme des Viđga befindet sich ein goldener Lindwurm, 'der Schlange genannt wird' (sá er Slangi heitir). Der Name Limme für Witege's Helm findet sich nur in diesem mhd. Gedichte (vgl. Hds³ 162).

Die Rosengartenlieder.[1]
Ausgabe von Holz, Die Gedichte vom Rosengarten zu Worms, Halle 1893.

Diese Gedichte berichten von den Zweikämpfen, welche zu Worms zwischen zwölf Helden der Amelunge und ihren Gegnern stattfinden.

Rosengarten A. str. 239 (Kampf Witege's gegen den Riesen Aspriân) wird Witege's Vater Wielant genannt.

Swenne er [Aspriân] solte strîten, daz was ime ein wint.
an lief er mit grimme dô Wielandes kint.

---

[1] Vgl. *ThS.* c 170 ff.; Uhl.. *Schrift.* I, 412; *Hds³* N 91—94; Jiriczek S. 253 ff.; Sijmons § 20.

doch was der Held Witege in strîten unverzeit:
ûz zucte er Mimingen, der herte helme sneit.

Rosengarten D str. 316. 317 [Zusatz von D⁸] reizt Dietrich Witege zum Kampfe gegen Asprian auf und verspricht ihm das Ross Schemminc:

str. 316. 'Schemminc das guote ros wil ich dir wider lân.
str. 317. Daz brâhtest du ûz dem berge von dem lieben vater dîn.
helt, nu velle den risen: ez sol dîn eigen sîn.
ez wart mir dô vor Garte, dô du strite mit Amelolt.
ich wil dir'z wider lâzen: helt, verdiene den solt.'

Die Bemerkung, Witege habe das Pferd von seinem Vater mitgebracht, zeigt Übereinstimmung mit der ThS.; 'ûz dem berge' erklärt sich aber durch eine Äusserung im 'Anhang zum Heldenbuch' (unt. S. 53 f.); vgl. Hds³ 217.

Im Rosengarten D str. 620 überwirft sich Wolfhart wegen der Rückgabe des Rosses Schemminc mit Witege und dieser tritt daraufhin zu Ermenrîch über, so dass wir den Helden in 'Alphart's Tod' auf des letzteren Seite finden.

Rosengarten, D str. 624 ³˒⁴, spielen auf dies Ereignis an:

Dannen vuor dô Witege ûf derselben vart.
daz kam sider ze leide dem jungen Alphart.

Laurin und Walberan.[1]
Ausgabe von O. Jänicke, DHB I 201—257.

Im Walberan, v. 684. 691, wird 'Wielant' als Begleiter Laurin's und Dienstmann Dietrich's genannt. Er verdankt sein Dasein ohne Zweifel dem Zusatze 'Wielandes sun' bei Witege, der deshalb auch im Walberan fehlt, während er im Laurin v. 21. 297. 1533 dabeisteht (vgl. Hds³ 304).

Alphart's Tod.[2]
Ausgabe von E. Martin, DHB II, 1—54.

Der junge Alphart fällt im Kampfe gegen Witege und Heime (s. oben).

---

[1] Die *ThS.* weiss nichts von Laurin; vgl. sonst *Hds³* 304; Uhl., *Schrift.* I, 411; Sijmons § 20.

[2] Vgl. *Hds³* N 90; Uhl., *Schr.* I, 415 f.; Sijmons § 20; die *ThS.* berichtet nichts von diesem Kampfe.

Witege wird hier, str. 262. 283, 'Wielandes barn' genannt.

Dietrich's Riesen- und Drachenkämpfe.

[Virginal, Dietrich's erste Ausfahrt, Dietrich und seine Gesellen.]

Hierher gehören drei Überlieferungen — Virginal, Dietrich's erste Ausfahrt, Dietrich und seine Gesellen — denen dieselbe Quelle, ein altes Gedicht, zu Grunde liegt (vgl. Wilmanns, ZfdA. XV, 294; Jiriczek S. 223 ff.).

Virginal.[1])
Ausgabe von J. Zupitza, DHB V. 1—200.

str. 652 [7—13] werden die Zeichen Witege's angegeben:

Witege vüert ein banier rîch,
daz relt dast kolen grüene;
dar inne ein zeichen wunneclîch:
das vüert der degen küene,
ein hamer und zang von golde rôt,
ein nater, diu ist von silber wîz,
als im sîn Vater Wielant gebôt.

Die goldene Schlange auf Witege's Helm und seine Rüstung sind uns bereits aus der ThS. bekannt (vgl. ob. S. 48). Ferner berichten die ThS., c. 81. 175. 330, und auch die Folkeviser (s. Grundtvig A str. 45), dass der Held in Schild und Fahne Hammer und Zange in Beziehung auf seinen Vater geführt habe. Vgl. Hds[3] 295.

Dietrich's erste Ausfahrt.
Ausgabe von F. Stark, Stuttg. 1860, Litt. Ver. N. 52.

'Wilant der alte in der Turkei' ist der Verfertiger eines Schwertes, welches Helferich dem Berner gab:

str. 402. *Kein waffen nie so wol geschneit;*
es ward in der Turkei bereit,
es macht Wilant der alte.

Dietrich und seine Gesellen.
Dresdn. Heldb., gedr. in v. d. Hagen's und Primisser's HB II, 103 ff.

---

[1]) Vgl. *Hds*[3] 294 f.; Jiriczek S. 223 ff.; Sijmons § 20.

Witege schlägt hier mit seinem Schwerte Mimmung
mehreren Riesen das Haupt ab (str. 730. 873).[1]) Diese
Stellen sind übrigens auch in J. Zupitza's Ausgabe der Virginal enthalten.

Die Rabenschlacht.[2])

[Verfasser Heinrîch der Vogelære, ein österreich.
Fahrender vom Ende d. 13. Jahrh.]

Ausgabe von E. Martin, DHB II, 219—330.

Witege erschlägt in dieser Schlacht Diether, den Bruder
Dietrich's, und die Söhne Helken's und flieht vor Dietrich,
der an ihm den Tod derselben rächen will.[3])
str. 964—974 berichten von Witege's Flucht.

str. 964. *Ich sage in unverborgen*
hie an dirre zît,
dô Witege begunde sorgen
umb sin leben ûf der heide wît,
in der vrist dô kom ein merminne.
diu want Witegen an, als ich mich versinne.

str. 965. *Si nam den helt starke*
und ruorte in mit ir dan
mit samt sinem marke,
si nerte den vil küenen man.
si vuorte in dâ ze stunde
mit ir nider zuo des meres grunde.

str. 969 wird der Name von 'Witegen an' genannt.

str. 969[1-3] *Dô Witege der mære*
kom an des meres grunt,
vrou Wâchilt vrâgte in sunderbære.

Dem Berichte dieses Gedichtes zufolge erscheint also
Witegen, wie er sich auf der Flucht vor Dietrich nicht mehr
retten kann, ein Meerweib, seine Ahnfrau Wâchilt, und birgt

---

[1]) Vgl. *ThS.* c. 194 ff.
[2]) Vgl. *Hds*[3] N 85; *Sagabibl.* II, 222 Anm. 2; Uhl., *Schr.* I, 414 f.;
Sijmons § 20.
[3]) Vgl. *ThS.* c. 333 ff.

4*

ihn auf dem Meeresgrund. Die ThS. (nach Unger) berichtet einzig, dass Vidga vor dem feueratmenden þidrik ins Meer gesprengt und darin versunken sei (c. 336). Die altschwedische Redaktion der ThS. führt dagegen an (Hyltén-Cavallius c. 383):

'Som hii för haffuer horth huru wideke welanson flydde för didrik aff bern ock sanch j syon wid granzport, tho kom til honom en haffru, hans fadher fadher modher, ok togh honom ok förde honum til Sælandh ock war ther longa stundh.' Vgl. Hds³ 231, ZE N 31.

Weiter sind zu nennen

Jüngere Zeugnisse (14.—15. Jahrh.),

nämlich:

Friedrich von Schwaben.[1]) 14. Jahrh.
(noch nicht herausgegeben).

Dieses mhd. Gedicht bildet das einzige Zeugnis, welches auf Typus I der Sage Bezug nimmt.

Friedrich, der Held des Gedichtes, sucht seine geliebte Angelburg. Wie er am bestimmten Orte eintrifft, erblickt er drei Tauben — Angelburg und ihre Gefährtinnen —, die sich in einer Quelle baden wollen. Dadurch dass er die Taubenkleider hinwegnimmt, gewinnt er Angelburg.

So zeigt also dieser Bericht die grösste Ähnlichkeit mit der Prosanotiz der Vkv. Wenn nun vollends in einer Hs. (Wolfenbüttel Hs.) Friedrich sich selbst Wieland nennt, so tritt diese Verwandtschaft offen zu Tage.

Die Quellen des Gedichtes dürften auf mündliche niederdeutsche Überlieferung zurückzuführen sein (Sijmons § 21) und es ist keine literarische Quelle für die Wielandanspielung anzunehmen (Voss a. a. O. S. 44 ff.; Jiriczek S. 25).

---

[1]) Vgl. Hds³ N 113b; Depp. S. 34. 77 note 5; Uhl., Schr. I, 481; Rassm. II, 265; Liebrecht a. a. O. S. 241; Voss, Diss. Friedr. v. Schw.; Jiriczek S. 24; Sijmons § 21. W. H. Schofield, The Lays of Graelent and Lanval, and the Story of Wayland [Publ. of the Mod. Lang. Assoc. XV, 2. Baltimore 1900].

Bearbeitung des Eckenliedes im Dresd. Heldenb. (Kaspar v. d. Roen.)[1]) 15. Jahrh.

In Kaspar von der Roen's Bearbeitung des Eckenliedes nimmt auf Wieland eine Stelle Bezug, die im alten Texte fehlt.

Ausgabe von der Hagen's und Primisser's Heldenbuch II, 74—117 . (Ecken-Ausfahrt).

str. 89. *Er [Ecke] sprach: „helt, wiltu mich bestan,*
den helm, unn den ich auf han,
den wirck(t) Willant mit siten;
in sant ein Konick her vber mer
erfaeht ein konickreich mit der wer;
guldein ist er an mitten.

Grimm (Hds³ 249) bemerkt hierzu: „Zur Erklärung des einzelnen fehlt die Sage. Vielleicht ist von dem Helme Limme die Rede."

Anhang [Vorrede] zum Heldenbuch.[2]) 15. Jahrh.
Ausgabe von A. v. Keller, Stuttg. 1860, Litt. Ver. 87.

Seit dem 14. Jahrh. treten Umarbeitungen und Verkürzungen älterer Dichtungen an die Stelle spielmannsmässiger Erfindung. Ihren Abschluss findet diese entartende Heldendichtung in den sogenannten Heldenbüchern. Das wichtigste derselben ist das spätestens 1490 gedruckte Heldenbuch, das eine prosaische Vorrede [in der Regel als Anhang zitiert] enthält. Diese Vorrede, welche auf anderen Quellen (niederdeutsche mündl. Überlief.) fusst als das Buch selbst, ist für die Sage von grosser Wichtigkeit und bildet für dieselbe eine trübe, aber reichhaltige Quelle (Sijmons § 21).

Die hierher gehörige Stelle lautet (Keller, S. 3):

Wittich ein held, Wittich owe sein brüder, Wielant
was der zweier wittich vatter. Ein herczog, ward fertriben von

---

1) Vgl. *ThS.* c 98 ff.; Depp. S. 77 note 6; *Hds³* N 86, 9; Uhl., *Schr.* I, 407 ff.; Jiriczek S. 185 ff.; Sijmons § 20.
2) Vgl. *Sagabibl.* II, 140; *Hds³* N 134, 4; Depp. S. 77 Note 4; Rassm. II, 264 f.; Jiriczek S. 26 und Note; Sijmons § 21.

zweien risen, die gewanen jm sein lant ab. Da kam er zů armůt.
Vnd darnach kam er zů künig Elberich vnd ward sein gesöll.
Vnd ward auch eyn schmid in dem Berg zů gloggen sachsen.[1])
Darnach kam er czů künig hertwich [hertniht im Strassb. cod. A].
Vnd von des tochter macht er zwen sün.

In der ThS. lebt Velent in seiner Jugend bei den
Zwergen im Berge Kallava (c. 58). Doch wird Elberich da-
bei nicht genaunt. Für das sonst Berichtete haben wir keine
Parallele.[2])

Endlich lassen sich anführen

Beispiele von mittelhochd. (bezw. niederd.) Gedichten, welche Wieland's Sohn oder dessen vom Vater über- kommene Waffen erwähnen.

Solche Beispiele bilden:

Heinrich von Veldeke's Eneide.[3]) Ende des 12. Jahrh.
Ausgabe von O. Behaghel, Heilbronn 1882.

Vulcan sendet dem Eneas ein gutes Schwert:

v. 5726. *dâ mede saude er heme ein swert,*
dat skarper ende harder was
dan der dûre Eggesas
noch der mâre Mimminc
noch der goede Nagelrinc
noch Haltecleir noch Durendart.

Eckesachs, Nagelrinc und Mimung sind die berühmten
Schwerter Dietrich's und Witege's, Durendal und Halteclere
sind uns aus den afr. Zeugnissen als die Schwerter Roland's
und Olivier's bekannt.

---

[1]) Darunter ist der Caucasus zu verstehen, s. *Hds*[8] 326.
[2]) Ausser hier (im Anhang) wird in diesem Heldenb. noch in zwei
Gedichten Wittich Wieland's Sohn genannt, nämlich in 'der
Rosengarte zu Worms' ('Wittich Wielandes Kint') und in 'der
klein rosengarte' (Wielandes sun).
[3]) Vgl. *Hds*[8] 63.

Das Nibelungenlied.[1] 13. Jahrh.
Ausgabe von F. Zarncke, 6. Aufl. Leipzig 1887.

Götelind, des Markgrafen Rüdiger Gemahlin, trauert um
ihren von Witege erschlagenen Sohn Nuodunc.

S. 259 str. 5. *Dô diu marcgrâvinne Hagen bete vernam,*
   ez mante si ir leide: weinen si gezam.
   dô gedâhte si vil tiure an Nuodunges tôt:
   den hêt erslagen Witege. des twanc si jæmer-
            lîchiu nôt.

Das Gedicht 'von dem übelen wîbe'.[2] 13. Jahrh.
veröffentl. v. J. Bergmann im Anzeigebl. f. Wissensch. und Kunst
  N 94 (Jahrb. d. Litt. Bd. 94) Wien 1841.

In diesem Gedichte klagt ein Mann über die üble Behandlung von Seiten seines Weibes.

  v. 258. *Maniger sagt von Weittegen not.*
    nu vernempt auch die meine durch got.
  v. 532. *sy ist herr Diettrich ze mir*
    awe daz ich gen ir
    nicht her Weittegen werden mag.

Des Meisters Godefrit Hagen Reimchronik der Stadt Cöln.[3] 13. Jahrh.
Ausgabe von E. v. Groote, Cöln a. Rh. 1834.

v. 4895 und 4896 berichten:

  Men saich sy veichten also sere,
  als it Witge ind Heyman were.

Meisterlieder der Kolmarer Handschrift.[4]
Ausgabe von K. Bartsch, Stuttg. 1862.

Auf Wittich beziehen sich folgende Verse:

S. 28. *war kam Wittich und Heime hin, die helde wolgetâne?*

---

[1] Vgl. *Hds*[3] 111.
[2] Vgl. *Hds*[3] N 52; *ZE* 28, 6.
[3] Vgl. *ZE* N 27, 3.
[4] Vgl. *ZE* N 47, 1, 2.

S. 89. *Der Töt der hût manigen recken,*
hern Dieterîch Witichen Heime [und her] Ecken.

Das niederdeutsche Redentiner Osterspiel vom J. 1464.[1])

Ausgabe von F. J. Mone, Schauspiele des Mittelalters, Karlsruhe 1846,
2 Bde.

Bd. II. S. 38 v. 37. *(Primus Miles):*

myn swert het Mummink
und loset platen, pantzer unt rynk,
dat wil ik harde by my han
unt wil dar mede sitten gan.
oft he wil van dode upstan,
ik wil ene wedder to der erden slan.

Deutsche Lokalzeugnisse.[2])

Ortsnamen. Welantesgruoba, Wielantesheim, Wielantis-
dorf, Wielantestanna, Wielantesbrunna.

Pflanzenname. Wielandsbeere (Daphne cneorum).

Wappen. Die Wappen der Schmiedezünfte verschiedener
deutscher Städte aus der ersten Hälfte des 14. Jahrhunderts
zeigten auf ihren Siegeln wesentliche Übereinstimmung mit
dem Zeichen, das die Heldensage Witege, Wieland's Sohne,
beilegt. Dies beweist wohl, dass man Wieland für einen
Patron und ersten Meister des Schmiedehandwerks hielt (nach
ZE N 26, 7).

Darauf sind wohl auch die Namensbezeichnungen Witege
faber, Cuonradus Miminch, Cuoni Mimmung, domus Welandi
fabri, Heinricus dictus Wielant, Herbordus dictus Welent,
zurückzuführen.[3])

An letzte Stelle treten

---

[1]) Vgl. *ZE N* 27, 6.
[2]) Vgl. *ZE N* 26, 7; *Myth.*[2] 350; Rassm. II, 267.
[3]) Auch zu den Langobarden ist mindestens der Name Wêland gedrungen; s. die Nachweise bei Bruckner, *Sprache der Langobarden*
sv. Guêlandus, S. 320 (nach Jiriczek S. 22 Note 1).

Die niederländischen Zeugnisse.

Wir kennen deren zwei:

Das mittelniederländ. Gedicht 'de vier heren wenschen'.[1]
Ausgabe von F. J. Mone, Quellen und Forsch. I, 148—154.

Die vier Helden Hagen, Gontier, Gernot und Rudegeer sitzen beisammen und sprechen gegenseitig ihre Wünsche aus. Hagen wünscht v. 141:

> 'Nu will-ic aen wenschen,
> sprac Hagen, die degen fijn,
> ic woude Scimminc Nimminc
> beide waren mijn.'

Das Gedicht lässt erkennen, dass dem Verfasser das Nibelungenlied bekannt war und nicht minder andere Gedichte der deutschen Heldensage, da Witege's Schwert und Pferd im Nibelungenlied nicht genannt werden.

Heinric's Roman van Heinric en Margriete van Limborch.[2] 14. Jahrh.
Ausgabe von L. Ph. C. van den Bergh, Leiden 1846—47, 2 Teile.

I. Teil, boek IV. enthält eine Anspielung auf Wieland, Witege und Mimung:

> v. 1050. Ende Echites spranc altehant
> Totem ende nam hem tswert
> Dat hi sere begheert.
> Morant scoet op al met overmoede,
> En seide: «du daets alse de vroede
> Dattu names mi miin swerd
> Dat menegher marc es wert;
> Het smeede Wilant
> Ende es Mimminc ghenant,
> Het voerde Wedege die coene,
> Maer hi soude te rele hebben te doene
> Diet mi soude ontfueren.»

---

[1] Vgl. ZE 27, 6.
[2] Vgl. ZE 27, 6.

B. Die blutigen Mohrengeschichten des Mittelalters, welche in ihren Hauptmotiven grosse Ähnlichkeit mit der alten Wielandsage zeigen.

Stehen die im vorausgehenden Abschnitte behandelten literarischen Erzeugnisse des Mittelalters gewiss in steter direkter Berührung mit der Wielandsage, so bieten dagegen die im folgenden gegebenen blutigen Mohrengeschichten des Mittelalters nur mit unserer Sage verwandte Züge.

Allein diese Verwandtschaft mit der alten Wielandsage ist in vielen Punkten eine so nahe, dass ich mich zur Sammlung aller mir erreichbaren Geschichten dieser Art entschloss.[1]

Die Untersuchung dieser weit verbreiteten[2] blutigen Mohrengeschichten führt nun nach Entfernung der verschiedenen Zuthaten im allgemeinen zu folgendem Gerippe:

Ein Sklave rächt sich an seinem Herrn dadurch für erlittene Unbill, dass er die Gattin (Tochter) desselben entehrt, dessen Kinder bis auf eines (zwei) ermordet und den Vater selbst durch das falsche Versprechen, das letzte (die Gattin) zu verschonen, dazu bewegt, sich zu verstümmeln (zu blenden, die Nase abzuschneiden, eine Hand abzuhauen). Er stürzt sich hierauf selbst von der Höhe des Hauses (Turmes) herab.[3]

---

[1] Ich konnte die Anzahl der bereits von Anderen beigezogenen um ein Erkleckliches vermehren und ein geschlossenes Ganzes dieser Erzählungen schaffen. Dies wurde mir insbesondere dadurch ermöglicht, dass ich in des Jov. Pontanus' Werken die Ausgangsgeschichte für eine lange Reihe von Mohrengeschichten ausfindig machte, daran sich dann in ununterbrochener Kette zahlreiche Glieder derselben Geschichte anreihen liessen. In Behandlung der einzelnen Geschichten leitete mich das Prinzip, stets die ganze Erzählung oder wenigstens einen vollständigen Auszug zu geben. Denn auf diese Weise treten die Beziehungen der verschiedenen Versionen sowohl unter sich, als auch zu unserer Wielandsage am deutlichsten hervor.

[2] Gehören doch die im folgenden angeführten Beispiele der latein., spanisch., ital., französ., engl., holländ. und deutschen Literatur an.

[3] Einzelne Versionen ermangeln des einen oder anderen Zuges, ohne dass ihnen natürlich deshalb ihre nahe Verwandtschaft mit den übrigen abgesprochen werden könnte.

Es bedarf wohl keines näheren Hinweises, dass der so losgelöste Kern der Geschichten grosse Übereinstimmung mit unserer altgermanischen Wielandsage zeigt. (Vgl. Sarrazin, Herr. Arch. XCVII, 373.)

Die nun folgende Darstellung der mir bekannt gewordenen Mohrengeschichten wird uns diese Verwandtschaft am besten vor Augen führen.[1]

Hds. N 234 der Erlanger Bibliothek. 13.—14. Jahrh.

(Von H. Varnhagen in den Engl. Stud. XIX, 163 f. mitgeteilt.)

'*De ceco qui se ipsum precipitavit.*'

Quidam nobilis cum vidisset quod quidam latro debebat suspendi, ex curialitate et pietate rogavit quod non occideretur, sed saltem erutis oculis ei daretur et ipse daret ei victum et vestitum propter dominum. Cum ergo latro ille sic excecatus esset et in domo militis optime se haberet, tradidit ei dominus claves rerum suarum. Et post multos dies miles ille in die pasche ivit ad matutinas. Et latro sicut plenus diabolus, firmavit hostia castri et occidit dominam suam, filios et filias et totam familiam et apprehendit unicum puerum, quem dominus plus amavit, et portavit supra turrim castri. Cum autem dominus veniens de ecclesia invenisset castrum firmatum nec aliquis aperiret, fractis portis ingrediens invenit uxorem, filios et filias et totam familiam jugulatam; et contristatus usque ad mortem cepit clamando querere: „Quis poterat hoc fecisse?" Et respondit latro de turri: „Ego hoc feci, quia fecistis me respirare de furtis. Et certe, adhunc occidam filium vestrum istum, nisi oculos vobis erui faciatis." Tunc dominus angustiatus usque ad mortem pre dolore de mortuis et timore filii morituri, cum preces non valerent, simulavit cum clamore maximo quod oculi ei eruebantur. Et cum puerum repeteret, quesivit latro, qualem dolorem sensisset. Et domino respondente se nimium dolorem sensisse „Falsum est", inquit; „adhuc habetis oculos in capite. Certe, filium istum non habebitis, quin vobis oculos faciatis exui". Tunc pater plus amans filium quam oculos, cum eos erui fecisset et querente latrone sicut prius, cum diceret pater

---

[1] Ich lasse sie in chronologischer, bezw. durch ihre gegenseitige Abhängigkeit bedingter Ordnung folgen.

*quod visum fuerat sibi quia cor extraheretur de ventre, „Tunc",
inquit latro, „scio quod oculos perdidistis; et istum filium non habebitis." Et precipitavit se cum infante.*

Varnhagen bemerkt: „Eine Quelle für die Erzählung
wird nicht angegeben."

Die ganze Handlung lässt sich hier demnach in Kürze
folgendermassen darstellen:

Ein Sklave beschliesst, sich an seinem Herrn für die ihm
zugefügte Schmach (Blenden) zu rächen. In dessen Abwesenheit verrammt er die Thüre, tötet seine Herrin, deren
Kinder, kurz die ganze Familie, mit Ausnahme eines Knaben,
des Vaters Liebling. Mit diesem besteigt er den Turm des
Hauses und als der Herr zurückkehrt und nach gewaltsam
geöffneter Thüre seine ganze Familie erdrosselt vorfindet, da
droht ihm der Sklave vom Turme herab, dass er noch sein
letztes Kind töten werde, wenn er sich nicht die Augen ausreissen lasse. Als dies der Vater gethan, um sein Kind zu
retten, da schreit der Bösewicht: „Du sollst auch diesen Sohn
nicht besitzen" und stürzt sich mit dem Kinde in die Tiefe.

Jovianus Pontanus (Giovanni Pontano) 1426—1503, 'Opera omnia'.

Ausgabe Venedig 1518—19. 3 Bde. (erste Ausgabe).

Pars I. De Obedientia Lib. III. Cap. X 'De vario seruorum usu'.

Pontanus erzählt daselbst: *Maioricensis ciuis abunde locuples
ruri cum esset, seruumque grauissime cecidisset, tum seruus iniquius secum actum iudicans, rationem hanc commentus est, qua
et seruitutem finiret, et herum ulcisceretur. Hero enim longius à
uilla profecto, domo clausa foreis munit, ac matre familias arctius
uincta, herileis liberos in editiorem domus partem secum effert,
domini illic reditum expectans; qui ubi uillam intrauit, domum
clausam indigne ferens, seruo, qui se de culmine ostendit, minitari
coepit. At inquit ille, qui nunc domum clausam tam aegre feras,
efficiam, ut haud multo post teque et lucem oderis, uixque hoc
dicto, unum atque alterum filium è tecto praecipites iecit. Quo casu
consternatus, ac penè exanimatus pater, ubi ad se redijt, tertio timens, mutato consilio seruum blandioribus lenire uerbis studet, nec*

facti solum ueniam, uerum etiam libertatem pollicens. At Maurus:
Nihil, inquit, tuis istis pollicitationibus actum scito. Nares tibi
excidas oportet, si uis tertium tibi seruari. Tum pater duobus se
liberis uno casu orbatum reputans, quo tertium, qui unus erat re-
liquus, seruaret, conditione accepta, nasum mutilat, qui uixdum
ter[r]am attigerat, cum tertius cum matre simul ante eius pedes ex-
animis iacuit. Eum seruus ubi clamoribus atque eiulatibus implere
agros uidet, Deûm atque hominum fidem implorantem, Atqui nihil
tuis istis clamoribus egeris, neque saeuiendi in me tibi locum re-
linquam. Atque hoc dicto se ipsum de summa tecti parte depulit.

Nach dieser Erzählung verrammt also der rachedürstende
Mohr die Thüre und bindet die Gattin seines Herrn. Hierauf
nimmt er dessen Söhne mit in den oberen Teil des Hauses.
Zuerst wirft er zwei Söhne hinab, dann, als der Vater sich
die Nase abgeschnitten hat, um den dritten zu retten, zugleich
mit der Mutter auch diesen. Endlich stürzt er sich selbst
hinab.

Nach Bodinus, der diese Geschichte von Pontanus übernommen (s. unten S. 63 ff.), hat dieser darin ein wirkliches Ereignis seiner Zeit geschildert. Bei Pontanus selbst findet
sich für diese Annahme kein Beleg.

Matteo Bandello's (1480—1562) Novellen.
Ausgabe Lucca 1554, 3 vol.

Parte III. Nov. XXI. 'Uno Schiauo battuto dal Padrone
ammazza la Padrona con i figliuoli, e poi se stesso precipita
da un' alta Torre.'[1]

Nel' Isola di Maiorica fu un Gentilhuomo, chiamato Riuieri
Eruizzano, chi haueua un schiauo Moro. auenne un dì che egli
adirato gli diedi busse. Il Moro deliberò fieramente uendicarsene.
Essendo adunque ito Riuiero un giorno a caccia con molti de i
suoi, il perfido Moro uide la Padrona, che con i figliuoli (de i quali

---

[1] Ich war bestrebt, im folgenden einen wortgetreuen Auszug dieser
langen Geschichte zu geben; eine Analyse derselben gibt Koeppel,
Engl. St. XVI, 367 ff.

il maggiore non haueua anchora sette anni) era entrata per certi bisogni dentro la Torre, onde giudicando esser venuta la commodità di vendicarsi, che tanto bramaua, pigliata una fune, entrò ne la Torre, e la Gentildonna, che di lui non si prendeua cura abbracciata, quella subito strettamente legò con le mani di dietro, e la corda attaccò al piede d'una grande arca, poi subito leuo la pianchetta, che la Torre con la casa congiungeua. La pouera Gentildonna gridaua aita, e con parole minacciaua lo Schiauo, ma egli niente si curaua, anzi il Manigoldo, a mal grado che la Donna hauesse, di lei quante volte glie ne venne voglia, prese amorosamente piacere. Il pianto dei poueri figliuolini con il grido della Padrona fu da quei di casa sentito, ma perche il ribaldo haueua leuato il ponticello, nessuno poteua darle aita. Poi il Moro si fece ad una finestra, e quiui ridendo sene staua, attendendo la venuta di Riuieri, al quale era ito un di casa à cercarlo, e dettogli il tutto. Il buon Gentilhuomo comminciò a minacciarlo di farlo appendere per la gola. Al'hora il Moro, soghignando gli disse, Signor Riuieri, ricordate ui de le busse, che questi giorni mi deste si disconciamente, che non si sarebbero date ad un Somaro. Hora è venuto il tempo di renderui il contracambio. Io ho qui vostra Moglie e i vostri figliuoli, e cosi ci fosti voi, che farei conoscerui, che cosa è battere schiaui; ma ciò ch'io non posso di voi fare, lo farò à la Donna vostra e a i vostri figliuoli. Di vostra Moglie ho io preso quel piacere che m'è paruto. Poi il prese il maggiore de i figliuoli, e giù da la finestra lo gittò. Il padre comminciò con buone parole à volerlo pacificare, promettendogli non solamente perdonargli il misfatto, che commesso haueua, ma farlo libero, se la Moglie con gli altri due figliuoli salui gli rendeua. Il Moro, a questo parendo volere consentire, gli disse: Tagliateui il naso, e io questi vi restituirò. L'infelice Padre si tagliò il naso. A pena haueua egli fatto questo, quando lo sceleratissimo Barbaro, pigliati i due figliuolini per li piedi, quelli del capo percotendo al muro gli lanciò in terra. Il crudel Moro del tutto rideua, parendogli hauer fatto la più bella cosa del mondo. Poi il fiero Moro prese la Donna, e quella mise su la finestra, poi con un coltello gli segò le vene de la gola, e quella d'alto à basso lasciò tombare. Finalmente egli andò à la finestra e si gittò soura quelli scogli col capo in giù, fiaccandosi il collo.

Varnhagen, E. St. XIX, 163 macht darauf aufmerksam, dass Bandello selbst bemerkt, die Geschichte sei von Pontanus erzählt worden.[1])

Bandello hat nun die Erzählung von Pontanus ohne wesentliche Änderung der einzelnen Punkte beibehalten, doch hat er dieselbe bedeutend erweitert. Wir bemerken bei ihm eine grosse Ausschmückung der einzelnen Scenen:

So ist der Schauplatz der Mordthat ein Turm geworden, der mit dem Hause durch eine Zugbrücke verbunden und durch deren Aufziehen unzugänglich gemacht ist. Die Mutter wird nicht nur gebunden, sondern auch schmählich vergewaltigt. Weiter führt Bandello ein Alter der Söhne an. Der älteste wird hier allein hinabgestürzt, ihm folgen dann die beiden jüngeren und endlich die Mutter, welcher der grausame Mohr noch zuvor den Hals durchschnitten hat.

Was schliesslich das Ähnlichkeitsverhältnis der italienischen Novelle zur Wielandsage betrifft, so ist vor allem mit Sarrazin (Herr. Arch. XCVII, 377 ff.) zu betonen, dass der Mohr gleich Vølund in ein Hohngelächter über seine Thaten ausbricht (del tutto rideua, etc. s. ob.).

Joannes Bodinus (1530 ca. — 1596), 'Sechs Bücher über den Staat'.

Bodin's 'Sechs Bücher über den Staat' erschienen zuerst (1576) in französischer, dann (1586) in lateinischer Sprache. In Cap. V. des ersten Buches gibt er die oben behandelte Geschichte des Pontanus wieder und findet sich dieselbe auch in den fremdsprachlichen Übersetzungen von diesem Werke Bodin's.

Französ. Ausgabe: 'Les Six Livres de la Republique.'
Ausgabe Paris 1577, in fol. (zweite französ. Ausg.).

Livre. I. Chap. V. 'De la puissance seigneuriale, et s'il fault souffrir les esclaues en la Republique bien ordonnee'.

... *L'ancien prouerbe qui dit autant d'ennemis que d'esclaues,*

---

[1]) Diese Bemerkung Bandello's findet sich a. a. O. III, 84. Sie lautet: *Saperete anchora questa Historia* (d. i. Nov. XXI) *essere stata latinamente descritta dal gran Pontano.*

*monstre assez quelle amitié, foy et loyauté on peut attendre des es-
claues. De mil exemples anciens ie n'en mettray qu'un aduenu
du temps de Jouius Pontanus, lequel recite que un esclaue
voyant son seigneur absent, barre les portes, lye la femme du seigneur, prend ses trois enfans, et se mettant au plus haut de la
maison, si tost qu'il voit son seigneur, il luy gette sus le paué l'un
de ses enfans, et puis l'autre: le pere tout esperdu, et craignant
qu'il getast le troisiesme, a recours aux prieres, promettant impunité et liberté à l'esclaue, s'il vouloit sauuer le troisiesme: l'esclaue
dist qu'il le getteroit, si le pere ne se coupoit le nez, ce qu'il ayma
mieux faire pour sauuer son enfant: celà faict l'esclaue neantmoins
geta le troisiesme, et puis apres se precipita luy mesme.*

Wir haben hier eine getreue, wenn auch gedrängte Schilderung nach Pontanus, den ja Bodin selbst als seine Quelle
bezeichnet. Eine einzige, unwesentliche Abweichung dürfte
darin zu erblicken sein, dass Bodin den dritten Sohn allein
sterben lässt, während wir bei Pontanus dabei den Ausdruck
'cum matre simul' finden. Bodin mag darum diese Worte
übersehen haben.

Latein. Ausgabe: 'De Republica Libri Sex'.

Ausgabe Paris 1591, in fol. (zweite latein. Ausg.).

Lib. I. Cap. V. 'De imperio herili, et an seruitia ferenda
sint in republica bene constituta.'

*. . . Scitum est illud, et sapientibus planè persuasum, Domi
tot hostes esse quot seruos: quod quidem prouerbium satis signi-
ficat, mancipia nec amicitiam colere, nec fidam societatem. Quid
exempla veterum innumerabilia commemorem? Mihi satis est unum
superioris aetatis, quod à Junio[1] Pontano proditum extat.
Seruus cùm acerbiùs tractaretur, domino absente ostia concludit,
uxorem domini contumeliosè affectam vinculis constringit, ac tres
eius filios comprehendit: ubi dominum videt redeuntem, unum è
tribus ex altissimo solario precipitem dat, deinde secundum: pater
tanta rei atrocitate obstupefactus, precibus et lacrymis suplex seruum
exorare, ac modis omnibus placare conatur, ut tertium morti eripiat.*

---

[1] Jüngere Ausgaben, so Frankf. 1622, 1641, haben Jouiano.

seruus pacistitur salutem filii ea lege ut dominus sibi ipsi nares praecidat, naribus ex pacto amputatis seruus cum tanta clade et contumelia dominum vltus esset, tertium quoque deiecit, ac postremò vltionem de se ipso, quam dominus cogitabat, praecipiti casu caepit.

Der Vergleich dieses lateinischen Textes mit dem französischen zeigt, dass sich Bod. in seiner lateinischen Übersetzung der französischen Ausgabe nicht allzu wortgetreu an diese anschliesst. So heisst es im französischen Text vom unglücklichen Vater z. B. *'promettant impunité et liberté'*, während im lateinischen Text der Verfasser sich mit dem allgemein gehaltenen Ausdrucke *'ac modis omnibus placare conatur'* begnügt. Andere Anzeichen weisen jedoch wieder darauf hin, dass der Verfasser bei seiner lateinischen Ausgabe nochmals den Pontanus selbst zur Hand genommen hat. Während nämlich die französische Ausgabe die unmittelbare Veranlassung der scheusslichen That des Sklaven verschweigt, stehen im lateinischen Text die Worte *'cùm acerbius tractaretur'* [Pontan.: *'seruum grauissime cecidisset'*] zur Erklärung des Verbrechens. Dann weisen jedenfalls noch die (wiederum in der französischen Ausgabe fehlenden) Worte am Schlusse *'ac postremò ultionem de se ipso, quam dominus cogitabat'*, etc., auf die Stelle bei Pontan.: *'neque saeuiendi in me tibi locum relinquam'*.

Fremdsprachliche Übersetzungen.

'Les Six Livres de la Republique' wurden ins Italienische (1588) und ins Spanische (1590) übersetzt. Eine dritte Übersetzung, die englische vom J. 1600, folgt jedoch nicht nur der französischen, sondern auch der lateinischen Ausgabe.

Italienische Übersetzung: 'I sei libri della Republica del Sig. Giovanni Bodino'.

Ausgabe von L. Conti, Genova 1588.

Lib. I. Cap. V. 'Dell' autorità signorile, et se bisogna sofferire i schiaui nella Republica bene ordinata.'

... l'antico prouerbio, che dice, altretanti nemici quanti schiaui, dimostra assai qual amicitia, qual fede, e qual lealtà si possa

da' schiaui aspettare. Di mille essempi io ne metterò qui uno so-
lamente, auenuto à tempi di Giouian Pontano, il quale narra,
che uno schiauo vedendo il padrone fuora di casa, chiuse le porte,
e legata la moglie del signore, prese tre suoi figliuolini, e salito
nel più alto luogo della casa, si tosto, che vide accostarsi il suo
padrone gittò a basso uno de' fanciulli, e dopò questo un' altro. il
padre fatto stupido, e ripieno d'horrore, temendo del terzo, cominciò
a pregare lo schiauo per la vita del figliuolo promettendogli, e per-
donanza, e libertà: cui lo schiauo rispose, che s'egli si tagliaua
il naso non trarebbe giù altrimenti quel suo figliuolo. il misero
padre hauendo ciò fatto, vide incontanente precipitare il terzo figli-
uolo, e dopò lui lo schiauo ancora.

Spanische Übersetzung: 'Los Seis Libros de la Republica de Jvan Bodino'.
Ausgabe von Anastro Ysunza, Turin 1590.

Lib. I. Cap. V. 'De la autoridad Sennoril, y si es bien consentir esclauos en la Republica bien ordenada.'

. . . El antiguo proueruio que dize, tantos enemigos quantos es-
clauos, muestra claro la amistad, la fee, y la lealtad, que se puede
esperar de ellos. De muchos exemplos antiguos, no põdre mas de
vno solo, acõtecido en tiẽpo de Jouio Pontano, el qual refiere
que vn esclauo de que vio a su Señor fuera de casa, cerro las
puertas, ato la muger de su Señor, tomo sus tres yjuelos, y subido
en lo mas alto de la casa, de que vio venir al amo, arrojo a la
calle vno de sus hijos, y despues el otro. El padre atribulado, y
atonito de temor que hechase el tercero, se valio de los ruegos, pro-
metiendo perdon, y liberalitad al esclauo por la vida del tercer hijo,
el esclauo dixo que se le arroxaria sino se cortaua la nariz, el
misero padre se la corto, y luego arrojo el hijo y tras el se hecho,
tambien el esclauo.

Englische Übersetzung: 'The Six Bookes of a Common-Weale.'
Ausgabe von R. Knowles, London 1600.

Book. I. Chapt. V. 'Of the power of a Lord or Maister ouer his Slaues, and whether Slaues are to bee suffered in a well ordered Commonweale.'

... The auntient prouerb, which saith, "So many slaues, so many enemies in a mans house", showeth right well what friendship, faith and loyaltie a man may looke for of his slaues. Of a thousand examples of antiquitie I will recite but one, which happened in the time of Julius Pontanus, who reporteth, that a slaue seeing his lord absent, barred the gates, and hauing shamefully abused his mistresse (2), bound her, tooke his maisters three children, and so going vp to the highest place of the house, seeing his maister comming home, first cast downe vnto him vpon the pauement one of his children, and after that another: the wofull father all dismaid, and fearing least hee should throw downe the third likewise, with prayers and teares besought the slaue to spare him that was yet left, promising him forgiuenesse for that hee had alreddie done, and libertie also (1) if he would but saue that third. Which his request the slaue yeelded vnto, vpon condition that he should cut off his owne nose: which he chose rather to doe, than to loose his child. But this done, the slaue neverthelesse cast downe the third child also; and so at last to take that reuenge of himself, which his lord thought to haue done (2), cast headlong downe himself also.

Dass der englische Übersetzer seinem Texte beide Ausgaben Bodin's, die französische (1) und die lateinische (2), zu Grunde legte, habe ich bereits oben bemerkt.[1]) Die gesperrt gedruckten Stellen des angeführten Textes, welche immer nur der einen der beiden Quellen folgen können, da die andere sie nicht enthält, lassen dies wohl genugsam hervortreten.

Noch ist anzuführen die

Wiedergabe des lateinischen Textes in 'Jocorum atque Seriorum libri tres' der Gebrüder Melander.
Ausgabe Frankfurt 1617.

Tom. III. 'De conscelerato quodam seruo.'

'Seruus quidam cum acerbius tractaretur absente domino[2]) ostia concludit et uxorem domini contumeliose affectam, vinculis

---

[1]) Vgl. den Titel der Übersetzung 'The six Bookes of C.' out of the French and Latine copies, done into Engl.

[2]) Bod.: domino absente.

constringit, ac tres eius filios comprehendit. Ubi dominum tedet [1])
redeuntem, vnum ex tribus ex altissimo solario praecipitem dat,
deinde secundum. Pater tanta rei atrocitate obstupefactus, precibus
et lachrymis supplex seruum exorare, ac omnibus modis [2]) *placare*
conatur, vt tertium morti eripiat. Seruus paciscitur salutem [3]), *ea*
lege, ut Dominus sibi ipsi nares praecidat. Naribus ex pacto am-
putatis, Seruus cum tanta clade et calamitate [4]) *Dominum vltus*
esset, tertium quoque dejecit, ac postremo vltionem de se ipso, quam
Dominus cogitabat, praecipiti casu cepit. 'Jouianus, Pontanus [5]) *et*
Joannes Bodinus.' [6])

Hätten somit die Verfasser ihre Quellen nicht selbst angegeben, so müsste doch der Vergleich mit Bodin's lateinischer Ausgabe klar zeigen, dass dieser letzteren die Geschichte
entnommen wurde. Freilich unterliefen dabei manche Versehen, auf welche die Anmerkungen zum Texte hinweisen.

An deutschen Übersetzungen der 'Jocorum' etc. waren
mir die Ausgaben Lich. 1605 und Rostock 1638 zugänglich.
Doch ist darin unsere Geschichte nicht enthalten.

François Belleforest (1530—1583), 'Histoires tragiques.' [7])
Ausgabe Rouen 1603, 7 vol. in -16.

Tome II. 31ième histoire. 'Un esclaue More, estant battu
de son maistre, s'en vengea avec une cruauté grande, et fort
estrange.'

Auszug. Dom Riuiéri Eruizzano en l'isle Maio-
rique auoit un More. Aduint un iour que ce More fit quelque

---

[1]) B o d.: videt.
[2]) B o d.: modis omnibus.
[3]) B o d.: salutem filii.
[4]) B o d.: contumelia.
[5]) Natürlich ist das zwischen Jouianus und Pontanus gesetzte
Unterscheidungszeichen falsch.
[6]) F r ä n k e l hat in den *Engl. Stud.* XIX, 427 auf diese von den
Gebr. Melander erzählte Geschichte hingewiesen und dieselbe auch dort
zum Abdruck gebracht.
[7]) Vollständ. Titel: Hist. tr. Extraictes *de l'italien de Bandel,* con-
tenant encore dixhuict Histoires. Traduictes et enrichies outre l'invention
de l'Autheur, par Fr. de Belleforest, Commingeois.

faute au gentilhomme, lequel luy donna l'estrappade. Estant
guery de ses blesseures le More se remit à seruir de plus belle
et le sembloit faire de tel cœur, que homme n'eu[t] jamais pensé autre
cas de luy, sinon qu'il vouloit regaigner la grace de son seigneur.
Comme un iour le gentilhomme fut allé à la chasse, ayant pres-
que emmené tous ses gens avec luy, aduint que la dame s'en alla
pourmener avec tous ses trois enfans (l'aisné desquels auoit à peine
atteint l'an septiesme) dans la forteresse qui respondoit sur la ma-
rine. Le more ayant veu cecy, pourpensa soudain la ruine de
ceste compagnie. A ceste cause il prend une corde, propre à son
dessein, et s'en va vers la tour, en laquelle désqu'il eut entré, il
ferma la porte et leua le pont, pour afin qu'aucun ne peust venir
au secours. Aussitost qu'il est dans la tour, il vous vient empoigner
la dame, la liant à un gros coffre, qui estoit en une salle basse,
pres un lict verd. La poure Damoiselle se voyant ainsi prise,
crioit à l'aide, et menaçoit le More fort aigrement. Mais le Barbare empoigna la Dame, laquelle auoit les mains liees derriere et
la viola. C'estoit un piteux spectacle, de voir la damoiselle s'escrier
comme forcenee et ses enfans imiter son cry, et braire à gorge desployee. Ceux du village estoyent là aupres pensant entrer: mais
voyant le pont leué, et le More en fenestre, et oyant la dame qui
se plaignoit, ne sceurent à qui recourir, si non qu'un d'entre eux
courut annoncer ces piteuses nouuelles à Don Riuieri. Arrivé devant la tour, celuy-ci se mist à menacer le paillard Barbare de le
faire brancher si haut que les autres Mores le verraient de vingt
mille loing. Le More luy respondit: Pensez-vous que ie soye une
pierre sans nul sentiment que je n'ay bien memoire des coups que me
donnastes si desmesurément. Mais puis qu'il m'est impossible de me
venger sur celuy qui m'a offensé, tes enfans mourront en satis-
faction du tort que tu m'as fait. Quant à ta femme, i'en ay fait
à mon plaisir. Puis il print l'aisné des enfans et le ietta par les
fenestres. Don Riuieri lui dit, voy ce qui est de plus precieux en ma
maison, prens tout, donne seulement la vie à ma femme et enfans
qui restent, et ie te pardonne de bon cœur ce que tu as fait desia
en ma presence! Le paillard Barbare, feignant d'estre gaigné par
ces paroles, lui dit: Il faut donc que sans delay aucun vous vous
couppiez le nez. Dom Riuieri se couppa le nez. Désque le cruel
Barbare eut veu ce qu'il souhaittoit, il se print à rire à gorge

desployee; puis il print les deux enfançons par les pieds et leur donnant de la teste contre le mur, leur escarbouilla le test, puis les ietta par la fenestre. Il print aussi la Damoiselle, et la mettant şur la fenestre, lui couppa la gorge et soudain la precipita par la fenestre. N'ayant plus d'execution à faire, il se mit à la fenestre et se ietta la teste la premiere en bas et tombant sur un escueil, se rompit le col.

Beim Vergleiche dieses Textes mit Bandello finden wir die eigene Angabe Belleforest's, dass dieser seine Quelle gewesen[1]), vollauf bestätigt.

Belleforest liebt aber noch eingehendere Ausmalung der einzelnen Scenen. Dann flicht er überdies in seine weitschweifige Erzählung zahlreiche Beispiele ein, worunter eines vom Abbé de Sainct Simplician (ebenfalls dem Bandello entnommen, s. Ausg. Lucca III, 84) für uns von besonderem Interesse ist[2]) (vgl. unt. Goulart).

ᛁ. Simon Goulart (1543—1628), 'Thresor d'Histoires Admirables et Memorables de nostre temps'.

Französicher Text des Verfassers.
Ausgabe [Paris] 1610, 3 vol. in -8⁰.

Vol. I. p. 507 f. 'Vengeance horrible.'

La seruitude extreme veut estre doucement maniee, autrement elle couue un horrible feu de desespoir. Un gentilhomme Espagnol nommé Don Riuiero demeurant en l'isle Maiorque, entre autres esclaues auoit un More, contre lequel s'estant un iour courroucé fort

---

[1]) Vgl. Titel; ferner sagt Bellef. am Schlusse des unserer Geschichte vorausgesetzten Sommaire: *pour vous en faire plus certains, ie vous en reciteray une histoire, aduenuë n'a pas longtemps és Isles d'Espagne, si prenez la patience d'escouter le Bandel, qui vous en fait le recit.*

[2]) Es lautet: *L'Abbé de Sainct Simplician, à Milan, lequel ayant seulement donné un soufflet à un sien More, la nuict ensuiuant, le Barbare, qui auoit seruy monsieur l'Abbé plus de trente ans, lui couppa la gorge, lorsqu'il estoit au plus profond de son sommeil.*

asprement, il lui donna tant de trais de chorde, que le pauure esclaue fut sur poinct de mourir. Mais eschappé *il feignit plus
d'affection de bien seruir son maistre que parauant*.
Riuiero auoit une forteresse où n'y auoit qu'une auenue bien gardee d'un profond fossé, et d'un pont leuis, lequel haussé ceste place
estoit imprenable fors à coups de canons, ayant la mer qui battoit
au pied d'un roc sur qui elle estoit bastie. Un iour Riuiero estant allé loin de son logis à la chasse, le More voyant l'occasion
et le temps venu de se venger, sur tout pource que la Dame, femme
de Riuiero, qui auoit une maison au village prochain, estoit venue
en la forteresse, pour voir sur la mer les galeres qui y flottoyent,
et auoir le plaisir de l'air: se iette apres et hausse le pont, *empoigne la dame et la lie à un gros coffre en une salle
basse pres un petit lict verd*, et enferme ses trois enfans
qu'elle auoit menez auec elle, dans une chambre prochaine: puis il
la viole honteusement: et comme au cri d'elle et des enfans les
villageois fussent allez querir Riuiero, qui acourt en diligence, le
More ne se souciant de menace ni de prieres lui iette par les fenestres sur le roc son fils aisné, aagé d'enuiron sept ans, lequel fut
aussi tost escrasé que tombé. Le pauure gentil-homme reduit comme
au desespoir essaye d'adoucir le cruel More pour sauuer le reste:
et le More feint y entendre, mais à condition que Riuiero se cou-
past le nez, pour reparation des tors qu'il auoit faits à son esclaue.
Pensant gaigner quelque chose en se mutilant ainsi, au gré d'un
qui se glorifioit d'auoir honni sa femme et qui venoit de meurtrir
si cruellement son fils aisné, neantmoins se coupa le nez, dont
l'esclaue merueilleusement ioyeux en lieu de rabatre quelque chose
de sa felonnie desmesuree, se mocquant de tout ce qu'il auoit pro-
mis, et de la simplesse de son maistre, empoigne incontinent les
deux autres petits enfans par les pieds, les froisse de plusieurs coups
qu'il donne de leur testes contre les murailles, puis les iette sur le
rocher apres leur aisné. Et se souciant aussi peu des cris de
la populace amassee à ce terrible spectacle, que de ceux de son
maistre, empoigne la Dame, laquelle il esgorge en presence de tous,
et precipite le corps du plus haut de la tour en bas. Quoy
fait escumant de rage, il se iette la teste deuant sur le roc du
costé de la mer: et se brise en piece, finissant promptement sa
detestee vie, à l'extreme regret de Riuiero, qui n'auoit peu sauuer

aucun des siens, ni chastier ce furieux esclaue selon ses de-
merites.[1])

Dieser Geschichte fügt der Verfasser noch die Bemerkung bei:

'Plusieurs ont descrit ceste histoire en Espagnol, Italien et
François fort amplement: mais ie n'ay peu ni voulu la faire plus
longue estant si estrange, que ie tremble toutes les fois que i'y
pense. Histoire d'Espagne.'

Dieser Bemerkung nach müsste auch in Spanien eine
Version unserer Geschichte niedergeschrieben worden sein.
Ich konnte zwar von einer spanischen Übersetzung der No-
vellen Bandello's Einsicht nehmen, den 'Historias tragicas
exemplares, sacadas de las obras del Bandello Veronens. Nueuamente traduzidas de las que en lengua Francesa adornaron Pierres Bouisteau, y Francisco de Belleforest', welche
1589 zu Salamanca auf Kosten des Claudio Curlet gedruckt
wurden, doch ist unter den dortigen 14 Geschichten die un-
srige nicht enthalten.

Goulart's Erzählung nun zeigt vollständige Übereinstimmung mit Belleforest, was an und für sich schon seine
Benützung dieses zeitgenössischen Landsmannes als Quelle
wahrscheinlich macht. Die Übereinstimmung in Ausdrücken,
welche Bandello noch fehlen und nur Bellef. angehören (s.
die gesperrt gedruckten Stellen des Textes), vor allem aber
die beinahe wörtliche Wiedergabe der Geschichte des Abbé
S. Simplician, lassen mir diese Annahme als sicher erscheinen.

Unsere Geschichte findet sich auch in Goulart's

Niederländ. Übersetzung: 'Cabinet der Historien.'[2])
Ausgabe Amsterdam 1664, 4 vol. in -12.

Bd. I. S. 880—83. 'Schrickelicke Wrake.'
De uyterste dienstbaerheyt wil soetgens geleyt zijn, anders
broeytse een schrickelick ryer van wanhope. Eeen Spaensch Edel-

---

[1]) Goulart führt noch wie Bellef. die Geschichte des Abbé S.
Simplician an: '*L'Abbé de S. S. à M., ayant donné un soufflet à un sien*
More, la nuict suivante ce Barbare, lequel etc.

[2]) Vollständ. Titel: 'C. d. H. Bestaende in veel vreemde, notabele

man ghenaemt Don Riviero, woonende in't Eylandt Majorque,
hadde onder andere Slaven eenen Moorman, tegen wien hy op eenen
dagh seer heftick verstoort zijnde, heem soo vele slagen gaf met
een koorde, dat d'arme Slaeve meynde te sterven. Maer ontkomen
zijnde, veynsde hy meer genegentheydt om sijnen Meester wel te
dienen dan te vooren. Riviero hadde een Fortresse, daer maer
eenen toeganck toe was, wel bewaert met een diepe Gracht ende
een Val-brugge, als die op getrocken was, was dese plaetse
onwinelick, uyt ghenomen met gros Geschut, hebbende de Zee daer
aen spoelende aen den Voet van een Klippe, daeropse gebouwt was.
Als op eenen dagh Riviero verre van sijn Huys op die jacht ge-
trocken was, de Moorman siende de ghelegentheydt ende tijdt ghe-
komen om sich te wreecken, voornamelick, om dat de Jofvrouwe
Riviero Vrouwe, die in't naeste Dorp een Huys hadde, in de For-
tresse ghekomen was, om op de Zee de Galeyen te sien, die daer
dreven, ende geneuchte in de Lucht te scheppen; springht hy daer
na, ende treckt de Brugge op, vat de Vrouwe, ende bintse aen een
groot Koffer in een Sael beneden, by een kleyn groen Bedde, ende
sluyt haere drie kinderen, die sy mede gebracht hadde, in een Kamer
daerbey; daer nae onteert hyse schandelick. Ende als op haer ende
der kinderen geroep de Boeren ghegaen waren om Riviero te haelen,
die neerstichlick daer to liep, smackt hem de Moorman, niet passende
noch op dreygementen noch op smeekingen, door de Vensters op
de Steen-klippe outsten Soon, ontrent seven jaren out, die soo haest
verplettert was als ghevallen. d'Arme Edelmann byna tot despe-
raetheyt gebracht zijnde versoekt desen wreeden Moorman te ver-
soeten om den rest te salveren: ende de Moorman veynst hem daer
toe te verstaen, maer op conditie, dat sich Riviero de neuse sude
afsnijden, tot boete van't ongelijck, dat hy sijnen Slave gedaen hadde.
Meynende yet te winnen, als hy sich selven so verminkte tot ge-
neuchte van eenen, die hem beroemde sijne Vrouwe geschent te
hebben, en die versch so wredelick sijnen outsten Soon hadde ver-
moort, sneet sich niet te min de Neuse af, waer over de Slave
wonderlick verblijt zijnde, in plaetse van yet van zijne onmanierlicke

en uytstekende Geschiedenissen. Door Simon Goulart, zijnde seer
vermakelick en profytelick te lesen, alle Beminners der Wetenschappen,
Uyt het Frans vertaelt.'

fellicheyt nae te laten, soo geckte hy met al het gene hy belooft hadde, en met de simpelheyt zijns Meesters, en vat terstont die twee andere kleyne Kinderen by den Voeten, blutse met vele slagen, die hy dede met hare Hoofden teghen de Mueren, daer na wierp hyse op den Rotzsteen haren outsten Broeder na. Een ock soo weynigh passende op't getier van't gemeyn volk over dit schrickelik Spectakel vergadert, als van't geroep sijns Meesters, soo vat hy de Jofvrouwe, welcker hy in aller tegenwoordicheyt de Kele af steeckt, en stort het Lichaem van't hooghste des Torens tot beneden. 't Welck gedaen sijnde schuim beckende van verwoetheyt, soo stort hy sich met den hoofde voorwaerts op den Rotzsteen aen de zeekant, en verplettert sich in stucken, eyndigende rasch sijn vervloeckt leven, tot het uyterste leetwesen van Riviero, die niemant van den sijnen hadde konnen salveren, noch desen rasende Slave nae sijne verdiensten straffen. (Vele hebben dese Historie seer breet in Spaensch, Italiaensch, en Fransch beschreven: Maer ick en hebse niet langer konnen noch willen maken, mitse soo seltsaem is, dat ick beve soo menighmael ick daeraen ghedencke. De Historie von Spangnien.[1])

Ausser dieser niederländischen Übersetzung von Goulart's 'Thresor d'Histoires' erschien auch noch eine englische — Admirable and memorable Histories containing the Wonders of our Time, done out of the French by E. Grimestone, London 1607, in -4° —, die jedoch unsere Geschichte nicht enthält.

Johannes Manlius (Mitte des 16. Jahrh.), 'Locorum communium collectanea'.[2]
Ausgabe Budissinae 1565.

S. 298 f. 'Historia de crudelissimo facto Aethiopis, recitata Pilippo Comiti à Nassau per Damianum Knebel, secretarium Comitis de Hana.'

[1]) Auch die Geschichte vom Abbé S. S. fehlt nicht: 'Als de Abt van S. Simplician te Milanen een van sijne Swarten een klinck ghegheven hadde, soo snijdt hem de volgende nacht dese Barbarische mensche, die meer dan dertigh jaren den Abt gedient hadde, de kele af, als hy aldervast in slaep was'.

[2]) Vgl. Baumgarten, *Merkw. Büch.* VI, 149; Hummel, *Bibl. v. selt. Büch. II,* 302.

Anno 1556. mense Aprili, quidam praediues nobilis, non pro-
cul ab Augusta Vindelicorum, a · teneris puerum aethiopem usque
ad illum annum aluerat. Cùm fortè fortuna nobilis domo abesset,
aethiops de nocte consurgens coniugem totamque familiam, excepta
filiola domini, ad octo homines interemit. Mane altero die cum re-
diret dominus, uidit aedes suas praeter morem clausas, et cum
propius adequitasset, apparuit illi in domus summitate aethiops
truculentissimo aspectu, qui in hunc modum nobilem alloquitur:
Scis homo crudelissime, qualiter me quondam innocuum tractaueris,
quod sanè ad hunc diem memoria retinui: illam iniuriam de tuis
nunc demum uindicaui. Ecce enim partem de cadauere tuae con-
iugis, quam tibi cum tota familia occidi, excepta filiola, quam unam
reliqui, tibique restituam, si mihi incolumitatem vitae promiseris.
Pater extremè perturbatus, homicidae incolumitatem promittit. At
ille per fenestram infantem ante pedes patris proijcit, Scio, inquiens,
quòd mihi non sis seruaturus fidem, nunc satis in temetipso et
tuis illam iniuriam ultus, moriar et ego, et sic se de uestibulo
aedium praecipitem dedit. Secretarius Hannensis comitis sibi no-
bilem familiariter notum esse affirmat. Quo facto quid crudelius,
magisque ex propriis diaboli instigationibus depromtum cogitari
potest?

Manlius hat somit seine Quelle selbst angegeben. Er
scheint demnach in unserer Geschichte ein wirkliches Ereignis
seiner Zeit geschildert zu haben. Dieselbe Geschichte geben
wieder:

Die deutschen Übersetzungen des lateinischen
Originaltextes.

Die Übersetzung des J. H. Ragor.
Ausgabe Franckfurt am Mayn, 1566.

1. Theil. 5. Gebott. Eine grausamliche geschicht eines
Moren, welche Damianus Knebel, des Graffen zu Hanaw
Secretarius, Philippo Grafen von Nassaw erzelet hat.

Ein sehr reicher Edelmann, nicht weit von Augspurg ge-
sessen, hat einen Moren von jugendt auff erzogen, vnd da sichs

nun im 1556. jar im Aprill hat begeben vnd zugetragen, das der Herr hat müssen vberfeldt reitten. Ist vnterdes der Mor des nachts auff gestanden, vnnd hat die Frawe sampt dem gantzen Haussgesinde erwürget, wol in die acht Personen, ohn allein ein kleines Meygdelein, welchs des Edelmanns Töchterlein gewesen, hat er lebendig gelassen. Da nu des andern tags zu frü der Edelmann wider heimkommen, vnd gesehen, dass sein Hauss wider die gewonheit noch versperret vnd verschlossen sey, vnnd neher hinzugeritten war, Ist der Mor oben auff dem Hauss herfürgetretten vnd den Herrn tückisch angesehen, vnd zu im gesaget: Du Tyrann, du weist, wie du mich offt gehalten hast, auch in sachen, daran ich vnschuldig gewesen bin, welches ich dir biss auff diesen tag gedacht habe. Nun jetzunder allererst habe ich solchen gewalt an den deinen gerochen, Vnd sihe da, das ist ein Stück vonn deinem Weib, welche ich sampt allem Haussgesinde erwürget habe, on allein eins deiner Töchterlein, welches ich hab lebendig gelassen, vnd dir dasselbig auch lebendig vberantworten wil, so du mir meine lebens fristung verheissen wirst. Der Vatter, wiewol er sehr vber des Mörders rede erschrocken war, verheisst ihm, er wölle ihm am Leben nichts thun. Aber doch gleichwol solche verheissung des Edelmanns vnangesehen, nimpt der Mor das Kindt vnd wirffts gegen den Vatter zum Fenster hinauss vnd saget: Ich weiss, dass du mir nicht wirst glauben halten. Ich habe mich doch an dir vnd den deinen genugsam gerochen, sondern ich will auch sterben. Ist also vom Hauss herabgesprungen vnd den Hals abgestürzt.

Des Graffen von Hanaw Secretarius sagt: er hab gute Kundtschafft mit demselbigen Edelmann gehabt. Ach lieber Gott, was köndt man doch erbermlichers erdencken, Oder wer wolt doch nicht glauben, das solch erbermlich ding von des Teuffels anreitzung herkomme, vnd zuwege gebracht werde.

Die Übersetzung des A. Hondorff in 'Promptuarium Exemplorum'.

Ausgabe Franckfurt am Mayn 1577, in fol. (3. Ausg.).

Fol. 234ᵃ. Historia de crudelissimo facto Aethiopis, recitata Philippo Comiti à Nassau per Damianum Knebel, Secretarium Comitis de Hana.

Anno 1556. im Aprill, ist nicht weit von Augspurg ein sehr reicher Edelmann gewesen, der hat von Kindtheit auff einen Mohren auffgezogen. Als auff eine zeit der Edelmann nicht einheimisch gewesen, ist der Mohr dess Nachts auffgestanden, vnd hat des Edelmans Weib, vnd das gantze Haussgesinde ermordet, in die acht Menschen, biss auff ein klein Töchterlein, dess Edelmans. Als nun dess andern tages früe der Edelmann wider heimgeritten, hat er seine Behausunge fest beschlossen befunden, vnnd da er näher hinzugeritten, hat er zu öberst in seiner behausung den Moren ersehen, der jhm mit grimmigem gesicht erschienen, vnd den Edelman dieser gestalt angeredt: Weistu du gräwlicher Tyrann, wie du mich armen vnschuldigen gehalten vnnd geplaget hast, das hab ich dir nun biss auff diesen tag nachgetragen, vnnd habe solche schmach nun an den deinen gerechent, sihe da, ein stück von dem Cörper deines Weibes, die hab ich sampt allem Haussgesinde ermordet, biss auff dein klein Töchterlein die ich am leben gelassen, die wil ich dir wider geben, so du mir sicherheit meines lebens verheissest. Als der Vatter nun auffs allerhärtest erschrocken, hat er endlich dem Mörder das leben zu fristen verheissen. Aber der Mohr hat alsbalde das Töchterlein oben zum Fenster herauss, dem Vatter vor die Füsse geworffen, vnd gesagt: Ich weiss doch wol, dass du mir keinen glauben heltst, hab ich mich aber nicht recht an dir vnd an den deinen gerechnet? Darumb wil ich nun auch sterben, hat sich also auch oben vom Hauss herabgestürzt. Ibidem. [d. i. Collect. Manlij lib. 2.]

Manlius ist also als die unmittelbare Quelle der von Hondorff erzählten Geschichte angeführt, welche Vermutung sich übrigens dem Leser schon durch die dem Manlius entlehnte Überschrift der Geschichte aufdrängt.

Natürlich fehlt unsere Geschichte auch nicht in der

Holländ. Übersetzung von Hondorff's Geschichte, 'Onmenschelijckheyt gestraft'.

Im 2. Bande des bereits oben erwähnten (vgl. Goulart) 'Cabinet der Historien' findet sich eine Übersetzung von Hondorff's Geschichte und zwar verweist hierbei der Übersetzer ausdrücklich auf die im 1. Bande wiedergegebene Geschichte Goulart's. Er thut dies mit den Worten:

'Onmenschelijckheyt gestraft.' Daer is in't eerste Stuck ghesproken gheweest, van de grouwelicke wreedtheydt van een seker Slave, eenen Moore, tegen de vrouwe ende Kinderen van een Spangjaert zijnen Meester, onder den tijtel van schrickelijcke wraecke.

Wenn der Übersetzer weiterfährt: 'Ick sal hier een ghelijcke Historie by voegen die M. Andreas Honsdorf beschreven heeft, aldus uyt den Latijne overgheset', und nach Erzählung der Geschichte beifügt 'Daman Knebel Secretaris van de Grave van Hanau vertelde dit den Grave Philipo van Nassau, seght Honsdorf in sijn Tooneel der Exempelen. Pag. 435', so ist seine Quelle nicht im geringsten zweifelhaft.

Die Geschichte lautet: *Anno 1556. Een Hooghduytsch Edelman, seer rijcke, woonende by de Stadt van Ausburgh hadde een Lackey dat een Moore was, opghevoedt van joncks aen. Dese Edelman verre van Huys zijnde overmits eenige affayren, de Moore een volwassen Man geworden zijnde, stont snachts op, doode de Vrouwe, Kinderen ende andere Huysghenooten zijns Meesters, niemant in't leven latende dan een seer kleyn Dochterken van sijn Meester, de welcke sanderen daeghs vroegh wederkeerende, alle de deuren van zijn Huys seer nauwe gesloten vont, alsoo hy te Peerde over en weer liep, soo vernam hy zijne Moore, op de hoogste Solderinge, seer wreet van gelaet, en die luyt keels begon te roepen: Heuget ut niet ghy wreetste onder alle wreede, hoe veel leets ghy my t'onrechte tot nu toe ghedaen hebt? Ick hebbe't getelt, ende hebbe my daer over eyndelijcken gewroken aen de uwe. Daer en is niet in't leven gebleven dan u Dochterken, 't welcke ick u gesont en behouden sal weder geven soo ghy my belooft 't leven te salveren. d'Edelman verbaest, swoer hem dat hy hem soude laten gaen, maer stracks daer op soo wierp de Moor het kindt te Venster uyt op de straet voor de voeten van sijnen meester, seggende daerby: Ick weet wel dat ghy my niet sparen en sult, maer ick en begeere niet langer te leven, en dat geseyt hebbende, wierp hem selver van boren neder, en viel het hooft te pletter, stervende staende voets: een wreede wreecker van de onmenschelijckheydt van sijns Meesters ende van sijne eyghene onmenschelijckheydt.*

Wie die eben behandelten Übersetzungen darthun, scheint

auch die von Manlius erzählte Mohrengeschichte ziemliche
Verbreitung gefunden zu haben. Ihre Ähnlichkeit mit der
Geschichte Goulart's (der mittelbar auf Bandello zurückgeht)
hat schon der Verfasser vom 'Cabinet der Historien' herausgefunden und betont (vgl. oben).

Tomaso Costo (1560 ca.—1630 ca.), 'Fuggilozio' (1596).

Ausgabe Venedig 1660, in -8°.

Der Fuggilozio ist eine Sammlung von Geschichten, worin von acht Adeligen und zwei Damen in acht Tagen „über
die Bosheiten von Frauen und deren Vernachlässigung ihrer
Ehemänner" geredet wird. Doch ist in dieser ursprünglichen
Gestalt des 'Fuggilozio' unsere Geschichte noch nicht enthalten. Ich fand sie nicht in den mir zugänglichen Ausgaben von Venedig, 1601, 1605, 1613, 1655, dagegen in
der Ausgabe Vened. 1660, welche eine 'Nuova Aggiunta
al Fugg. dello stesso Autore' enthält.

S. 18 f. 'Atrocissima crudeltà d'un certo Moro.'

*Un Moro schiauo di pessima natura essendo crudelmente dal
suo Sign. flagellato, un giorno tutto pieno di rabbia, prese due
figliuolini di lui, l'uno d'età d'un anno, l'altro di due, et serratosi
in una torre, che haueua il padrone lungo il lido del mare, lo
chiamò, e alla presenza di quello infranse in sasso i poueri figlioli,
et lanciatigli in faccia, gli disse: hor togli questi tuoi figliuoli in
grembo, e tutto lordo di sangue per non venir uiuo nelle mani del
crudel patrone, da se stesso si precipitò, e morì.*

Die Erzählung Costo's gibt somit eine Darstellung der
Mohrengeschichte, die in ihren wesentlichsten Punkten nicht
von der von Bandello ausgehenden abweicht. Denn die Voll-
zugsart der Rache und der Ort der Handlung (una torre
lungo il lido del mare) stimmen ja damit überein. Das
übrige konnte der Verfasser bei seiner gedrängten Darstellung des Ganzen nicht verwerten. Deshalb haben wir
meiner Ansicht nach keinen Grund, Zweifel zu hegen, dass
die Quelle dieser Erzählung nicht aus Bandello geflossen.

Die Vor-Shakspere'sche englische Mohrenballade.

Enthalten in 'Roxburghe Ballads'[1]) (II, 339—347), ed. by Charles Hindley, Esq. London 1874.

Unsere Mohrengeschichte führt uns auch nach England. Dort findet sich bereits vor Shakspere eine Ballade solch blutigen Inhalts. Vgl. Koeppel, E. St. XVI, 366.

Ihr Titel lautet: A Lamentable Ballad of the Tragical end of a Gallant Lord and a Vertuous Lady, with the untimely end of their two Children, wickedly performed by a Heathenish Blackamore their servant; the like never heard of. The Tune is, The Lady's Fall.

Der Ursprung der Balladengeschichte ist in Italien zu suchen und zwar wird aus der Inhaltsangabe der Ballade hervorgehen, dass wir hier wiederum eine Version der Mohrengeschichte nach Bandello vor uns haben.

Inhalt.[2]) Ein römischer Edelmann hatte eine durch ihre Schönheit berühmte Dame geheiratet, und es waren der Ehe der beiden zwei liebliche Kinder entsprossen. — Einmal züchtigte nun der Herr auf der Jagd seinen Diener, einen Mohren. Als am folgenden Tage der Herr wiederum auf der Jagd abwesend war, beschloss der Mohr, Rache zu nehmen.

Die Frau des Edelmanns hatte mit ihren beiden Kindern den höchsten Turm bestiegen, um ihrem Gemahl nachzusehen. Da folgte der Mohr ihr dorthin. Nachdem er die Brücke aufgezogen und das Thor verriegelt hat, stürzt er sich auf seine erschreckte Herrin, bindet ihr die Hände nach rückwärts und thut ihr Gewalt an:

> The place was moted round about,
>> the bridge he up did draw;
> The gates he bolted very fast,
>> of none he stood in awe:

---

[1]) *Ancient Songs and Ballads written on various subjects, and printed between the year MDLX and MDCC.*

[2]) Vgl. auch Koeppel's Analyse, *E. St.* XVI. 373. — Im folgenden werden an passender Stelle einige Strophen der Ballade angeführt, durch welche das Abhängigkeitsverhältnis derselben zu Bandello's Novelle besonders hervortritt.

He up into the Tower went,
   the Lady being there:
Who when she saw his countenance grim
   she straight began to fear ....
The chrystal tears ran down her face,
   her children cryed amain,
And sought to help their mother dear,
   but all it was in vain:
For that outrageous filthy Rogue,
   her hands behind her bound,
And then perforce with all his might,
   he threw her on the ground.

Auf das Geschrei der Unglücklichen und ihrer Kinder eilen Leute hinzu, ohne Hilfe bringen zu können. Der Edelmann wird herbeigeholt; seine Drohungen lassen den Mohren unbekümmert. Er ergreift vielmehr das eine Kind an den beiden Füssen und zerschmettert ihm das Gehirn an der Mauer. Hierauf schneidet er dem zweiten den Kopf ab und wirft ihn hinunter. Alsdann packt er die Mutter an den Haaren und schleppt sie herbei. Der verzweifelte Gatte will dem Wüterich alles verzeihen, wenn er wenigstens ihr Leben schont. Da verlangt der Mohr, er solle sich die Nase abschneiden. Als dies geschehen, schleudert der Treulose auch die Herrin in die Tiefe. Der arme Edelmann aber stirbt vor Schmerz:

"O save her life and then demaund
   of me what thing thou wilt:"
"Out off thy nose, and not one drop
   of her blood shall be spilt!"
With that the Lord presently took
   a knife within his hand;
And than his nose he quite cut off,
   in place where he did stand.
"Now I have bought the Ladys life,"
   then to the Moor did call:
"Then take her," qd. this wicked Rogue
   and down he let her fall:

Which when her gallant Lord did see,
his senses all did fail:
Yet many sought to save his life
yet nothing could prevail.

Der Mohr aber bricht jetzt in ein Hohngelächter aus:
then did he laugh amain.

Endlich stürzt er sich selbst herab.

Koeppel (a. a. O. S. 374) bemerkt: „Die Übereinstimmung mit der Novelle Bandello's ist eine vollständige; nur fehlt das dritte Kind und die Selbstverstümmelung des Gatten erfolgt, um das Leben der Gattin zu retten, deren Tod auch ihm das Herz bricht."

W. Shakspere's 'Titus Andronicus' (TA.); ca. 1589.
Ausgabe von Clark and Wright (The Globe Edition), London 1895.

In Shakspere's Tit. Andron.[1]) bildet die Gestalt des Mohren Aaron so viel Rätselhaftes und zeigt überhaupt so lose Verknüpfung mit der Andronikergeschichte, dass die Annahme, die Aarongeschichte entstamme einer anderen Quelle wie diese, als wohlberechtigt erscheinen darf.

E. Koeppel (a. a. O.) hat nun die uns wohlbekannte Novelle Bandello's als Quelle der Aarongeschichte angeführt und auch durch Vergleichung ihre nahe Verwandtschaft dargelegt. Doch neige ich hierin der Ansicht zu, die übrigens auch Koeppel offen gelassen hat, dass Belleforest's Geschichte die nähere Quelle Shakspere's gewesen ist (s. unten).

Da die Novelle Bandello's sowohl als die Geschichte Belleforest's uns hinlänglich bekannt sind, so dürfte wiederum eine kurze Inhaltsangabe des TA. genügen, um die Quelle der Aarongeschichte des TA. klar hervortreten zu lassen.

Inhalt. Tit. Andronicus hat die Gotenkönigin Tamora

---

[1]) Vgl. Creizenach, 'Stud. z. G. d. dram. Poes. im 17. J. (Ber. d. sächs. G. d. Wiss., 38. Bd.), und 'Die Schausp. d. engl. Comöd.' (Kürschner's Nat. Litt. 23. Bd.); A. Schröer, Tit. Andr. Marburg 1891; E. Koeppel, E. Stud. XVI, 365 ff.; H. de W. Fuller, The Sources of Titus Andronicus [Reprint. from the Publ. of the Mod. Lang. Assoc. Vol. XVI, N. 1].

mit ihren Söhnen besiegt nach Rom geführt. Von den kriegs-
gefangenen Söhnen der Tamora lässt er den Alarbus als
Sühne für die gefallenen Römer schlachten. Die fürchter-
lichsten Rachegelüste der Mutter und der Brüder werden dadurch entfesselt. Tamora gewinnt die Liebe des Kaisers,
wird Kaiserin von Rom. Die Rache wird nun ausgeführt.
Lavinia, die Tochter des Titus, wird auf den Rat des schurkischen Mohren Aaron, des Buhlen der Kaiserin, von deren
beiden Söhnen geschändet und verstümmelt (Beraubung der
Hände und der Zunge). Zuvor haben sie ihren Gemahl getötet, welche That dann den Brüdern der Unglücklichen zu-
geschoben wird. Diese sollten deshalb hingerichtet werden.
Seine Söhne zu befreien, lässt Titus sich von Aaron die
rechte Hand abhauen und sendet sie dem Kaiser. Sie wird
ihm jedoch mit den abgeschlagenen Häuptern seiner Söhne
zurückgeschickt. Nun nehmen die Androniker furchtbare
Rache an ihren Feinden. Auch Aaron gerät in ihre Gewalt,
bekennt sich als den Urheber der verübten Schandthaten und
erleidet endlich die längst verdiente Strafe.

Es bleibt nun noch die Frage zu erledigen, ob Bandello
oder Bellef. die unmittelbare Quelle Shakspere's gewesen ist.
Ich möchte mich für Belleforest entscheiden, da in Belleforest's Geschichte und im TA. das Hohngelächter des Mohren
über seine Frevelthaten bedeutend stärker betont wird, als
bei Bandello selbst.[1]) Die folgende gemeinsame Anführung
der betreffenden Stellen soll uns dies bezeugen:

Bandello: *Il crudel Moro del tutto rideua,*
Belleforest: *il se print à rire à gorge desployee.*
TA. V. 1. 111: *I play'd the cheater for thy father's hand,*
And, when I had it, drew myself apart
And almost broke my heart with ex-
treme laughter:
I pry'd me through the crevice of a wall
When, for his hand, he had his two sons' heads;
Beheld his tears, and laugh'd so heartily,
That both mine eyes were rainy like to his.

---

[1]) Koeppel, a. a. O., S. 370, Anm., hebt diesen Zug hervor.

6*

Endlich ist noch mit **Sarrazin** (Herr. Arch. XCVII, 373) auf die besonders stark zu Tage tretende Verwandtschaft der Aarongeschichte des TA. mit unserer alten Wielandsage hinzuweisen. So ist beiden Berichten **ein** Zug vor allem eigentümlich, nämlich die Sorge Vølund's, bezw. Aaron's für sein Kind.

Vølund spricht Str. 33:

> *Eiđa skaltu mér áđr*
> *alla vinna:*
> *at skips borđi*
> *ok at skialdar rǫnd,*
> *at mars bægi*
> *ok at mækis egg:*
> *at þú kveljat*
> *kvín Vǫlundar,*
> *ne brúđi minni*
> *at bana verđir;*
> *þótt vér kván eigim*
> *þá er þér kunnid,*
> *eđa ióđ eigim*
> *innan hallar.*

Aaron äussert die Sorge um sein Kind:

V. 1. 67. *And this shall all be buried by my death,*
> *Unless thou swear to me my child shall live.*

78. *Therefore I urge thy oath; for that I know*
> *An idiot holds his bauble for a god*
> *And keeps the oath which by that god he swears,*
> *To that I'll urge him: therefore thou shalt vow*
> *By that same god, what god soe'er it be,*
> *That thou adorest and hast in reverence,*
> *To save my boy, to nourish and bring him up;*
> *Or else I will discover nought to thee.*

Die englische Ballade von Titus Andronicus vom J. 1594.

Enthalten in Percy's Reliques of Ancient English Poetry (1765). Ausgabe von A. Schröer, 1889—1893, Heilbronn u. Berlin, 2 Bde.

Im Jahre 1594 erschien in England eine Ballade, welche das Unglück des Tit. Andronicus besingt und deren Quelle

in S h a k s p e r e's TA. zu suchen ist. Vgl. Varnhagen, E.
St. XIX, 163.

Schröer a. a. O. I, 203—210. 'Titus Andronicus' Com-
plaint.' *(From a Copy in "The Golden Garland" intitled as above;
compared with three others, two of them in black letter in the Pepys
Collection, intitled "The Lamentable and Tragical History of Titus
Andronicus" etc.) "To the Tune of Fortune."* [1])

Inhalt (mit Anführung der wichtigsten Verse).

Der alte Titus erzählt seine Geschichte: Nach einem
zehnjährigen Feldzug gegen die Goten hat er die Gotenkönigin und deren zwei Söhne mit einem Mohren nach Rom
gebracht. Der Mohr beschliesst, mit der Kaiserin[2]) — seiner
Buhlin — Titus und sein ganzes Haus zu verderben. Des
Kaisers Sohn, der mit der Tochter des Titus, Lavinia, verlobt ist, wird von den beiden Söhnen der Gotenkönigin auf
der Jagd ermordet und Lavinia hierauf von ihnen vergewaltigt und verstümmelt:

Str. 13. *But nowe, behold! what wounded most my mind,*
  The empresses two sonnes of savage kind
  My daughter ravished without remorse,
  And tooke away her honour, quite perforce.

Str. 14. *When they had tasted of soe sweete a flowre,*
  Fearing this sweete should shortly turne to sowre,
  They cutt her tongue, whereby she could not tell
  How that dishonoure unto her befell.

Str. 15. *Then both her hands they cutt off quite*
  Whereby their wickednesse she could not write
  Nor with her needle on her sampler sowe
  The bloudye workers of her direfull woe.

Die Söhne des Titus werden fälschlich des Mordes an
dem Sohne des Kaisers angeklagt und sollen deshalb hingerichtet werden. Der Mohr bewegt den Titus durch eine
falsche Nachricht, sich die rechte Hand abschlagen zu lassen,

---

[1]) Auch in '*The Roxburghe Ballads*' (Ballad Society), Vol. II (Hertford 1874), S. 543—48 abgedruckt.

[2]) D. i. die vom Kaiser zu seiner Gemahlin erhobene Gotenkönigin.

um dadurch seine Söhne zu retten. Diese werden aber trotzdem enthauptet:

Str. 21. *The moore delighting still in villainy*
Did say, to sett my sonnes from prison free
I should unto the king my right hand give,
And then my three imprisoned sonnes should live.

Str. 22. *The moore I caus'd to strike it off with speede,*
Whereat I grieved not to see it bleed,
But for my sonnes would willingly impart,
And for their ransome send my bleeding part.

Str. 23. *But as my life did linger thus in paine,*
They sent to me my bootlesse hand againe,
And there withal the heades of my three sonnes,
Which fild my dying heart with fresher moanes.

Die Rache, welche nun Titus an seinen Feinden ausübt, ist dieselbe wie im TA. Auch der Mohr erhält den Lohn für seine Frevelthaten.

Phil. Massinger's 'The Bashful Lover', lic. 1636.
Ausgabe von W. Gifford, London 1813, 2. Aufl. Bd. 4.

E. Koeppel (Quellenstudien, QF. 82, 1897, S. 148) macht auf die Scene in Massinger's 'The Bashful Lover' aufmerksam, worin Uberti dem Farnese heimtückische Grausamkeiten vorwirft, „welche eine Erinnerung an jene ebenso blutige wie weit verbreitete Mohrengeschichte sein könnte, aus welcher meiner Ansicht nach Shakspere's Aaron stammt".

Die Stelle lautet (nach Gifford IV, 393 f.):

Uberti. . . . . . . *Thus the case stood:*
My father, (on whose face he durst not look
In equal mart), by his fraud circumvented,
Became his captive; we, his sons, lamenting
Our old sire's hard condition, freely offer'd
Our utmost for his ransome: that refused,
The subtile tyrant, for his cruel ends,
Conceiving that our piety might ensnare us,

Proposed my father's head to be redeem'd,
If two of us would yield ourselves his slaves.
We, upon any terms, resolved to save him,
Though with the loss of life which he gave to us,
(For each of us contended to be one)
Who should preserve our father; I was exempted,
But to my more affliction. My brothers
Deliver'd up, the perjured homicide,
Laughing in scorn, and by his hoary locks
Pulling my wretched father on his knees,
Said, Thus receive the father you have ransomed!
And instantly struck off his head. ˙

Uberti. *Conceive, sir,*
How thunderstruck we stood, being made spectators
Of such an unexpected tragedy:
Yet this was a beginning, not an end
To his intended cruelty; for, pursuing
Such a revenge as no Hyrcanian tigress,
Robbed of her whelps, durst aim at, in a moment,
Treading upon my father's trunk, he cut off
My pious brothers' heads, and threw them at me.

Die angeführten Verse berichten in der That unsere Geschichte nach der Art Bandello's.

Der deutsche Titus Andronicus (DTA.) vom J. 1620. [1])

Abgedruckt von Creizenach in 'Die Schausp. d. engl. Komödianten'
(Kürschn. Nat. Litt. 23. Bd.).

In der deutschen Sammlung englischer Komödien v. J. 1620 ist eine Tragödie enthalten, deren Titel lautet:

'Eine sehr klägliche Tragoedia von Tito Andronico vnd der hoffertigen Kayserin, darinnen denckwürdige actiones zubefinden.'

Nun ist zwar die endgültige Lösung der Frage über die direkte Quelle des DTA. bisher noch nicht gelungen, doch genügt für uns die unzweifelhafte Feststellung, dass der DTA.

---

[1]) Literaturangabe wie bei TA (oben S. 82, Anm. 1).

jedenfalls sehr eng mit dem Shakspere'schen Stücke zusammen-
hängt (vgl. hierüber Creizenach, Schausp. Einl. z. TA. S. 5).

In der That stimmt das deutsche Stück mit dem TA.
in den Hauptzügen ganz überein. Von den Abweichungen,
die der DTA. dem TA. gegenüber aufweist, kommt für uns
nur der eine Umstand in Betracht, dass im DTA. die Tötung
eines Sohnes der gefangenen Königin als Sühnopfer für die
gefallenen Römer, also gleichsam die tragische Schuld der
Androniker, fehlt. Im übrigen finden sich die wesentlichen
Züge der Aarongeschichte im DTA. insgesamt wieder.

So rät der Morian den beiden Söhnen der Kaiserin, Helicates und Saphonus (TA. Demetrius und Chiron), der An-
dronica (TA. Lavinia) Gewalt anzuthun. Die beiden handeln
diesem Rate gemäss und vollführen gleich wie im TA. die
Verstümmelung der Bedauernswerten.

Act II. S. 25. Morian.

     ..... *vnd nehmet sie denn alle beyde, vnd brauchet sie*
genugsam.

Act. IV. S. 32. Helicates. *Also muss man es machen,*
wenn man bey schönen Frawen geschlaffen, dass sie es nicht können
nachsagen, die Zungen muss man jhr aussschneiden, damit sie es
nicht sagen, auch jhre beyde Hände abhawen, dass sie es auch nicht
schreiben, gleich wie es hier mit dieser gemachet.

Desgleichen opfert Titus auf Veranlassung des Morian
seine rechte Hand[1]), um seine gefangenen Söhne zu retten;
ebenso werden ihm deren abgeschlagene Häupter vom Morian
vor die Füsse geworfen:

Act IV. S. 30. Morian. *Ihr solt wissen dass mich die*
Käyserin zu euch gesandt, lest euch sagen, daferne jhr ewere Söhne
lieb habt, vnnd sie vom Tode erretten wollet, sollet jhr ewre rechte
Handt abhawen, vnd sie durch mich vberschicken, so sollen sie euch
alssbald wiederumb zugestellet werden.

Act IV. S. 32. Morian. *Sehet hie alter Titus, ich habe ein*
Erbarmniss mit euch, dass ewre edle vnd streitbare Hand also ist

---

[1]) Hier haut sich Titus selbst die Hand ab; im TA. lässt er es
Aaron thun.

abgevexiret worden. Hie schicket sie euch die Keyserin wieder, vnd
dieses seyn ewre beyde Sohnes Häupter.

Endlich hören wir auch den Morian vor seinem Tode
noch flehentlich um die Erhaltung seines unschuldigen Kindes
bitten:

Act VII. S. 46. . . . . . *dass ich sterben muss, so bin ich*
willig, weil ich's gar wol vnd vorlängst verdienet. Aber ich bitte
euch, erbarmet euch meines Kindes, vnd last es nicht mit mir
sterben, denn es hat noch nichtes böses gethan.

Jan Vos 'Aran en Titus, of Wraak en Weer Wraak, Treurspel', 1641. (VTA.)
Ausgabe t'Amsteldam 1724.

Der Holländer Jan Vos liess im J. 1641 ein Trauerspiel
'Aran en Titus' aufführen und drucken. Dasselbe geht nach
einigen Forschern direkt auf Shakspere's TA. zurück (vgl.
Creizenach, Ber. S. 96); jedenfalls steht es aber dem TA.
noch näher als der DTA. (vgl. Creizenach, Ber. S. 97).

Für uns gilt es nun wiederum, die Übereinstimmung des
VTA. mit der Aarongeschichte des TA. festzustellen.

Im VTA. reizt Aran wie im TA. die Söhne der Kaiserin,
Quiro und Demetrius (TA. Demetrius und Chiron) zur Schän-
dung und Verstümmelung der Tochter des Titus, Rozelyna
(TA. Lavinia) an:

Tweede Bedryf, S. 28. Aran.

Pluk Rozelynas roos;
Zoo dra als gy de roos van Rozelyna plukt,
Is't noodig dat gy haar de gladde tong ontrukt:
Zoo zal de schendery by haar, en u verblyven.
Snyd haar de handen af.
't Is een lofwaarde daad.

Diese rühmen sich gleichfalls ihrer Schandthat:

Derde Bedryf, S. 61.

Dem. *Ik ben de eerst geweest, die't maagderoosjen plukte.*
Quir. *Ik ben de eerst geweest, die haar de tong ontrukte.*
Dem. *Ik sneed haar handen af, en tradxe met de voet.*
Quir. *Ik verfde't aangexicht met't uitgespitte bloed.*

Desgleichen veranlasst Aran den Titus sich zur Rettung seiner Söhne die Hand abzuhauen und sendet sie ihm dann mit den abgeschlagenen Häuptern durch Quintus (Staatjongen van Aran) zurück:

Derde Bedryf, S. 50.

Aran. *Hy [de Vorst] nam een kort besluit, en eischt uw*
rechte Hand
To zoen van uwe zoons; maar't recht toond zich
gekant,
En wil dat zy uw zoons de sneê van't zwaard doe
voelen;
Op datze, met hun bloed, het vuur des wraaks verkoelen.

S. 51. Tit. *Hier is de goude hand, ...*
Daar, Aran, daar's de hand; ga geeftze nu de Vorst,
En eischt zyn gramschap meer?

S. 52. Quint. *O Roem van't Vaderland!*
Ik breng (gelyk gy ziet) uw afgekapte hand.

Tit. *Waar blyven myne zoons, die Aran my beloofden?*

Quint. *Uw zoonen zyn onthalst, hier ziet gy beide hoofden.*

Tit. *Dat u de donder sla.*

Quint. *Dat ik de hoofden breng,*
Is niet dan Arans last.

Endlich bekennt sich Aran als der Urheber aller Frevelthaten:

Vierde Bedryf, S. 79.

Aran. *Als wat'er is gedaan, is hem door my gebrouwen,*
Door my hebt gy de hand van uwen arm gehouwen,
Door my is Rozelyn zoo deerelyk verkracht;
Door my zyn uwe zoons moordaadig omgebracht;
Door my is Bassian zyn hartaâr afgesteken.

Die Scenen mit dem schwarzen Bastardkind fehlen im VTA.

Hieronym. Thomae, 'Titus und Tomyris', 1661 (TVTA.).
Ausgabe Giessen 1661.

Der Augsburger Hieronym. Thomae schrieb im J. 1661 ein Trauerspiel 'Titus und Tomyris oder Traur-Spiel, Bey-

genahmt Die Rachbegierige Eyfersucht', dessen direkte Quelle
— obgleich von ihm selbst nicht benannt —, ohne Zweifel
der VTA. ist. Vgl. Creizenach, Ber. S. 93—107.

Von den Abweichungen des TVTA. vom VTA. ist für
uns von Interesse:

Thomae hat — wohl im Streben nach äusserlicher historischer Korrektheit, wie Creizenach (a. a. O. S. 101) bemerkt — den Aran nicht mehr als Mohren erscheinen lassen.
Auf dieselbe Ursache sind auch seine Namensänderungen zurückzuführen. So gibt er den Söhnen der Gotenkönigin die
gotischen Namen Phritigernes und Ulfilas, die Königin selbst
benennt er nach der rachsüchtigen Skythenfürstin Tomyris,
die Rozelyna endlich wird zur Camilla.

Im übrigen zeigt die uns beschäftigende Arangeschichte
Übereinstimmung mit der Vos'schen Quelle.

Aran fordert die Söhne der Tomyris zu den bekannten
Schandthaten gegen Camilla auf:

Die andere Abhandl., S. 31.

Aran. *Wer ist die? Seh' ich nicht Camillen auch dort gehen,*
Eylt, schändt sie.

Phrit. *Ha! Aran, nein sie wird von uns dem Vatter sagen.*

Ar. *Schneidt jhr die Zungen auss, so kan sie nichts mehr*
klagen.

Ulph. *Wie wann sie uns dann schreibt?*

Ar. *Schneidt jhr die Händ entzwey.*

Phrit. *So recht! so geht es an!*

Ar. *Geht nur getrost hinbey.*

Aran berichtet der Kaiserin die That ihrer Söhne (im
TA. und VTA. rühmen sich diese selbst der furchtbaren
That):

Die and. Abh., S. 32.

Aran. *Des Titus Tochter gienge*
Mit Lepidus in Wald, als sie Vlphilas fienge,
Bis Phritigernes hatt den Lepidum gehenkt,
Dann wurden beyde Händ Camillen abgerenkt,

Vnd dass sie schweigen muss, die Zung herausgeschnitten:
Nach mancher Seufzer-Klag, und überhäuftem Bitten,
Die jhr die Not aussprest, wird sie der Ehr beraubt.

Aran betrügt Titus um seine rechte Hand:

Die dritte Abh., S. 64.

Aran. *Nachdem der Fürst bedacht*
Durchleuchter eure Dienst, hat er die schwere Macht
Der grossen Straff verlegt, und will jhr solt jhm schiken,
Eur rechte Hand, wofern das Schwerd nicht solle drüken,
Den Naken eurer Söhn.

S. 67. **Tit.** *Und habt jhr, Aran, denn jhm meine Hand gebracht?*

Ar. *Ja: doch läst er hiemit dieselb' euch wider schiken.*

Tit. *Hilff Himmel! müssen dann die Söhn sich gleich wol*
                                                    büken
Nach dem beschwärtzten Stok?

Ar. *So ist's: Es ist mir leid*
Noch dünkt mich dass der Fürst dran habe seine Freud.

Titus klagt den Aran als den Urheber aller Frevelthaten an und dieser bestätigt cynisch seine Scheusslichkeiten:

Die Vierdte Abh., S. 81.

Tit. *Trabanten komt herein.*
Schliest diesen Mörder strak in harte Ketten ein.

Ar. *Warum?*

Tit. *Du Lügen-Schmidt wiltu hier noch viel fragen?*
Frag dich selbst, hastu nicht mir die Hand abgeschlagen
Durch deine falsche Tük? hastu nicht angebracht
Dass meine Söhne seyn versunken in die Nacht
Der schwartzen Finsternüss? hastu nicht angegeben
Dass diese Zung und Ehr, und Lepidus das Leben
Musst lassen?

S. 82. **Ar.** *So recht! rast über mich, ich hör die Straffen rasseln,*
Ich höre nun mein Feur, das jhr mir setzt, schon prasseln.
Nun fort ich habs verdient, ich spey mich selber an,
Mich wundert dass ich mich noch selbst anschauen kan.

Wie viel hab ich entseelt, wie manchmahl Feur erweket
Dass gantze Stätten seyn in liechten Brand gesteket.[1])

C. Die neuzeitlichen Bearbeitungen der Wielandsage.

Die neuzeitliche Literatur weist zahlreiche Bearbeitungen der Wielandsage auf, welche sich jedoch, gemäss dem germanischen Charakter der Sage, ausschliesslich auf germanische Länder — Deutschland, Dänemark, England — verteilen, eben die Länder, deren mittelalterliche Literatur schon die wichtigsten Zeugnisse unserer Sage enthält.

In Deutschland, dem Heimatboden der Sage, hat der Wielandstoff naturgemäss die meiste Pflege gefunden. Ebenso selbstverständlich konnte im Norden, der Heimstätte der Hauptüberlieferungen der Sage, dieselbe nicht in Vergessenheit geraten. Auch in England, dem wir ja die frühesten Zeugnisse unserer Sage danken (s. ob. die ae. Zeugnisse), wurde der altgermanische Wielandstoff durch Angus Comyn's Übersetzung von Jos. Börsch's deutschem Drama „Wieland der Schmied" dem modernen Leser wieder in Erinnerung gebracht. Doch dürfte der Ausspruch Comyn's: "Wayland is our own, and it is with pleasure that I here introduce the famous Anglo-Saxon under a modern dress to modern English readers" (Preface, S. VII), eben dahin zu berichtigen sein, dass Schmied Wieland als Gemeingut aller germanischen Stämme zu betrachten ist. Dass die germanischen Stämme in der That heute noch sich dessen bewusst sind, zeigt die liebevolle Wiederaufnahme des alten Heldenstoffes.

---

[1]) Vgl. zu diesem Abschnitte den auf S. 223 aufgestellten Stammbaum der angeführten Mohrengeschichten, der diese mit Ausnahme der ersten (Erlang. Hds.) sämtlich in sich vereinigt.

Wir wollen nun diese Wieland-Dichtungen untersuchen

a) In Deutschland.

Hier treffen wir an:

Karl Simrock's Heldengedicht 'Wieland der Schmied'.
1835. (SHG.).
Ausgabe Stuttgart und Tübingen 1851, 3. Auflage.

I. Allgemeine Besprechung der das Gedicht beherrschenden Motive und Charaktere.[1])

Simrock benutzte für sein Heldengedicht als Hauptquellen die Vkv. und die ThS., und zwar unternahm er es, die beiden verschiedenen Sagen von Wieland dem Räuber der Schwanjungfrau und Wieland dem Schmiede — also Typus I und II der Sage — miteinander zu verbinden und zu verschmelzen. Als Mittelglied diente ihm der Ring, dessen Rolle in der Vkv. bereits oben (s. S. 13 f.) besprochen wurde. Um das Rätsel desselben zu lösen und zugleich eine Übergangsbrücke zwischen den beiden Typen der Sage herzustellen, legte er ihm zwei wunderbare Eigenschaften bei: 1) die Eigenschaft des Schwanenringes, welcher die Verwandlung in Vogelgestalt bewirkt[2]), und 2) die Kraft, Liebe für seinen Träger einzuflössen.[3])

Natürlich muss mit der Verschmelzung beider Berichte zu einer einheitlichen Sage, wie dieselbe im SHG. stattfindet,

---

[1]) Vgl. auch Simrock's Bemerk. in seiner *Edda-Übersetz.* (Erläut. z. Wölundarkwiða, S. 439 f.) und im *Heldenb.*, Anh. S. 406 f.

[2]) Der Dichter hat somit diese Eigenschaft des Ringes aus den dunklen Angaben der Vkv. mit richtigem Gefühl erschlossen.

[3]) Der Geschichte des Iron und Apollonius entlehnt (ThS. c. 245—75). ThS. c. 246 heisst es von einem goldenen Ring, welchen Isolde, Jarl Iron's Gemahlin, dem Apollonius gibt: *i þessu gulli er œinn steinn. oc þat er nattura steinsens oc hans umbunaðar. at ef karllmaðr dregr þetta fingrgull a fingr konu. þa skal hon sua mikit unna honum at firir huetuetna fram vill hon haua hann. huart er þat er vili frœnda hennar eða œigi.'*

auch eine entsprechende Umgestaltung der die Hauptpersonen leitenden Motive und mithin der einzelnen Charaktere selbst Hand in Hand gehen.

Während in der Vkv. Vøl. vom Könige Níd. gewaltsam an seinen Hof geschleppt wird und den Vel. der ThS. die Wellen willkürlich an König Nidung's Gestade spülen, bietet das SHG. eine treffliche Verwertung der dem Ringe verliehenen Zauberkraft, um Wieland's Erscheinen am Königshofe zu begründen [1]):

Zwar ist es ursprünglich brennender Rachedurst, der Wiel. sich ins Meer stürzen lässt, um den Zerstörern seines Glückes [2]) nachzujagen. Doch allmählich übermannt ihn noch auf hoher See ein anderes Gefühl, das beseligend wirkt und die Rachegelüste einschläfert. Es ist die Zaubergewalt seines ihm geraubten Ringes, welche in ihm eine unwiderstehliche Sehnsucht nach der schönen Räuberin desselben erweckt und ihn so an König Neiding's, seines Feindes, Hof treibt und dort festhält, ihn, den Elfensohn und freien Mann als dienenden Knecht.[3])

Dieselbe Liebe zur Königstochter veranlasst ihn später, nach seiner Verbannung, wiederum an den Hof zurückzukehren, nicht wie in der ThS. das Rachegefühl ob der erlittenen Unbill. In Simrock's Helden wird das Rachegefühl erst geweckt, nachdem er den gebrochenen Ring der Königstochter in seinen Händen hält. Jetzt, beim Anblick von Elfenweissen's, seines Weibes, Ring gehen ihm die Augen auf über die Täuschung und den Zauber, worin er bisher gelebt. Da zeugt er Wittich 'im Zorne, nicht aus Liebe'.

Die Königstochter besitzt in der ThS. ein zauber-

---

[1]) Und daran schliessend natürlich auch sein ganzes Verhalten dortselbst bis zur Stunde, wo der Zauber des Ringes von ihm weicht.

[2]) Neiding's Leute haben ihn (wie in der Vkv.) überfallen und ihm bei diesem Überfall Weib und Kind erschlagen.

[3]) Die vom Ringe ausgehende Zaubergewalt bewirkt, dass all sein Sinnen und Trachten nur auf den Besitz der Königstochter gerichtet ist und jedes andere Bewusstsein ist in dem Helden erloschen. So lässt sich seine dienende Stellung am Hofe seines Feindes, den zu erkennen ihn ja der Ring hindert, leicht begreifen.

kräftiges Messer. Simrock macht nun seine Bathilde ¹) vollends
zum zauberkundigen Weibe, das in den Runen wohl zu lesen
versteht.²) Die ThS. weiss ferner noch nichts von sieghaften
Triumphen · der Schönheit der Königstochter zu berichten.
Das SHG. aber schildert die Zaubergewalt des Ringes als
gar mächtig auf alle Männer wirkend. Neid. und seine Tochter
.vertrauen darum fest auf den Ring, der alle Männer zwinge,
Bath. zu minnen.

Auch die Liebesgeschichte der Königstochter und des
Marschalls ihres Vaters, von der das SHG. berichtet, ist der
ThS. fremd. Sie ist eine Schöpfung Simrock's, wohl geschaffen, um die in seinem Gedichte bestehende Gegnerschaft
Bathildens zu Wiel., die in den beiden alten Berichten nicht
hervortritt, zu begründen. Denn der Marschall ist vom
Könige wegen Misslingens seines Zuges gegen Wiel. verbannt
worden. Letzterer trägt also die Schuld an der Trennung
der Liebenden. Ja er verursacht der Königstochter noch
.grösseres Herzeleid, als ihr die Runen den Tod des Marschalls durch Wieland's Hand verkünden.

Überhaupt ist die Rolle der Königstochter eine höchst
bedeutende, besonders der Vkv. gegenüber. Der Einfluss,
den dort die Königin auf ihren Gemahl ausübt ³), ist hier in
noch weit höherem Masse auf die Tochter übertragen; insbesondere unternimmt sie es, den Vater vor dem von ihr erkannten Wiel. zu warnen.

Die Person des Königs, — schon in der Vkv. und
noch mehr in der ThS. eine tyrannische Erscheinung — ist
im SHG. das Urbild eines gewaltthätigen, skrupellosen
Herrschers geworden. Grausamkeit und Habgier, Tücke und
Treulosigkeit, sind seine hervorstechenden Eigenschaften. Er-

---

¹) Bathilde entspricht der Bǫðvildr der Edda; die ThS. nennt
keinen Namen der Königstochter.
²) Die Zauberkunde ist ein Zug. welchen wir bei den Frauen der
Heldensage nicht selten antreffen und der hier deshalb vom Dichter nach
dem Beispiel der Heldensage auf die Königstochter übertragen wurde.
³) Bekanntlich gibt sie dort den üblen Rat zur Verstümmelung
Vǫlund's.

scheint er uns trotzdem nicht jedes königlichen Zuges bar[1]),
so muss uns jedoch eine nähere Prüfung wiederum davon
überzeugen, dass der Dichter diese wenigen Züge nur von
seinen Quellen mit übernommen hat, um den Fortgang der
Handlung nicht zu stören.

II. Untersuchung der Quellen.

α) Vom Fange der Schildjungfrauen bis zur
Ankunft Wieland's an König Neiding's Hofe
(1.—3. Abenteuer).

Die ersten Abenteuer schliessen sich an die Vkv. an.
Dass der Fang der Schwanjungfrauen durch die Wegnahme
der Schwanenhemde gelingt, ist zwar dort nicht erwähnt, jedoch findet Simrock hierfür das Beispiel in dem mhd. Gedichte 'Friedrich von Schwaben' (ob. S. 52). Die drei Brüder
sind von elfischer Abstammung wie in der Vkv. [2] Im Edda-
liede führen sie die Namen Slagfiðr, Egill, Vølundr, hier
heissen sie in umgekehrter Reihenfolge Wieland, Eigel, Helfrich.[3] Während in der Vkv. von Vølund allein gesagt wird,
dass er ein berühmter Künstler (Schmied) sei, stellen ihm
ThS. und SHG. Egill, bezw. Eigel als kunstreichen Schützen
an die Seite. Endlich verleiht das SHG. dem dritten Bruder
die Gabe der Heilkunst.[4]

---

[1] So verbürgt er sich für Wiel., als niemand diesem Bürge sein
will; auch straft er Eigel nicht, als dieser gesteht, dass im Falle eines
Fehlschusses dem Könige selbst seine übrigen Pfeile zugedacht waren
(wie ThS. c. 64. 75).

[2] Die dortige Prosanotiz, in welcher sie als Söhne eines finnischen
Königs bezeichnet werden (Brœðr váru þrír, synir Finnakonungs) ist
ohne Bedeutung (vgl. Jiriczek, S. 27).

[3] Helfrich (Hialprik) nennt sich in der ThS. der Pfleger der
beiden jungen Söhne Erka's (c. 321); von Simrock wurde dieser Name
offenbar in Rücksicht auf die Kunst (Heilkunst) gewählt, welche er dem
Träger desselben zuerteilt.

[4] Simrock legt hier das vielfach gestaltete Märchen von den kunstreichen Brüdern zu Grunde (s. Simrock, *Edda*, S. 439); vgl. die
Märchen N. 124. 129 bei Grimm, *Kind. und Hausmärchen*, Bd. II.

Von den drei Walküren sind in der Edda zwei, Hladgudr
svanhvít und Hervǫr alvitr, die Töchter des Königs Hlǫdvér;
die dritte, Ǫlrún, ist Kiárs von Valland Tochter. In unserem
Gedichte sind sie drei Schwestern — Elfenweiss, Schneeweiss
und Schwanenweiss [1] —, Töchter einer Mutter, der Gunhilde,
deren Vater Isang von Shetland [2] ist. Als Vater der
Schwestern wird der 'Lichtelfenkönig von Alfenheim' [3] genannt, der jedoch die Seinen wieder verlassen musste, als
Gunhilde wissen wollte, wer er sei. [4]

Während im eddischen Liede die drei Walküren ohne
nähere Absicht ins Wolfsthal kommen und sich nur durch
ein Bad erfrischen wollen, suchen sie dasselbe im SHG. auf,
um der Jüngsten Wunde dort zu heilen. [5] Denn Gunhilde
hatte ihre Töchter als Walküren gegen König Neid. aus-
gesandt, der König Isang erschlagen, und die jüngste der
Schwestern war in der Schlacht von Neiding's Speer getroffen
worden. [6]

Simrock hat somit ein neues Motiv geschaffen, um den

---

[1] Simrock (*Edda*, S. 440) bemerkt, dass er nach Analogie von
swanhwit (schwanenweiss) alwitur (allwissend) in alhwitr (allweiss) ge-
bessert habe; daraus ergibt sich nun die analoge Bildung der Namensformen der drei Walküren im SHG.

[2] ThS. (c. 134 und andere) berichtet von einem König Isung von
Bertangenland (Britannia), 'Isungr, konungr i Bertangalandi').

[3] Vgl. über 'Lichtelfenkönig' und 'Alfenheim' Simrock's *Handb.
d. Mythol.*

[4] Gehört somit zweifellos dem reichverzweigten Mythenstamme vom
Verkehr von Alben mit Menschen an (Literaturang. bei Jiriczek, S. 9).

[5] „Nun hatten wir vernommen von diesem Meeresstrand,
  Dass er die Wunden heile: so flogen wir euch ins Land." (S. 14.)

[6] Wie für die Namenswahl des Königs Isang, so scheint für diese
ganze Episode die ThS. dem Dichter vorbildlich gewesen zu sein. Nicht
nur, dass sie von Kämpfen nordischer Könige untereinander berichtet,
sondern sie erzählt auch speziell von einem Kampfe König Isung's
von Bertangenland gegen den Vilkinenkönig Hertnit, in welchem die
zauberkundige Gemahlin des letzteren, Ostacia, sich in einen Drachen
verwandelt und mit einem Drachenheere aus den Lüften gegen den
Feind kämpft, wobei sie durch einen Speer verwundet wird (c.
353). — Ostacia bildet zugleich auch das Beispiel eines zauberkundigen
Weibes, vgl. ob. S. 96 Anm. 2.

Einfall Neiding's in das Wolfsthal zu begründen — das Motiv,
an den Walküren Rache zu nehmen, die ihm seine besten
Helden gefällt und von deren Verweilen bei den drei Brüdern
er gehört. Zugleich will er sich auch wie in der Vkv. des
kunstreichen Schmiedes bemächtigen und ihn an seinem Hof
verbringen lassen.

Im SHG. gerät Wiel. auf der Jagd der drei Brüder nach
den drei Schwestern in Ran's [1]) Netze. Da rettet ihn eine
Tochter dieser Göttin, Wachilde [2]), seine Ahnfrau. Sie bleibt
der Schutzgeist ihres Enkels, sobald er sich im Bereiche ihrer
Fluten bewegt. [3])

Wiel. hat von Elfenw. einen Sohn Wittich von der Aue.
Wenn auch das Gedicht vermeldet:

„Wittich von der Aue, so ward das Kind genannt,
Nach jenem grünen Werder, auf dem er die Kleider fand"

(S. 15), so besteht doch kein Zweifel, dass der Dichter nur
durch die bereits behandelte Stelle im Anh. z. Heldenb.
'Wittich ein held, Wittich owe sein brûder' (s. ob. S. 53 f.)
veranlasst wurde, Wiel. einen Sohn von Elfenw. zu geben
und dann demselben diesen Namen beizulegen.

Eigel hat von Schneeweiss einen Sohn Isang, von dem
es heisst (S. 15):

dem diente Wort und Ton,
Mit Liedern mocht er kürzen den allerlängsten Tag.

Ziehen wir nun in Erwägung, dass Egill auch in der
ThS. (c. 75) mit einem Sohne auftritt und dass ThS. (c. 125
und andere) von einem berühmten Spielmann Isung berichtet wird, so dürften wir uns nicht mit der Annahme

---

[1]) Ran ist die Gemahlin des Meergottes Aegir. Ich verweise gleich
hier betreffs der zahlreichen vom Dichter eingeflochtenen Stellen, die
auf die Götter und mythischen Wesen überhaupt Bezug nehmen, auf
Simrock's *Edda-Übers.* und *Handb. d. Myth.*

[2]) Dass seine Grossmutter ein Meerweib gewesen, davon gibt schon
ThS. c. 23 Kunde, den Namen 'Wachilt' finden wir jedoch nur in
der 'Rabenschlacht' (ob. S. 51 f.) erwähnt.

[3]) Wiel. konnte schon über seine erste Begegnung mit der Ahnfrau
den Brüdern mitteilen: „Da ward mir unterweges noch manch Geheimnis
vertraut." (S. 9.)

täuschen, dass Simrock dies alles von der ThS. übernommen hat. [1]

Die Vkv. berichtet über den Aufenthalt der drei Walküren bei den drei Brüdern und Vølund's Gefangennahme einfach:

Acht Jahre wurden sie durch Liebe zurückgehalten, im neunten zwang sie die Notwendigkeit zur Trennung. — Egill ging nach Osten, um Ǫlrún zu suchen, Slagfiđr nach Süden, um Svanhvít zu finden. Vǫlundr allein blieb in den Wolfsthälern. Er hämmerte das rote Gold, machte Kleinodien und formte 700 Ringe, die er an einem Baste aufhing, und erwartete die Rückkehr seines Weibes. — Als Níđuđ erfahren hatte, dass Vǫlund allein im Wolfsthal zurückgeblieben war, drang er mit seinen Kriegern in dessen Behausung und sie zogen einen von den 700 Ringen vom Baste; und als Vøl. am anderen Morgen erwachte, sah er sich an Händen und Füssen gefesselt und wurde fortgeschleppt.

Simrock gestaltete diese Ereignisse folgendermassen:

Elfenw. bittet Wiel., nachdem sie sich ihm ergeben, ihr Federgewand wohl zu verwahren, da sie beim Wiedererblicken desselben von einem unbezwingbaren Verlangen getrieben würde, sich von neuem in die Lüfte zu schwingen [2]); auch gibt sie ihm ihren Ring, die Wiegengabe der Norne, und erklärt dessen Eigenschaften. Wiel. verbirgt darauf das Federkleid und schmiedet, um den Ring unkenntlich zu machen, 700 weitere Ringe, diesem ganz gleichgeformt. Er hängt sie an einem Baste auf und pflegt sie allabendlich, wie in der Vkv. (vgl. Str. 11), zu zählen.

So leben die Brüder mit ihren Frauen mehrere Jahre glücklich, bis Neid. den Aufenthalt der Walküren erspäht hat

---

[1]. Von der dritten Schwester, Schwanweiss, singt der Dichter (S. 15): „Schwanweiss darbt des Erben, so viel ich noch erkunden mag."

Hierzu ist zu bemerken, dass die spätere Geburt eines Sohnes Eberwein (Wildeber) in einem anderen Teil des Simrock'schen Amelungenliedes (Dietleibslied) ausführlich geschildert wird.

[2]) Eine hübsche Begründung der späteren Flucht der Schwestern.

und seinen Marschall Gram gegen sie aussendet. [1] Wiel. ist
mit seinem Weibe beim Wolfsschiessen, als die den Marschall
begleitende Königstochter in seine Behausung eindringt und
den Ring raubt. [2] Durch ihre Zauberkunst hat sie den
rechten Ring herausgefunden, nachdem sie mittels einer
Springwurzel [3] die Thüre geöffnet hat. Die Gefangennahme
Wieland's geht dann wie in der Vkv. vor sich. [4] Doch wie
er bei Tage Elfenw.'s und Witt.'s gemordete Leiber erblickt,
gerät er in rasende Wut, zerbricht seine Fesseln und richtet
mit Hülfe seiner herbeieilenden Brüder, denen es gelungen ist,
sich vor dem Überfall zu retten, ein Blutbad unter dem
Feinde an und schlägt ihn in die Flucht. Zornentbrannt
verfolgt er den Marschall, der mit der Königstochter auf die
Schiffe flieht. Als er ihn dort nicht mehr erreichen kann,
fällt er eine Eiche und höhlt sie zum Kahne aus. [5] Diesen
versieht der Held mit einer kunstvollen Überdachung und
nachdem er all seine Habe und Schimming sein Ross in das
Fahrzeug genommen hat [6], schliesst er es über sich und überlässt sich den Wellen. Doch wie er so auf dem Meere da-

---

[1] In der Vkv. leitet der König den Überfall persönlich.
[2] Auch Vølund ist auf der Jagd abwesend, als Nið.'s Leute bei
ihm eindringen und den Ring rauben; doch nimmt Bǫðvild nicht selbst
am Zuge teil wie hier die Königstochter.
[3] S. die Sage von der Springwurzel, bei Grimm, *Deutsche Sag.*
I, N 9 (dürfte dem Dichter vorbildlich gewesen sein), Grimm, *Altd.
Wälder* II. 15; A. Kuhn, *Westf. Sag.* I N 210 (Literaturang.).
[4] Wie dort Nið. an Vøl. die Frage richtet, woher er sein Gold
gewinne, so thut dies hier der Marschall. Ist nun dort Vǫlund's Antwort eine Hindeutung auf den Nibelungenschatz (Str. 14), so gibt Simr.
dagegen in der Antwort seines Helden eine andere herrliche Deutung
vom Ursprung des Goldes, das er den Augen der um Odur's Verlust
weinenden Freia entrinnen lässt.
[5] Von jetzt ab ist die ThS. dem Dichter vorbildlich. Dort gelangt
Vel., wie wir wissen, auf der Flucht von den Zwergen an die Visara,
an deren Ufer er sich einen Baum zum Kahne höhlt.
[6] Hier lässt die ThS. eine Lücke. c. 61 erwähnt das Pferd,
welches Vel. den Zwergen abgenommen; c. 70 berichtet dann auf einmal
von Skemming (vgl. ob. S. 17 Anm. 1). Simr. hat nun diese Lücke in
der Weise überbrückt, dass er Wiel. sein Ross (Schimming) gleich mit in
den Kahn nehmen lässt.

hinfährt, übt der von Bathilden angesteckte Ring seine Wirkung aus (s. ob.). Es schwindet ihm allmählich die Erinnerung an Elfenweiss, er fühlt neuer Minne geheimnisvollen Zug und zuletzt landet er frohgesinnt an König Neiding's Gestade.

β) **Wieland's Ankunft und Aufenthalt bei König Neiding bis zu seiner Erkennung (4.—8. Abent.).**

In Schilderung der Ankunft Wiel.'s bei König Neid., seiner Aufnahme in dessen Dienst und der am Hofe erlebten Abenteuer, folgt das SHG. der ThS. Nur legt sich Wiel., um seine Erkennung zu verhüten, den Namen Goldbrand (Goldhart's Sohn) bei, während die ThS. eine solche Namensänderung nicht benötigt, da sie die soeben geschilderte Vorgeschichte, d. i. Typus I der Sage, überhaupt nicht kennt.

Wir haben hier also nur bereits aus der ThS. Bekanntes zu verzeichnen:

Wiel.'s Kahn verfängt sich in Fischernetze und wird aus Land gezogen — Wiel. tritt (als Goldbr.) in den Dienst des Königs[1] und wird mit der Bewahrung von drei Tischmessern betraut, wovon ihm eines beim Reinigen ins Meer fällt — Goldbr. schmiedet ein neues Messer, um den Verlust zu verbergen (zugleich mit einem kunstvollen Nagel) — Goldbr. muss sich bei Tische als Verfertiger des Messers bekennen; seine Wette mit Amilias, wobei der König selbst sich für ihn verbürgt[2] — Goldbr. findet seine Schmiedewerkzeuge und seine Schätze gestohlen und der König befiehlt vergebens

---

[1] Auf Befragen des Königs hat er erklärt:
„Ich habe viel erfahren und Kunst gelernt genug;
Jedoch vor allen Künsten, die ich mir je gewann,
Ist's die Kunst des Gehorsams, die ich am gründlichsten kann."
(S. 30.)

[2] Zu dieser Wette ist zu bemerken: Während Amil. sich sogleich ans Werk macht, lässt sein Gegner viel Zeit verstreichen. Scheint er dies in der ThS. im Bewusstsein seiner überlegenen Kunst zu thun, so ist es im SHG. nicht weniger die ihn verzehrende Liebe zu Bath., welche ihn von jeder ernstlichen Arbeit abhält, so dass er die Schmiedung des Schwertes bis auf den letzten Monat verschiebt.

das Aufgebot aller Mannen zur Entdeckung des Diebes[1]) —
Goldbr. fertigt Reigin's, des Diebes, Bildnis und erhält seine
Habe zurück — er schmiedet das Schwert Mimung[2]) nach
dem bekannten Verfahren; dreimalige Schwertprobe am
Flusse — glänzender Sieg Goldbr.'s über Amilias.[3])

In unserem SHG. ernennt nun der erfreute König den
Sieger zu seinem Mundschenken und Schmiede. Doch da bedroht neues Unheil den Helden. Die runenkundige Bath. hat
seine wahre Persönlichkeit entdeckt. Unverzüglich teilt sie
dies dem Vater mit und warnt ihn vor Wiel. (s. ob.); zugleich weiss sie den Vater zu bestimmen, Gram, ihren Geliebten, wieder in sein Marschallamt einzusetzen.

Natürlich sieht jetzt, auf der Tochter Offenbarung hin,
Neid. in Wiel. nur mehr den Feind, dem er keine Treue zu
halten braucht und dessen Leben er allein schont, um der
unbezahlbaren Dienste des kühnen Schmiedes nicht verlustig

---

[1]) Unser Held erblickt bei diesem Anlass den Marschall Gram, der,
vom Könige verbannt, die Gelegenheit des allgemeinen Aufgebotes benutzt hat, um am Hofe zu erscheinen und wieder in Bath.'s, seiner Geliebten, Nähe zu kommen. Goldbr. erinnert sich, diesem Manne schon
einmal feindlich gegenüber gestanden zu sein, kann sich aber — im
Banne des Liebeszaubers — des Näheren nicht entsinnen. — Zu Gram's
Verbannung (s. ob. S. 96) ist übrigens noch beizufügen, dass der miss-
glückte Zug gegen Wiel. dem Könige nur als äusserer Vorwand diente.
Denn in Wirklichkeit wollte er vor allem das Liebesverhältnis der
Tochter zu seinem Dienstmann, das ihm nicht entgangen, auf diese
Weise lösen.

[2]) Der Dichter nennt Mimung 'aller Schwerter König' (S. 54), von
dem die berühmtesten Schwerter der Heldensage, Nagelring, Eckesachs
(Schwerter Dietrich's, s. ThS. c. 16. 98) und Balmung (das Schwert, mit
welchem Siegfried den Hort gewann, s. Zarncke, Nib. 3. avent., S. 15)
übertroffen werden. Wenn übrigens der Dichter dem Schmiede die
Worte in den Mund legt:
„Ich nannt es so von Mimen, der einst ein Meister war
In der Kunst des Schmiedens, das ist nun manches Jahr" (S. 70),
so vgl. zu dieser Auffassung oben ThS. (Ameliasep., Anm.).

[3]) Sowohl hier als in der ThS. wünscht nun der König den Mimung
zu besitzen; der weise Schmied täuscht ihn aber in beiden Fällen (im
SHG. im Traume durch den getreuen Eckart, s. unt. S. 105 Anm. 1, ge-
warnt) durch ein zweites Schwert, das er dem ersten ganz gleich gemacht, während er den echten Mimung verbirgt.

zu gehen. [1] Klugheit und Eigennutz verbieten ihm jedoch, seine wahre Gesinnung offen an den Tag zu legen; heuchlerisch feiert er vielmehr die Kunst seines Schmiedes in begeisterten Worten und nennt ihn, wie um ihn noch mehr zu ehren, 'Wieland Elfensohn'. Als daraufhin der überraschte Meister seinen Namen wirklich eingesteht [2], zeigt Neid. sich hocherfreut, an Wiel. einen so wertvollen Schatz an seinem Hofe zu bergen und singt des Meisters volles Lob. [3] Dann bittet er ihn, seine Geschichte zu erzählen.

γ) Wieland erzählt Neiding seine Geschichte [4]
(9.—15. Abent.).

Wir erfahren Wiel.'s Abstammung von König Wiking (ThS.: Villcinus). Sein Vater ist Wate. In der ThS. c. 23 heisst es von Vaðe, dem Riesen, dass er bei seinem Vater nicht sonderlich beliebt gewesen und darum nur zwölf Höfe auf Seeland von ihm empfangen habe; von seinen Kriegsthaten habe man ferner nichts vernommen, er habe vielmehr ruhig und zufrieden auf seinen Höfen gehaust (c. 57). Dies

---

[1] Sein Charakter spiegelt sich in den Worten (S. 65 f.):
„Und Wielands will ich hüten: zwischen uns ist Blut:
Viel meiner Helden fällte seines Weibes Rachewuth.
„Er soll mir Schwerter schmieden zu zwingen eine Welt
Und wenig Lohn erschauen, der streitbare Held.
Ich verheiss ihm goldene Berge und schliesse meine Hand:
Was frommt es Wielanden, dass er mein Mundschenk wird genannt?“

[2] Wir müssen immer noch daran festhalten, dass unser Held in Neid. seinen alten Feind noch nicht erkannt hat; darum darf dies Geständnis uns nicht verwundern.

[3] „War es ja doch vor diesem schon Brauch in allem Land,
Wen sie um Künste priesen, der ward ein Wieland genannt.“
(S. 68.) Diesen Versen gab jedenfalls die ThS. ihren Inhalt. c. 69 heisst es dort: Velent er sva frægr vm alla norðrhalfo heimsins. at sva þyckiaz allir menn mega mest lofa hans hagleic. at hveria þa smið er betr er gor en annat smiði. at sa er Volvndr at hagleic er gort hevir. — Ähnlich sagt der Dichter übrigens schon am Anfang des Heldengedichtes (S. 2) von des Meisters Kunst, in Anspielung auf die afr. Gedichte, „Selbst in welschen Zungen rühmt ihn das Heldenlied.“

[4] Vgl. ob. ThS. Inhaltsangabe.

alles zu begründen, fügte nun Simr. bei Wate's Geburt die Nornenscene ein, für welche c. 11 des Nornagests-þáttr (Ausg. Wilken, Paderb. XI, S. 260, 1—23) zum Vorbild gedient hat. Die Nornen verleihen folgende Gaben:

Die erste verleiht 'des Vaters weisen Sinn und der Mutter Wissen'; die zweite die Gabe, 'dass nie ihm Kraft gebricht', dass er sei 'ein Ries an Stärke'; die dritte endlich wollte ihm verleihen 'den nie zufriedenen Muth, der stäts auf Neues sinnet'. Als aber Wiking ihr diese Gabe nicht dankte, nahm sie dieselbe wieder zurück. So kam es, dass Wate, an Körper ein Riese, an Geist voll Weisheit, kein Held wurde.[1]

Dem Wiking folgt in der Königsherrschaft Nordian, der Sohn seiner rechtmässigen Gattin (wie ThS. c. 24). Dieser hat vier Riesensöhne: Asprian, Widolf mit der Stange, Abendroth und Eckart.[2] Nordian gerät in die Zinsbarkeit des Königs Otnit[3] und behält nur Seeland. Ihm folgt Asprian, der mit seinen Brüdern Otnit's Sohne Rotherich Heeresfolge leisten muss.[4]

---

[1] Bei Nornagest's Geburt wird gleichfalls der jüngsten Norne Anlass geboten, sich im Gegensatz zu ihren Schwestern dem jungen Erdenbürger missgünstig zu zeigen.

[2] ThS. c. 27 werden die vier Riesen Ædgæir, Aventroð, Viðolfr mittumstangi und Aspilian genannt. Was Simrock's Namensbildungen betrifft, so werden die Namen Asprian und Eckart unten, Anm. 4 und f., erklärt; Abendroth scheint in Angleichung an den mit Aventroð ähnlich lautenden Namen Abentrot (Ecke's Bruder, im Anh. z. Heldenb. genannt, s. Hds³ 247 f.) gebildet zu sein.

[3] ThS. Hertnið genannt. Die Namensform Otnit erklärt sich aus der Verwechslung mit einem anderen Hertnid (Vilk. Saga, Rafn), den die übrige Heldensage Otnit nennt, s. Hds³ 260.

[4] Wie ThS. (c. 27), die aber Hertnit's Sohn Osangtrix nennt. Da sich im SHG. in der Folge mehrfache Anspielungen auf König Rother's Zug gegen Heunland finden, so sei hier bemerkt, dass uns zwei Berichte von diesem Zug überliefert sind, ThS., c. 29—38, und ein mhd. Ged. 'König Rother' (Ausg. v. Bahder, Halle 1884), das auf ersteren Bericht zurückgeht. Die Anspielungen des SHG. auf diesen Zug verraten nun eine Verschmelzung beider Berichte, aus welcher sich jetzt auch die Namen Rother und Asprian erklären, da diese im mhd. Gedichte für Osangtrix und Aspilian stehen. Ausserdem hat der Dichter noch vom mhd. Ged. die Dienerin der Königstochter Herlint als Herlinde in

Auch Wate der Riese hatte sich ein Weib genommen und einen Sohn Wieland erhalten. Diesen gibt er nun beim Schmiede Mime in die Lehre, woselbst sich die nämlichen Ereignisse abspielen wie in der ThS., so dass Wate seinen Sohn wieder nach Hause holt.[1]) Doch thut dies hier Wate erst, nachdem Siegfried den Mime erschlagen. Zugleich ergreift der Dichter die dargebotene Gelegenheit, um einen guten Teil der Siegfriedgeschichte hier einzuflechten, teils in ausführlicher Erzählung [2]), teils in hingeworfenen Anspielungen. [3])

---

unser Gedicht übernommen, indem er sie nach dem Tode ihrer Herrin (die Simr. nach der Oda der ThS. Ute benennt) Bathildens Meisterin werden lässt. — Simrock hat übrigens das Rotherlied in zwei anderen Teilen des Amelungenliedes 'Wittich Wieland's Sohn' und 'Dietleib' ausgeführt.

[1]) ThS. c. 165 führt unter den Gesellen Mimir's einen Ekkiharð an. Wenn es nun im SHG. heisst,

„Auch hatte Nordlands König, sein Bruder Nordian,
Eckarten den getreuen zu diesem Meister gethan" (S. 84),

so lässt sich daraus schliessen, dass der Dichter den Sohn Nordian's mit jenem Ekkiharð identifizieren wollte (daher auch die Namensänderung von Ætgæir in Eckart). In der That ist im SHG. die Episode der ThS. (c. 27), welche von Ekkih. erzählt, dass er mit der Zange nach Sigfrœð warf und von diesem dafür an den Haaren aus der Schmiede gezerrt wurde, auf Nordian's Sohn angewandt. Weiter mochte der Dichter in einer dortigen Bemerkung, dass Ekkih. den Meister beschwor, vor Sigurð zu fliehen (c. 167), Anregung gefunden haben, seinem Eckart noch die Rolle des Getreuen zuzuweisen, welche in der Heldens. Eckehard, Hache's Sohn und Pfleger der Harlunge (s. Hds[a] Index) inne hat. Im SHG. spielt Eckart diese Rolle natürlich in erster Linie seinem jüngeren Vetter Wiel. gegenüber, mit dem er Blutsfreundschaft geschlossen hat, und pflegt diesen vor dem gewaltthätigen Siegfr. in Schutz zu nehmen (so lässt der Dichter z. B. Wieland's wegen den berichteten Streit zwischen Eck. und Siegfr. ausbrechen).

[2]) So die Schmiedung des Schwertes, das einst vor Odin's Speer in Stücke gebrochen war (nach Vols. saga c. 14, 15) und die Erschlagung des Drachen und seines Bruders Mime (nach ThS. c. 166, 167).

[3]) Wenn z. B. auf Seite 92 gesagt wird: „Du ringest mit den Wölfen und bändigest die Leuen", so ist dies eine Erinnerung an eine Stelle im Siegfr.-Lied (s. W. Golther, Lied. v. hürn. Seyfr. Str. 33):

„Der pflag so grosser stercke, Das er die Löwen fieng
Und sie dann zů gespötte Hoch an die bäume hieng."

Nach einem Jahr bringt Wate den Sohn zu zwei Zwergen
im Berge Glockensachsen. [1] Simrock nennt dieselben Elberich [2]) und König Goldemar [3]); ihr Bruder ist Elbegast,
der berüchtigte Dieb. [4])

Im SHG. kehrt Wate nach einem Jahre, nicht allein
wie in der ThS., sondern in Begleitung seiner beiden anderen
Söhne, Eigel und Helferich, die ebenfalls ihre Lehrzeit be-
endigt, wieder, um Wiel. zu holen. Bei dieser Gelegenheit
werden uns die Künste der Brüder durch eine Meisterprobe,
an der auch Elbegast der Dieb teilnimmt, vor Augen geführt. [5])
Auf Bitten der Zwerge überlässt Wate ihnen den Sohn noch
auf ein weiteres Jahr und verliert nach Ablauf desselben sein
Leben (wie ThS.). Wiel. flieht jetzt von dem Berge, nachdem er die Zwerge unschädlich gemacht hat[6]), auf dem Rosse
Schimming, das er mit ihren Werkzeugen und Schätzen beladen. [7])

Während nun die ThS. Velint auf seiner Flucht direkt
zu König Niđung gelangen lässt, ist im SHG. zwischen der

[1]) In der ThS. Kallava; über Glockens. s. ob. Anh. z. Heldenb.

[2]) Über den Elberich der Heldens. s. *Hds*[3], *Ind.*

[3]) S. *Hds*[3] 195 f. 386.

[4]) Über Elbeg. s. *ZfdA.* XIII, 184; XV, 266; *Anz.* XIII, 25; *Myth.*[2]
434; *Myth.*[4] 385; *Germ.* XXVIII, 187; XXIX, 58.

[5]) Genau nach Märchen N 129, 'Die vier kunstreichen Brüder', bei
Grimm, *Kind. u. Hausm.* Bd. II (Literaturang. über Verbreitung des
Märchens Bd. III, 212).

[6]) In der ThS. werden sie von Velent getötet. Im SHG. lässt der
Dichter Wiel. die Zwerge nur schwer verwunden; denn nach seinen
Ausführungen haben sie später noch wegen des Drachenhortes, den sie
in ihrem Berge eingeschlossen halten, Kämpfe gegen die Nibelungen-
könige (Schilbung und Nibelung, nach dem Nibelungenlied, 3. avent. 14 ff.,
von Siegfr. beim Teilen des Schatzes erschlagen) zu bestehen.

[7]) Ausserdem hat Wiel. im Kampfe gegen die von den beiden
Zwergen entbotenen Berggeister eine Tarnkappe gewonnen (wie Siegfr.,
der dem Albrich die Tarnkappe abgewinnt, Nib. 3. Avent. 15, 7). Er
bedient sich ihrer später zweimal (heimliche Rückkehr nach dem Hofe
und Flucht). Dagegen hat er vergessen, das Schwert mitzunehmen, mit
dem er die Zwerge bekämpft hat. Da es auf diese Weise nach der
Darstellung des SHG. mit dem 'Horte' im Berge zurückbleibt, identi-
fiziert es der Dichter mit Balmung, mit welchem Siegfr. den Hort gewinnt.

Flucht des Helden von den Zwergen und seine Ankunft bei
Neid. die der Vkv. nachgebildete Schwanjungfrauenepisode
zeitlich einzureihen. Um dies zu ermöglichen, lässt der
Dichter Wiel. zunächst nach Seeland zu seinen Verwandten
zurückkehren, von dort aber sich dann, nachdem er sich mit
Asprian verfeindet[1]), nach Norweg wenden und in den Wolfsthälern ein Heim mit den Brüdern gründen. Die daran-
schliessenden Ereignisse sind bereits geschildert.

ð) Wieland's Verbannung, Lähmung, Rache und
Flucht[2]) (16.—24. Abent.).

König Neiding zieht mit seinem Heere ins Feld gegen
König Rotherich, der von ihm Zins und die Hand Bath.'s
gefordert hat.[3]) Den Abend vor der Schlacht bemerkt Neid.,
dass er seinen Siegstein zu Hause gelassen hat, und richtet
an seine Ritter die Aufforderung, denselben bis Tagesanbruch
herbeizuholen. Als Lohn setzt er die Hälfte seines Reiches
und die Hand Bath.'s (wie ThS.). Doch nur Wiel. vollbringt
das schwere Kunststück, erntet aber keinen Lohn dafür, sondern wird vielmehr verbannt, weil er Gram (in der ThS. den
Truchsess) erschlagen hat. Der wahre Grund der Verbannung
ist freilich der, dass der König auf so bequeme Art sich
seines Versprechens entbinden will. Am nächsten Tage er-
ringt Neid. den Sieg.[4])

Die ThS. lässt Vel., von seinen Rachegefühlen getrieben,
verkleidet an den Hof des Königs zurückkehren und in dessen

---

[1]) Darum kann es keinen Anstoss erregen, wenn Wiel. später mit
Neid. gegen seine Verwandten, die (mit Ausnahme Eckart's) auf Rotherich's Seite kämpfen, zu Felde zieht.

[2]) Die folgenden Ereignisse schliessen sich zunächst an die ThS.,
am Schlusse aber wieder vorwiegend an die Vkv. an.

[3]) Rother ist hier zum Anführer des feindlichen Heeres gemacht,
dem in der ThS. in derselben Weise wie hier der König entgegenzieht.

[4]) Dieser Sieg wird im SHG. noch dem verjagten Wiel. verdankt,
der eine Kette geschmiedet hatte, mit welcher Reigin und Horneboge,
Gram's Nachfolger (Horneboge nach Hornbogi ThS. c. 82), den Riesen
Widolf, der Neid.'s Heer zu verderben drohte, einfingen und so die
Schlacht entschieden.

Speise Gift mischen. Wir wissen bereits, dass im SHG. die
Liebe zu Bath. Wieland's Rückkehr erzwingt (vgl. ob. S. 95).
Die Tarnkappe macht ihn dabei unsichtbar. Unter ihrem
Schutze mischt er Bath. Liebesgift in die Speise. Bath.'s
Zaubermesser offenbart aber den Betrug und als der schlaue
Schmied dasselbe heimlich wegnimmt und durch ein von ihm
gefertigtes ersetzt, da misslingt wiederum seine Absicht. Denn
Bath. vermisst das echte Messer und teilt dessen Verlust dem
Vater mit, der sogleich auf Wiel. als den Thäter rät, nach
ihm fahnden und ihn fesseln lässt. Zur Strafe werden ihm
die Kniesehnen durchschnitten. Hilflos bleibt er liegen und
sich selbst überlassen.[1]

Um seine Rache für die zugefügte Schmach ausführen
zu können, wiegt Velent in der ThS. seinen Herrn durch das
Bekenntnis der Gerechtigkeit seiner Bestrafung in Sicherheit
und beginnt wiederum Kostbarkeiten für Nið. zu fertigen
(c. 72). Auch im SHG. rafft sich Wiel. — durch die Liebe
zu Bath. — aufs neue empor und kehrt zu seiner Arbeit zurück. Verwundert hört Neid. die gewaltigen Hammerschläge,
die wieder von der Schmiede her ertönen und lobt des
Schmiedes eherne Kraft, die diesen so rasch den Unfall ver-
winden liess. Auch weist er die Höflinge zurecht, die des
Lahmen spotten möchten.[2] Wiel. aber, der ihm mit denselben demütigen Worten wie in der ThS. entgegengetreten
ist, ermuntert er zu rüstigem Schaffen. Wiel. pflegt also
fortan wieder emsig seines Handwerkes. Da zerbricht eines
Tages der Ring Bath.'s. Wiel. soll ihn wieder herstellen.
Kaum hat er aber den Ring erblickt, als er Elfenw.'s Gabe
in ihm erkennt und so gleichzeitig den Trug, in dem er so
lange Zeit befangen war. Die Liebe zu Bath. verwandelt

---

[1] „Einsam musst er liegen bei schmal gemessner Kost,
Nun Fieberhitze dulden und nun des Winters Frost:
Kein Freund, der ihn pflegte, kein Arzt, der ihn verband,
Nicht einmal eine Krücke ward ihm von Neiding gesandt."
(S. 149.) Diese Strophe dürfte nach der Wielandstrophe in 'Dêors Klage'
(ob. S. 9) gebildet sein.
[2] Da sprach König Neiding: „Dein spotte Niemand hier.
Dass man ihm nicht die Sehnen zerschneide so wie dir."
(S. 153.)

sich nun plötzlich in Hass. Rachewut durchdringt ihn. Er bringt seine Rache durch die Tötung der Königssöhne und Überwältigung der Königstochter nach dem Vorbild der ThS. zur Ausführung. [1])

Die ThS. lässt Vel. seinen Bruder Egill ins Land rufen, um sich bei Ausführung seiner Flucht dessen Hilfe zu bedienen (c. 75). Im SHG. kommt Eigel aus eigenem Antriebe, um den Bruder aufzusuchen, von dessen Ruhm und Ehrung durch König Neid. die Kunde zu ihm gedrungen ist. Mit seinem Sohne Isang bläst er die Flöte, durch deren Zauberklänge angelockt, Menschen und Tiere herbeieilen und zum Tanze hingerissen werden. [2])

. Der hinzutretende König erzählt Eigel die Bestrafung Wiel.'s und lässt ihn schwören, die Schmach des Bruders nicht zu rächen. Die Apfelschussscene, welche nun der König herbeiführt, ist ganz der ThS. (c. 75) entlehnt. Sie ist das Vorbild der Tellsage. [3])

Wiel. zieht darauf den Bruder ins Vertrauen. Von

---

[1]) An die ThS. c. 74 schliesst sich der Dichter an, wenn er die Königstochter zuerst ihre Meisterin Herlinde (ThS. einfach eine Dienerin) zu dem Schmiede mit dem zerbrochenen Ringe entsenden lässt. Dieser aber, durch den Anblick von Elfenw.'s Ring vom brennenden Verlangen ergriffen, sich an der Zerstörerin seines Glückes zu rächen, verweigert die Wiederherstellung des Kleinods, wenn nicht Bath. persönlich ihm ihre Bitte vortrage. Daraufhin geht diese arglos ihrem Verhängnis entgegen. — Auch ist noch zu bemerken, dass unser Gedicht gleich der ThS. nichts von einem Trunke erwähnt, mit dem Vølund sein Opfer wehrlos macht (Vkv. Str. 28).

[2]) Es liegt dieser komischen Scene unzweifelhaft das verbreitete Märchen vom Spielmanne, der Menschen und Tiere durch sein Instrument (Flöte, Geige, Harfe) bethört, zu Grunde. Wenn die beiden Flötenspieler sich dabei die Ohren mit Wachs verstopfen, um nicht selbst der Gewalt ihrer Instrumente zu erliegen, so erinnert dies an das Beispiel des schlauen Odysseus. Anlass zur ganzen scherzhaften Episode wird dem Dichter wiederum die ThS. gegeben haben, wo Isung der Spielmann einen Bären (den verkleideten Wildeber) nach seiner Harfe tanzen und so männiglich ergötzen lässt (c. 142).

[3]) Eine Anspielung auf die Tellsage ist bereits Seite 2 in den Versen zu sehen:

„Den besten aller Schützen hat schwer die Zeit gekränkt,
Ihm seinen Ruhm entwendet und ihn an Fremde verschenkt."

diesem erfährt er, dass seine Lieben nicht tot geblieben,
sondern von Helferich erweckt und geheilt worden, die Schwestern aber nachher entflogen seien. Nur der kleine Isang
habe sich von der Mutter losgerissen, um beim Vater zurück-
zubleiben. Da kehrt Wiel. die Hoffnung wieder, Elfenw.
nochmals zu sehen. Er will sich ein Federhemd machen, dem
Könige entfliegen und die Schwestern aufsuchen.

Die Fertigung des Federgewandes kommt wie in der
ThS. zu stande: Eig. muss die Federn herbeischaffen. Da
lädt ihn der Bruder ein, die Schwingen zu erproben, und es
erfolgt die komische Scene von Eigel's derbem Sturze.

Was die Königstochter betrifft, so muss Egill in der
ThS. (c. 76) dem Bruder noch eine Zusammenkunft mit derselben herbeiführen. Die beiden versprechen sich dort gegenseitige Liebe und Treue; Vel. verheisst die Geburt eines
Sohnes, dem die Mutter einstens sagen möge, dass Vel. für
ihn Waffen verborgen habe.

Im SHG. übt der Ring, welchen Wiel. zurückbehalten —
er hat Bath. nur einen ähnlichen zurückgegeben, damit er
ihre Schmach verberge [1] — seine Zaubergewalt nunmehr
naturgemäss auf die Königstochter aus. Sie muss fortan
Wiel. lieben, der ihr befiehlt, seinen Sohn Wittich zu nennen
und der an einem heimlichen Orte wie in der ThS. Waffen
für ihn hinterlegt. [2]

Wiel. schwingt sich nun in seinem Federkleide auf den
höchsten Turm des Palastes (nach ThS.), um von da Neid.
seine Rache zu verkünden. Er thut dies in mit der Vkv.
übereinstimmenden Worten. Die ThS. und das SHG. lassen

---

[1] Während Vel. in der ThS. den Ring, der dort nur ein gewöhn-
licher Ring ist, der Königstochter in Wirklichkeit wieder zurückgibt (s.
ob. ThS., S. 20).

[2] Diese Waffen sind: Mimung, Schild und Harnisch und der Helm
Glimme. Was den letzteren betrifft, so finden wir nur im Gedicht
von den drei Schmieden (Biterolf, ob. S. 47 f.) den Helm Witege's Limme
genannt. Diese Notiz hat hier der Dichter verwertet. (In der ThS.
c. 81 überreicht Vel. später dem herangewachsenen Sohne persönlich
die Waffen, während sie Simr. in 'Wittich Wielandsohn' Wittich nach
der gegebenen Weisung aufsuchen und finden lässt.)

noch den König Eigeln befehle, nach seinem Bruder zu schiessen. · Wiel. aber entfliegt unversehrt, im SHG. zuletzt durch die Tarnkappe geborgen.

Der Schluss dieser Scene endlich stimmt wiederum völlig mit der Vkv. überein:

Der König lässt durch seinen Kämmerer Dankrat sein brauenschönes Kind herbeirufen [1]) und frägt dann die Tochter, ob Wieland's Worte wahr seien. Wir hören die Tiefgebeugte ihre Schande voll Betrübnis bejahen. [2])

In der ThS. verfällt Nid. alsbald in eine Krankheit und stirbt, von einem dritten Sohne Otwin in der Regierung gefolgt (c. 78).

Simrock's Held hat noch vor seinem Scheiden dem Könige, — dessen Siegstein in der Hand — seine baldige Niederlage verkündet. Die Verheissung trifft ein. Rother siegt in einer neuen Schlacht. Neid. aber siecht vor Kummer

---

[1]) „Geh du, mein treuer Kämmrer, Dankrat, geh geschwind
Und heiss mir Bathilden, das brauenschöne Kind,
Her in den Hof zu kommen, dass ich sie fragen mag." (S. 197.)
Vgl. diese Verse mit Vkv. Str. 39:

Upp rístu, þakkráðr,
þræll mínn inn bezti!
bið þú Bǫðvildi
mey ina bráhvítu
ganga fagrvarið
við fǫður rœða.

[2]) „Wohl ist es Wahrheit, König, was du vernommen hast:
Ich kam zu seiner Schmiede, da hat er mich erfasst.
Ich muss von seiner Minne mit einem Kinde gehn:
O wär ich nie geboren! Ich vermocht ihm nicht zu widerstehn."
(S. 198.) Vgl. dazu Vkv. Str. 41:

Satt er þat, Níðuðr!
er sagði þér,
sátu vit Vǫlundr
saman í hólmi
eina ǫgurstund,
æva skyldi;
ek vætr hánum
vinna kunnak,
ek vætr hánum
vinna máttak.

über sein Unglück dahin und stirbt. Um ihm analog der
der ThS. einen Nachfolger zu geben, werden im SHG. noch
die beiden Königssöhne durch Helferich's wunderbare Kunst
ins Leben zurückgerufen. Allein nur der jüngere, Otwin,
wird wieder vollständig geheilt, während das Leben des anderen nur kurze Zeit gefristet werden kann. So wird auch
hier Otwin der Nachfolger des Königs. Bath. aber gebiert
Wittich (ThS. c. 79, Viđga), der nachmals ihre Freude wurde.[1])

III. Zusammenfassung der Quellen.

Als Quellen des SHG. sind nun aufzuzählen:

Die eddische Vkv. bildet eine Hauptquelle der Simrock-
schen Dichtung, welche ihr insbesondere Anfang und Schluss
entlehnt.

Auf die Edda im allgemeinen sind die zahlreichen mythologischen Einflechtungen zurückzuführen.

Die beiden alten Berichte der Vǫlsungasaga und des
Nornagestsþáttr boten Stoff für eine Partie der Siegfriedgeschichte, bezw. die Nornenscene bei Wate's Geburt.

Die ThS. ist jene Quelle, aus welcher der Dichter am
reichlichsten geschöpft hat.

Weiter konnten wir die Vertrautheit des Dichters mit
den altenglischen, altfranzösischen und vor allem mittelhoch-
deutschen Gedichten verfolgen, welche sich mit unserem
Helden befassen. So erkannten wir eine direkte Bezugnahme
auf die Wêlandstrophe in 'Dêors Klage', auf die mhd. Gedichte 'Biterolf' (drei Schmiede) und 'Friedrich von Schwaben',
auf den Anh. z. Heldenb., auf das Lied vom 'Hůrnen Seyfrid'.

Endlich hat Simrock dem deutschen Sagenschatze Märchen
und Sagen entnommen und dieselben teils in überarbeiteter
Form, teils aber auch unverändert (die Kunstprobe der vier
Brüder, die Springwurzel) seiner Dichtung einverleibt.

Dass aber das Ganze so wohl verkettet erscheint, das

---

[1]) Von Wittich's Thaten singt der Dichter in den übrigen Liedern
des 'Amelungenliedes', von denen 'Wittich Wieland's Sohn' sich an unsern 'Wieland der Schmied' anreiht und gleichsam seine Fortsetzung
bildet.

danken wir dem Dichter selbst, dessen eigener Erfindungs-
gabe noch ein gar weites Feld offen geblieben war.

Richard Wagner, 'Wieland der Schmiedt, als Drama entworfen'.[1]) 1849. (WW.).

Nur in den Gesammelten Schriften und Dichtungen von R. W.
III, 178—206, veröffentlicht.[2]) Zweite Auflage, Leipzig 1887.

I. Das Simrock'sche Heldengedicht des Dichters Vorlage.

Schon eine oberflächliche Lektüre von R. Wagner's
'Wieland der Schmiedt' lässt das Abhängigkeitsverhältnis
dieses dramatischen Entwurfes zum SHG. erkennen. Der
überaus reiche Stoff, welcher im letzteren aufgehäuft liegt,
erschien Wagner offenbar zu einer Verwertung wohl geeignet
und so kommt es, dass wir in seiner Dichtung gleichsam beständig den Spuren Simrock's folgen. Doch ermangelt die
neue Dichtung auch nicht mannigfacher Änderungen und Um-
gestaltungen gegenüber dem SHG., so dass die Unterscheidung
zwischen des Dichters Vorlage und seiner eigenen Persönlichkeit der genauesten Untersuchung bedarf. Bei Durch-
führung dieser Aufgabe wird uns daher die ausführliche Behandlung des SHG. (sowie dessen zwei Hauptquellen) wesentlich zu statten kommen.

---

[1]) Hier ist insbesondere auf Rud. Schlösser's Abhandlung in
den *Bayreuther Blättern*, 1895, S. 30—64, „*Wieland der Schmiedt. Seine
Entstehung, seine Quellen und seine Bedeutung,*" zu verweisen, die ich
leider erst nach Vollendung dieses Kapitels in die Hand bekam.
Erfreulicherweise decken sich jedoch meine Ausführungen, wo sie sich
mit den seinen berühren, mit diesen im wesentlichen. Besonders hervorzuheben ist an Schlösser's Abhandlung das Kapitel über die Bedeutung der Dichtung, welches vom tiefsten Erfassen der wirklichen und wahren, dem Wieland Wagner's zu Grunde liegenden Idee
zeugt.

[2]) Doch vorher schon in den hauptsächlichsten Grundzügen am
Schlusse des '*Kunstwerks der Zukunft*' mitgeteilt.

II. Untersuchung des Verhältnisses des Dichters zu seiner Vorlage.

α) Wieland's Geschichte bis zu seiner Ankunft am Königshofe. (I. Akt.)

Der Dichter zeigt uns Wiel. in seiner Schmiede an der Meeresküste von Norweg (im Wolfsthale), wo er singend rüstig schafft. Soeben hat er ein Geschmeide für die Frauen seiner Brüder vollendet und überrascht nun diese selbst, welche ihm bei der Arbeit zusahen, mit kunstvoll gearbeiteten Geschenken: Eigel den Schützen mit einem Stahlbogen und Helferich den Arzt mit einem Goldfläschchen für seine Wundsalbe. Aus dem Gespräche, das die Brüder mit einander führen, erfahren wir sodann ihre Abstammung von Wiking und Wachilde, die Bedrängnis ihrer Verwandten (der Nachkommen von Wiking und seiner rechtmässigen Gattin) und die dem Geschlechte der Wikinger nun in Rothar erblühende Stärke.[1]) Für diesen hat darum Wiel. schon das Schwert geschmiedet, mit dem er den Wikingern Sieg erkämpfen wird.

Das bisher Erzählte gibt uns bereits Anlass zur Feststellung einiger wesentlichen Abweichungen vom SHG.[2]) Vor allem finden wir schon einen Zug ausgeprägt, der sich die

---

[1]) Der Dichter liess dies alles Wachilde ihrem Enkel Wiel. berichten, dem sie aus den Wogen erschienen war. Anregung dazu mochte ihm der Vers des SHG. gegeben haben: „Da ward mir unterweges noch manch Geheimnis vertraut" (s. ob. S. 99).

[2]) Denn dass dieses dem WW. als Grundlage diente, dafür fehlt es bereits nicht mehr an sicheren Anzeichen, so die Übernahme der Namensbezeichnungen, insbesondere aber die Übernahme von Helferich's Namen und Kunst, die beide, wie wir wissen, eine Schöpfung Simrock's sind. — Wenn Wagner der Form Rother des SHG. gegenüber die Form Rothar (offenbar nach Rothari gebildet) gebraucht, so steht uns infolgedessen zwar die Annahme offen, dass dem Dichter zunächst nicht die von Simrock vertretene Gestalt der Rothersage (vgl. ob. S. 105, Anm. 4) vorschwebte, sondern die Langobardische Rotharisage (s. Sijmons, § 61). Doch kann dies keineswegs sinnstörend wirken, da beide Sagengestaltungen bekanntlich sich aufs nächste berühren.

ganze Dichtung hindurch verfolgen lässt — das Bestreben nach Vereinfachung der ganzen Handlung.[1])

So treffen wir Rothar als einen Wikinger an, während Rother im SHG. der Sohn eben des Otnit ist, welcher die Wikinger besiegt und die Macht des Nordens an sich gerissen hat. Wagn. liess demzufolge mit der Macht der Wikinger auch ihren Namen auf die Sieger übergehen, kurz, er betrachtet diese fortan als Wikinger, was er um so unbedenklicher thun konnte, als auch in seiner Vorlage Rother Neiding's Feind ist. Fernerhin findet es der Dichter nicht für nötig, dass Wiel. sich wie im SHG. mit seinen Verwandten entzweie; es liegt hier Wieland im Gegenteil das Wohl der Wikinger sehr am Herzen. Hat er doch Rothar bereits das Schwert geschmiedet, das diesem die Herrschaft des Nordens wieder erkämpfen soll.[2])

Noch ein Unterschied:

Wieland's Brüder sind vermählt — nicht mit Walküren wie im SHG., sondern mit Frauen irdischer Art —, Wieland selbst aber ist noch unvermählt.

Man möchte nun auf den ersten Blick hin geneigt sein, die Version des SHG., nach welcher die Liebesangelegenheit der Brüder durch deren Werbung um die drei Schwanjungfrauen ganz einheitliche Lösung findet, als die glücklichere zu bezeichnen. Doch hege ich nicht den geringsten Zweifel darüber, dass Wagner's Version nur der innersten Persönlichkeit des Dichters selbst entsprang und etwa in folgender Weise zu interpretieren ist:

Wieland der Held, der durch seine hohe Kunst alle anderen weit überragt, ist allein dazu berufen, vom Wege der Allgemeinheit abzu-

---

[1]) Wagner benötigt nicht des grossen Apparats, den Simrock noch getreulich von der ThS. übernommen hat; was sich nicht direkt um die Person des Helden bewegt, findet bei ihm nicht Aufnahme.

[2]) Auch die Wahl seiner Geschenke an die Brüder (s. ob.) verrät die Fürsorge Wiel.'s für das Wikingergeschlecht; denn mit ihnen sollen die Brüder einstens den Verwandten im Kampfe beistehen.

weichen und sich ein Weib aus den Lüften zu
freien.[1])

Diese Werbung spielt sich nun folgendermassen ab:

Die Brüder sind noch in ihrem Gespräche begriffen, als
plötzlich drei Schwanjungfrauen vorüberfliegen. Auf Wiel.
macht diese Erscheinung den mächtigsten Eindruck. Ein
sehnsüchtiges Verlangen, solch ein Weib sich aus den Lüften
zu freien, durchdringt ihn. Er kann sich von dem Bilde, das
sich eben seinen Augen geboten hat, nicht losreissen; sein Blick
folgt noch den Kampfjungfrauen, nachdem die Brüder ihn
bereits verlassen haben. Da bemerkt er plötzlich, wie eine
hinter den Schwestern zurückbleibt. Sie scheint ermattet zu
sein; ihm dünkt, dass sie sich gegen den Wind nicht halten
kann. In der That sinkt sie jetzt ins Wasser hinab. Eilends
stürzt sich Wiel. nun in die nasse Flut und rettet die Ohn-
mächtige ans Land. Dort entdeckt er an ihrem Körper, nachdem er die Flügel sorgfältig abgelöst hat, einen Speerstich.
Der Held entbrennt in heisser Liebe zu dem schönen Weibe,
das zuerst erschrickt, als es erwachend sich in der Gewalt
eines Mannes sieht, in dem sie einen Neidinger vermutet.
Doch wie sie die zärtliche Sorge des Helden, der sie bereits
mit Heilkräutern gestärkt hat, wahrnimmt, erwidert sie ge-
rührt seine Liebe.[2])

Konnten wir in dieser Episode wiederum das SHG. als
vorbildlich erkennen, so erzählt weiterhin in Übereinstimmung
mit dem SHG. die Walküre — Schwanhilde [3]) — Wiel. ihre
Herkunft und Geschichte. Wir sehen sie fernerhin gleich
Elfenw. dem Helden ihren Ring reichen, den wir zwar nicht

---

[1]) Näheres kann hier nicht ausgeführt werden, da es in diesem
Abschnitte nur gilt, das Verhältnis des Dichters zu seiner Vorlage klar
zu legen. Darum muss hier die nähere Commentierung von Sätzen
unterbleiben, welche einem Ideenkreise angehören, dem Wagner in
dieser Dichtung besonderen Ausdruck zu verleihen bestrebt war. Mit
dieser Idee befasst sich unten der IV. Abschnitt.

[2]) Im SHG. ist es Helfr., der das Abenteuer mit der verwundeten
Walküre erlebt.

[3]) Die einzige Namensbildung der Dichtung, welche Wagner selbst
angehört.

als Flugring bezeichnen können[1]), der aber doch die gleiche
Eigenschaft Liebe zu erregen, besitzt. Als zweite Eigenschaft
hat ihm der Dichter in der Hand des Mannes die Kraft des
Siegsteins verliehen. Wie im SHG. endlich rät Schwanhilde
Wiel. ihr Federkleid in feste Verwahrung zu nehmen, um ihr
Davonfliegen unmöglich zu machen.

Während nun Wiel. fortgeht, Helferich zu holen, damit
dessen Kunst die Verwundete wieder ganz herstelle, erscheint
Bath. mit ihren Jungfrauen[2]), öffnet die Thür von Wiel.'s
Behausung und zieht den ersehnten Ring vom Baste.

Inzwischen ist auch Gram, Neiding's Marschall, bei
Wiel.'s Schmiede angekommen. An ihm erkennt nun Bath.
bereits zu ihrer Genugthuung die Zauberwirkung des geraubten Ringes; denn der bisher Unzugängliche erklärt jetzt
plötzlich in den feurigsten Worten Bath. seine Ergebenheit.
Diese aber freut sich ihres Erfolges und verspricht dem
Marschall ihre Hand.[3])

Wiel.'s Behausung wird nach Bath.'s Weisung in Brand
gesteckt[4]) und nach ihm selbst von den Leuten des Marschalls gefahndet. Gefesselt schleppen sie ihn herbei.[5]) Doch
der Gefangene zerreisst in rasender Wut seine Bande, als er
beim Anblick seines brennenden Hauses Schwanh. getötet
glaubt. Mit Hilfe seiner herbeieilenden Brüder schlägt er

---

[1]) Darum hängt ihn Wiel. hier ohne jede Vorsichtsmassregel allein
am Baste auf.

[2]) Ihre Runen haben sie hierher gewiesen: „Hierher floh die Verwundete, denn bekannt ist dieser Strand wegen seiner Heilkraft" (s. ob.
S. 98, Anm. 5).

[3]) Diese Scene lässt bereits erkennen, dass das Verhältnis Bath.'s
zu Gram kein so inniges ist wie im SHG. Bath. bietet hier Gram
vielmehr nur aus Selbstsucht, wie wir später erkennen werden, ihre
Hand an.

[4]) Dass Bath. sich im WW. schon vom ersten Augenblicke an als
Wiel.'s Feindin zeigt, erklärt sich aus den Charaktereigenschaften der
Wagnerschen Bath., von denen wir allmählich ein vollständiges Bild ge-
winnen werden.

[5]) Der Marschall richtet nun an Wiel. die Frage nach dem Ur-
sprunge seines Goldes und erhält nach dem SHG. die ansprechende
Ableitung des Goldes von Freia's Thränen zur Antwort (s. ob. S. 101,
Anm. 4).

die Feinde und setzt den Fliehenden ans Meer nach. Dort
stösst er einen gefällten Baumstamm ins Wasser [1] und treibt,
taub gegen die Warnungen der Brüder, zur Verfolgung der
Feinde ab, indem er sich dem Schutze Wachildens anbefiehlt.

β) Wieland's Ankunft bei Neiding und sein Verweilen am Hofe bis zu seiner Lähmung. (II. Akt.)

„Der Mann, welcher auf einem Baumstamm hier gelandet, den der König gastlich aufgenommen und wegen seiner
Schmiedekunst hoch in Ehren hält, dieser Goldbrand, wie er
sich nennt, ist — Wieland." So lautet die Kunde, mit
welcher Bath. ihren Geliebten Gram überrascht. [2]

Wir aber haben zweierlei daraus zu schliessen: erstens,
dass Wiel.'s Ankunft und Aufnahme am Königshofe auf die
bekannte Weise vor sich gegangen ist und zweitens, dass Bath.
auch hier vermöge ihrer Zauberkunst in Goldbrand Wiel. erkannt hat. Sie ist sich weiter gleichfalls wohl bewusst, dass die
Zauberkraft ihres Ringes die Sinne Wieland's verwirrt hat,
so dass er seine Feinde nicht erkennt und nur nach ihrem
Besitze trachtet. Wenn sie aber dennoch Gram auffordert,
den — auf diese Weise — unschädlichen Wiel. zu verderben
und ihm sogar als Lohn dafür sich selbst verspricht, welche
Erklärung lässt sich dafür finden? Wir können auf diese
Frage nur antworten: es ist ihre unersättliche Herrschbegierde,
welche Bath. antreibt, alles daranzusetzen, um den Mann unschädlich zu machen, der ihre hochfliegenden Pläne noch einmal durchkreuzen konnte, wie ihr weitschauender Blick sie
befürchten lassen mochte.

Wie im SHG. Rother an König Neiding Boten sendet,
so treffen auch hier von König Rothar an den Niarendrost [3]
Gesandte ein — Eigel und Helferich, die dem Wikingerspross

---

[1] Wiel. besteigt den nackten Baumstamm, ohne Schätze, — wiederum ein Vereinfachungszug.

[2] Derselbe hat, von Neid. wie im SHG. seiner Würde entkleidet und
verbannt, weil er Wiel. nicht gefangen nahm, bei Bath. Hülfe gesucht.

[3] Im SHG. Niarendrost, Niara dróttinn Vkv. Str. 7², 14², 20².

das Schwert ihres Bruders überbracht haben. [1]) Rothar's Bedingungen sind wie im SHG.: Anerkennung seiner Oberherrschaft und die Hand Bathilden's. [2])

. Neiding sieht nun sein Reich in grösster Gefahr und verspricht deshalb dem Retter aus dieser Bedrängnis die Tochter zum Weibe. Wiel. tritt hervor, bietet dem König zur Abwehr der Feinde ein herrliches Schwert an und macht sich anheischig, für das ganze Heer solch treffliche Waffen zu schmieden, wenn ihm der König zum Lohne die Hand Bath.'s gewähre. [3]) Der König sagt dies zu.

Da erscheint Bath., durch die Ankunft der Boten beunruhigt, und bittet den Vater um eine Unterredung (wie im SHG. nach dem Wettstreit der Schmiede). Sie erzählt von ihrem Ringe, der die Kraft des Siegsteins besitzt. [4]) Auch verrät sie ihm Goldbrand's wahre Persönlichkeit und fordert seinen Untergang [5]) mit der Begründung: „Ziehst du nun zum Streite, und gebe ich dir den Ring, so schwindet der Liebeszauber über Wieland; er erwacht aus der Blindheit,

---

[1]) Brachte es die Version des SHG., nach welcher Wiel.'s Brüder gleich diesem selbst den Verlust ihrer Frauen zu beklagen hatten, mit sich, dass sie sich einer nutzlosen Trauer um die Verlorenen hingaben und unthätig die Hände in den Schoss legten, so berührt es uns hier um so sympathischer, dass Eig. und Helfr. sich nach dem schweren Schlage, der sie im Unglücke des Bruders mitbetroffen, kraftvoll aufgerafft haben, um ohne Zögern Wiel.'s Mission an Rothar zu erfüllen; nicht minder muss die ritterliche Art, in der sie sich des Auftrages an Neid. entledigen, unser Gefallen erregen.

[2]) Wagner hat mit Geschick die Erschlagung König Isang's und Neiding's Gewaltherrschaft als weitere Gründe für Rothar's Vorgehen herangezogen. Rothar erklärt sich so ausserdem als Rächer Isang's und Beschützer der vor Neid. zu ihm Geflüchteten.

[3]) Wiel. weiss natürlich bis jetzt noch nichts von der Ankunft seiner Brüder.

[4]) Dass Bath. sich ohne Wissen des Vaters in den Besitz des zauberkräftigen Ringes gesetzt und ihm bis jetzt keine Mitteilung davon gemacht hat, dies dürfte uns den selbständigen und entschlossenen Charakter der Königstochter deutlicher vor Augen führen, als Worte es zu thun vermöchten.

[5]) Während sie im SHG. den Vater lediglich warnt. Hier aber sucht sie Wiel. auf jede Weise zu verderben (vgl. ob. Scene mit Gram).

und furchtbar wird seine Rache sein: — die Schwerter, die er schmiedet, sie wendet er gegen uns!" Gram dagegen erbittet sie sich zum Gemahl. [1])

Bath.'s Charakter tritt uns in dieser Unterredungsscene am ausgeprägtesten entgegen. Wusste schon Simrock der Königstochter grosse Bedeutung beizulegen, so thut dies Wagner noch mehr. Von grösster Willensstärke, hat sich die Wagner'sche Bath., mit Absicht ein Zauberwissen erworben [2]), um ihre ehrgeizigen Pläne verwirklichen zu können. Die Wurzel aller ihrer Leidenschaften ist die Herrschsucht. Diese wird hier aufs beste gekennzeichnet, wenn Bath. dem Vater, der „einen mächtigen König sich zum Eidam gewünscht", entgegenhält: „Lass' mich die Mächtige sein: ich brauche nur ein Weib zum Manne."

So ist der König durch die Verhältnisse gezwungen, die Heiratspläne der Tochter gut zu heissen; doch beschliesst er im Innern, Gram, dem er misstraut, aus dem Wege zu räumen. [3]) Um sich des scheinbar wieder in Gnaden angenommenen zu entledigen, stellt er ihm seinen Rivalen Wiel. entgegen, den er jetzt mit „Wieland, kluger Schmied" anredet. Als dann Wiel. heftig auffahrend frägt: „Wer nennt mich Wieland?" erwidert der König auf Gram deutend: „Hier ist einer, der dich von Nahe kennt." Bei Gram's Erblicken überkommt Wiel. nach dem Beispiele des SHG. nun die dunkle Erinnerung, diesem schon einmal als Gegner gegenüber gestanden zu sein, ohne dass Gewissheit ihn durchdringen kann. Eigel's und Helferich's plötzliches Erscheinen trägt dazu bei, seine Verwirrung zu vermehren, noch mehr

---

[1]) Im SHG. fordert sie nur Gram's Wiedereinsetzung in sein Amt.

[2]) Dem Vater gegenüber erklärt sie hübsch, dass sie ihr Zauberwissen erworben habe, um ihm den Sohn zu ersetzen, dessen er darben musste. Wir können diese Erklärung als einen sehr glücklichen Gedanken Wagner's bezeichnen, da dadurch zugleich das Fehlen der Königssöhne im WW. aufs beste begründet erscheint.

[3]) Dieses Vorgehen des Königs muss entschieden ein zielbewussteres denn im SHG. genannt werden, wo der König in der That wieder mit Gram ausgesöhnt erscheint und den Liebenden so von neuem der Weg zur Wiederaufnahme ihres Liebesspiels offen steht.

aber Bathilden's Anblick, die besorgt sich den Gegnern ge-
nähert hat. In rasender Eifersucht stürzt er sich plötzlich
auf den Marschall und streckt ihn tot zu Boden. Sein gutes
Schwert hat die Rüstung Gram's durchschnitten.[1]) Zugleich
hat es aber auch die Hand der Königstochter gestreift und
ihren Ring beschädigt. Ausser sich vor Wut fordert nun
Bath. den unverzüglichen Tod Wiel.'s. Doch der König, der
den kunstreichen Schmied nicht missen will, befiehlt nur seine
Lähmung an. Aber Eigel und Helf. versuchen vergebens, den
Bruder vor diesem Schicksal zu bewahren und müssen selbst
fliehen, um ihr Leben zu retten.

So sehen wir in diesen letzten Scenen die entsprechenden
Vorgänge des SHG. stark zusammengedrängt. Während dort
diese Ereignisse einen gemächlichen Verlauf nehmen, folgen
sie hier Schlag auf Schlag, wobei es nur als natürlich erscheinen muss, dass der Dichter dabei nicht genau dieselben
Wege einschlagen konnte, um zum vorgesteckten Ziele zu gelangen.

γ) Wieland's Rache und Flucht. (III. Akt.)

Wiel. weilt gelähmt in seiner Schmiede. Zorn und Rach-
begierde ob der erlittenen Schmach drohen ihn zu verzehren,
am schwersten aber empfindet er die Qual seiner unnatür-
lichen Liebe zu Bath. Und doch hat diese wie im SHG.
dieselbe wohlthätige Wirkung, dass sie aus finsterem Brüten
seinen Geist zu neuem Schaffungsdrange antreibt und ihn also
der Verzweiflung entreisst.

Da erscheint Bath. mit ihrem gebrochenen Ringe in der
Schmiede. Durch ihren Anblick werden in dem unglücklichen Manne von neuem die heftigsten Leidenschaften entfacht. Er möchte sie hassen ob ihrer Mitschuld an seinem
Unglück und macht ihr deswegen Vorwürfe. Allein der

---

[1]) Wiel. hatte zuvor den König um die Rückgabe seines Schwertes
gebeten, um nach dessen Muster die übrigen Schwerter anzufertigen
(ähnlicher Vorgang wie im SHG.). Wir haben hier aber eigentlich mit
zwei 'Mimungen' zu thun, da Rothar's Schwert jedenfalls als nicht
minder tüchtig anzusehen ist.

Ränkevollen gelingt es schliesslich, den Schmied, dem sie die
Erfüllung seiner glühendsten Wünsche in Aussicht stellt,
wieder völlig in ihren Zauberbann zu verstricken. Doch malt
sie ihm die Zukunft nur deshalb so rosig, damit sie seiner
Ergebenheit sicher sei; denn sie weiss gar wohl, welch ge-
fährliches Spiel sie wagt.

Schon mag ihr der Erfolg gewiss erscheinen, da fällt es
Wiel. beim Anblick von Schwanhilden's Ring wie Schuppen
von den Augen. Er hat den Zauber erkannt, der ihn bisher
umfangen hat und droht nun in schrecklichem Wutausbruche
Bath. zu töten. Ihr Ausruf „Dein Weib lebt!" rettet sie vor
seinem Zorne. Seine Gedanken wenden sich nun Schwanhilden zu. Der Schmerz darüber, dass es ihm nicht mehr
vergönnt sei, die Herrliche zu schauen, entlockt ihm den Ver-
zweiflungsschrei: „Furchtbar ist meine Noth! Deine Flügel!
Deine Flügel! Hätt' ich deine Flügel, rüstig durch die
Lüfte flöge ein Held, der seinem Elend sich rächend ent-
schwungen."

Plötzlich arbeitet sich sein Geist zu hohem Entschlusse
empor. Mit Staunen sieht Bath., wie er sich in wachsender
Begeisterung bis zur vollen Höhe seiner Gestalt erhebt. Sie
ruft deshalb: „Der Götter Einer steht vor mir." Doch Wiel.
erwidert: „Ein Mensch! Ein Mensch in höchster Noth! Die
Noth schwang ihre Flügel, sie wehte Begeisterung in mein
Hirn! Ich fand's, was noch kein Mensch erdacht! — Schwanhilde! Wonniges Weib, ich bin dir nah! Zu dir schwing
ich mich auf."

Bath., schon zuvor von seinem ungeheuren Schmerzaus-
bruch aufs tiefste ergriffen, ist nun von der gewaltigen Grösse
seines Geistes ganz überwältigt. Sie möchte ihm zu Füssen
liegen, um ihn zu lieben, doch nicht als Gatten — nur als
Menschen. Der lebhafteste Wunsch, ihre Schuld zu sühnen,
durchdringt sie. Der Held aber verweist sie versöhnt auf
seinen Verwandten Rothar. „Er ist von meinem Stamme!
Sei stolz und glücklich ihm zur Seite, und gebär' ihm frohe
Helden!" In Frieden entlässt er darauf die Gebeugte.

Er selbst macht sich nun ans Werk, die göttliche Idee,
die sich seiner bemächtigt, in die That umzusetzen und ver-

arbeitet die Schwertklingen zu Stahlfedern, so dass diese sich zu einem Flughemd verbänden.

Mitten bei dieser Beschäftigung erblickt er Schwanh. über der Esse schwebend. Die Sehnsucht nach dem Geliebten hat sie hergetrieben. „In den Lüften schweb' ich nah' über dir, dich zu trösten in Jammer und Noth!" — Froh verkündet ihr der Held: „Ich schmiede mir Flügel, du selig' Weib! Auf Flügeln heb' ich mich in die Luft!" Vernichtung lass ich den Neidingen hier, schwinge gerächt mich zu dir!" —

Nicht lange sollte er auf Gelegenheit zur Ausübung seiner Rache warten. Neid. erscheint jetzt mit seinen Hofleuten, um Wiel. bei der Arbeit zuzusehen. Er ist von Wiel.'s Arbeitsfreudigkeit entzückt, und meint, das kraftvolle Wiederaufraffen des Meisters zeige dessen edle, hohe Art; niemand möge darum bei seinem Zorne des Schmiedes spotten (vgl. ob. S. 109, Anm. 2). Doch wie er die verheissenen Schwerter fordert, da weist Wiel. grimmigen Hohnes auf das Stahlhemd, das er jetzt anlegt. Mit gewaltigem Flügelschlage entfacht er das Feuer der Esse, so dass es gegen Neid. und die Höflinge getrieben wird. Umsonst suchen sie zu entrinnen; Wiel. hat die Thüre abgeschlossen. Während er triumphierend und seine Rache laut verkündend emporschwebt[1]), stürzt die Esse über Neid. und den Seinen zusammen.

In diesem Augenblicke stürmen Eig. und Helfr. an der Spitze von Rothar's Heer herbei und Eig. drückt seinen Pfeil auf den sterbenden Neid. ab.

Wiel. aber vereinigt sich am nahen Waldesrande mit Schwanh. zu einem seligen Flug in die Ferne.

An Abweichungen dieses Berichtes von Wiel.'s Rache und Flucht gegenüber dem SHG. sind nun hervorzuheben:

Wir missen Bath.'s Dienerin, welche dort (und ThS.) den ersten Gang in die Schmiede mit dem gebrochenen Ringe macht. Nicht allein in dem schon öfters betonten Vereinfachungssysteme dürfen wir nun den Grund hierfür suchen,

---

[1]) Wie Wiel. im SHG. Neid. triumphierend entgegenruft: „Sieh hier in meinen Händen den guten Siegerstein" (S. 196), so verkündet er in ähnlicher Weise hier: „Der Siegerstein schliesst mir die Flügel im Nacken!"

nein, dieser Schritt der Dienerin wäre im WW. überhaupt unangebracht, weil es Wagner's herrischer und entschlossener Bath. zukommt, den Kampf mit dem Helden, den sie voraussieht, gleich vom Anfang an persönlich auszufechten. Anders die Simrock'sche Bathilde. Dieser ist nicht derselbe, entschlossene Sinn eigen; sie hegt überhaupt keinen Zweifel an der Ergebenheit des Schmiedes in sein Schicksal. Der Hauptunterschied zwischen den beiden Bathilden besteht also darin, dass die Simrock'sche ahnungslos ihrem Schicksale entgegengeht, während die Wagner'sche im vollen Bewusstsein ihres gewagten Schrittes die Schwelle von Wiel.'s Schmiede überschreitet.

Betrachten wir nun die Scene zwischen Wiel. und Bath.!

Von allen mythischen Zuthaten der Vorlage gereinigt, zeichnet die Scene zwischen den beiden Hauptpersonen der Dichtung eine meisterliche Darstellung rein menschlicher Gefühle aus. Machtvoll wirkt es auf uns, wenn wir am Schlusse den ganzen Stolz Bath.'s gebrochen und sie in Demut sich vor dem grossen, unglücklichen Manne neigen sehen. Den Höhepunkt des Ganzen aber bildet die Schilderung, wie im Helden der gewaltige Entschluss reift, ein hehres Werk zu vollbringen, das noch keinem Menschen gelungen ist. Wir würden uns am Dichter aufs schwerste versündigen, wollten wir in der Fertigung des Federhemdes nur ein Schmiedekunststück der schlauen Elfen erblicken (wie ThS. und SHG.). Nein, der Dichter wollte in dieser That gewiss viel Höheres versinnbildlichen (näheres s. unten Abschn. IV).

Schwanhilden's Wiederkehr und der Untergang Neiding's und seiner Höflinge gehören Wagner an.

III. Zusammenfassendes Ergebnis dieser Untersuchung.

Als Ergebnis dieser Untersuchung ist festzustellen:

Das SHG. war für den ganzen Aufbau des WW. vorbildlich. Nicht nur die Hauptmotive, sondern oft auch die kleinsten Züge sind diesem entnommen, wie wir im Verlaufe der Untersuchung beobachten konnten. In der That sind wir bei unserer Quellenforschung nur auf das SHG. gestossen, so

dass wir hiermit zum endgültigen Schluese gelangen, dass das
SHG. die einzige Vorlage des Dichters bildete.

Doch muesten wir in Wagner's Dichtung gar Vieles dem
Dichter selbst zuschreiben. Insbesondere hat er es wohl ver-
standen, das Ganze in Personen und Handlungen zu verein-
fachen und das Entbehrliche wegzulassen, so dass wir den
gewaltigen Stoff der Vorlage in einem bedeutend gekürzten
Rahmen untergebracht finden.

Was die Personen anbelangt, so fehlen im WW. die im
SHG. nicht unbedeutenden Persönlichkeiten des Reigin und
Amilias. Ersterer, dort als Dieb und Gesandter auftretend,
wird hier nicht benötigt, da Wiel. ohne Gut landet und der
König keinen Gesandten absendet, der am letzteren erprobte
Schwerthieb aber trifft hier Gram. Das Fehlen von Bat-
hilden's Dienerin und der Königsöhne wurde bereits be-
gründet. Weiter genügte dem Dichter Rothar als alleiniger
Vertreter des Wikingergeschlechtes; daher keine Erwähnung
von Nordian's Riesensöhnen.

Was die Handlung anlangt, so habe ich bereits
während unserer Untersuchung die gebotene Gelegenheit jedesmal ergriffen, um auf die zahlreichen Verschiebungen und
Verschmelzungen hinzuweisen. Selbst an neuen Versionen
fehlt es nicht. So nimmt insbesondere Wieland's Rache einen
ganz anderen Verlauf. Hier haben nicht unschuldige Königssöhne darunter zu leiden, noch muss Bath. ihre Schuld mit
dem Verluste ihrer Ehre büssen; die Rache erreicht vielmehr
die Person des Königs und die Schar seiner feigen Höflinge,
wie es uns am gerechtesten erscheinen muss[1]), wenn — wir
vom alten dämonischen Charakter der Sage ganz absehen.

Was endlich die Weglassung des Entbehrlichen betrifft,
so schloss der Dichter vor allem die mythischen Züge, welche
Simrock von seinen Quellen nicht nur übernommen, sondern
noch zum Teil behaglich weiter ausgesponnen hat, nach Mög-

---

[1]) Denn das Charakterbild des Königs hat sich gegenüber dem
SHG. nicht verschoben, wenn Neid. auch Wiel. vor der Katastrophe im
allgemeinen glimpflicher zu behandeln scheint. Er kommt aber hier
eben naturgemäss nicht so sehr zur Geltung, weil Bath. immer im Vordergrund steht.

lichkeit aus. So fehlt die Erwähnung von Wieland's abenteuerlicher Lehrzeit, die Siegfriedgeschichte, die Schmiedung des Tischmessers und des dreikantigen Nagels, das Holen des Siegsteins auf wunderbar raschem Pferde, die Eigelscene.[1]) Selbst die Bereitung eines Stahlgefieders dünkt mir einem Schmiedekünstler wie Wiel. angemessener zu sein, als die Schaffung eines Federhemdes.

Dass das Ganze an Vertiefung und Verinnerlichung gegenüber dem SHG. unendlich gewonnen hat, braucht nicht mehr besonders betont zu werden.[2])

IV. Der wahre Grundgedanke der Wagner'schen Dichtung.

War es Simrock in seinem Heldengedichte nur um die Wiedergabe der Sage zu thun, wie sie seine Quellen

---

[1]) Oder sollte der Dichter Eig. seinen Pfeil auf den sterbenden König in Erinnerung an die in der Apfelschussscene für diesen zurückbehaltenen Pfeile abdrücken lassen, da dieser Schuss dem Schützen hier eigentlich erlassen werden könnte?

[2]) Zu diesem Abschnitte habe ich noch nachträglich zu bemerken, dass sich R. Schlösser allerdings nicht dazu entschliessen kann, das (von ihm sehr gering eingeschätzte) SHG. als einzigen Vorwurf Wagner's anzuerkennen; er möchte vielmehr im WW. auch die direkten Spuren der Vkv. erkennen.

So äussert er sich in diesem Sinne:
„Ich möchte annehmen, dass Wagner bei der Abfassung des Wieland die Edda zwar nicht zur Hand, aber doch ungleich deutlicher in der Erinnerung hatte als die Thidrekssaga" (a. a. O. S. 45).

Doch lesen wir bei ihm auch die Worte:
„Auffallend ist es, dass gerade die Änderungen, die Simrock mit der Überlieferung der Edda vornahm, von Wagner stark berücksichtigt worden sind", woran sich allerdings wieder anschliesst: „ebenso auffallend aber andererseits, dass Wagner's Drama im grossen Gange der Handlung entschieden dem Liede der Edda entspricht" (a. a. O. S. 45).

Dürfte nun aber eine Erklärung des Ganzen nicht darin zu erblicken sein, dass eben Wagner's Dichtergenius mit sicherem Blicke den wahren Kern der Sage von all dem minderwertigen Beiwerk auszuscheiden wusste und dass also infolgedessen sein Wieland naturgemäss der ursprünglichen von der Vkv. vertretenen Gestalt der Sage wieder viel näher kommt?

kündeten, so schrieb Wagner dagegen diese Dichtung unter
einem ganz anderen Gesichtspunkte. Wer dürfte aber, diesen
klar zu legen, berufener sein denn der Dichter selbst? Die
Worte, mit welchen er das 'Kunstwerk der Zukunft' beschliesst,
befassen sich nun mit der Sache. Sie lauten:

*„Der Höchstgebildete wie der Ungebildetste, der Wissendste wie
der Unwissendste, der Hochgestellteste wie der Niedergestellteste, der
im üppigen Schosse des Luxus Aufgewachsene, wie der aus dem
unsauberen Neste der Armut Emporgekrochene, der in gelehrter
Herzlosigkeit Auferzogene wie der in lasterhafter Roheit Ent-
wickelte — sobald er einen Drang in sich fühlt und nährt, der
ihn aus dem feigen Behagen an dem verbrecherischen Zusammenhange unserer gesellschaftlichen und staatlichen Zustände, oder aus
der stumpfsinnigen Untergebung unter sie heraustreibt, — der ihn
Ekel an den schalen Freuden unserer unmenschlichen Kultur, oder
Hass gegen ein Nützlichkeitswesen, das nur dem Bedürfnislosen,
nicht aber dem Bedürftigen Nutzen bringt, empfinden lässt, — der
ihm Verachtung gegen den selbstgenügsamen Unterwürfigen (diesen
allerunwürdigsten Egoisten!) oder Zorn gegen den übermüthigen
Frevler an der menschlichen Natur eingiebt, — nur derjenige also,
der nicht aus diesem Zusammenhange des Hochmuthes und der
Feigheit, der Unverschämtheit und der Demuth, daher nicht aus
dem staatsgesetzlichen Rechte, das diesen Zusammenhang ge-
währleistet, sondern aus der Fülle und Tiefe der wahren, nackten
menschlichen Natur und dem unverjährbaren Rechte ihres ab-
soluten Bedürfnisses die Kraft zum Widerstand, zur Empörung,
zum Angriffe gegen die Bedränger dieser Natur schöpft, — der
deshalb widerstehen, sich empören und angreifen muss, und diese
Nothwendigkeit offen und unzweifelhaft dadurch bekennt, dass er
jedes andere Leiden um ihretwillen zu ertragen und, wenn es gilt,
sein Leben selbst zu opfern vermag, — nur der gehört zum
Volke, denn er und alle ihm Gleichen fühlen eine gemeinsame
Noth. Diese Noth wird dem Volke die Herrschaft des Lebens geben,
sie wird es zur einzigen Macht des Lebens erheben. Diese Noth
trieb einst die Israeliten, da sie bereits zu stumpfen, schmutzigen
Lasttieren geworden waren, durch das rothe Meer; und durch das
rothe Meer muss auch uns die Noth treiben, sollen wir, von unserer
Schmach gereinigt, nach dem gelobten Lande gelangen. Wir werden*

*in ihm nicht ertrinken, es ist nur den Pharaonen dieser Welt
verderblich, die schon einst mit Mann und Maus, mit Ross und
Reiter drin verschlungen wurden, — die übermüthigen, stolzen Pharaonen, die da vergessen hatten, dass einst ein armer Hirtensohn
durch seinen klugen Rath sie und ihr Land vor dem Hungertode
bewahrte! Das Volk, das auserwählte Volk, zog aber unversehrt durch das Meer nach dem Lande der Verheissung, das es
erreichte, nachdem der Sand der Wüste die letzten Flecken knech-
tischen Schmutzes von seinem Leibe gewaschen hatte.*

*Da die armen Israeliten mich einmal in das Gebiet der
schönsten aller Dichtung, der ewig neuen, ewig wahren Volks-
dichtung geleitet haben, so will ich zum Abschiede noch den Inhalt einer herrlichen Sage zur Deutung geben, die sich einst das
rohe, uncivilisirte Volk der alten Germanen, aus keinem anderen
Grunde, als dem innerer Notwendigkeit, gedichtet hat."*

Es folgt nun die Erzählung der Wielandsage (vgl. ob.
S. 114, Anm. 2) — durch Simrock's Vermittlung —, der
Bericht vom Fange der Schwanjungfrau, von Wieland's Ge-
fangennahme und Lähmung durch Neiding. Daran knüpft der
Dichter noch folgende Reflexionen:

*„So sass er nun da in seinem Jammer, der kunstreiche Wie-
land, der frohe Wunderschmiedt, gelähmt, hinter der Esse, an der
er arbeiten musste, seines Herrn Reichthum zu mehren; hinkend,
verkrüppelt und hässlich, wenn er sich erhob! Wer mochte das
Mass seines Elendes ermessen, wenn er zurückdachte an seine Freiheit, an seine Kunst, — an sein schönes Weib! Wer die Grösse
seines Grimmes gegen diesen König, der ihm so ungeheure Schmach
angethan!*

*Durch die Esse blickte er sehnend auf zu dem blauen Himmel,
durch den die Schwanenmaid einst geflogen kam; diese Luft war
ihr seliges Reich, durch das sie wonnig frei dahinschwebte, während
er den Qualm und Dunst des Schmiedeheerdes zum Nutzen Neiding's
einathmen musste! Der schmähliche, an sich selbst gekettete Mann,
wie sollte er sein Weib wiederfinden können!*

*Ach! da er doch unselig sein soll auf immer, da ihm doch kein
Trost, keine Freude mehr erblühen soll, — wenn er doch Eines wenigstens gewänne: Rache, Rache an diesem Neiding, der ihn aus nieder-*

trächtigem Eigennutz in so endlosen Jammer gebracht hatte.! Wenn es ihm möglich wäre, diesen Elenden mit seiner ganzen Brut zu vernichten!

Furchtbaren Racheplänen sann er nach, Tag um Tag mehrte sich sein Elend, Tag um Tag wuchs das unabweisbare Verlangen nach Rache. — Wie wollte aber er, der hinkende Krüppel, sich zu dem Kampfe aufmachen, der seinen Peiniger verderben sollte? Ein gewagter kühner Schritt, und er stürzte zum Gespötte des Feindes schmachvoll zu Boden!

„O, du geliebtes fernes Weib! Hätte ich deine Flügel! Hätte ich deine Flügel, um, mich rächend, dem Elende mich entschwingen zu können!"

Da schwang die Noth selbst ihre mächtigen Flügel in des gemarterten Wieland's Brust, und wehte Begeisterung in sein sinnendes Hirn. Aus Noth, aus furchtbar allgewaltiger Noth, lernte der geknechtete Künstler erfinden, was noch keines Menschen Geist begriffen hat. Wieland fand es, wie er sich Flügel schmiedete! Flügel, um kühn sich zu erheben zur Rache an seinem Peiniger, — Flügel, um weithin sich zu schwingen zu dem seligen Eilande seines Weibes!

Er that es, er vollbrachte es, was die höchste Noth ihm eingegeben. Getragen von dem Werke seiner Kunst flog er auf zu der Höhe, von da herab er Neiding's Herz mit tödtlichem Geschosse traf, — schwang er in wonnig kühnem Fluge durch die Lüfte sich dahin, wo er die Geliebte seiner Jugend wiederfand. —

O einziges, herrliches Volk! Das hast du gedichtet, und du selbst bist dieser Wieland! Schmiede deine Flügel, und schwinge dich auf![1]

---

[1] An einer anderen Stelle, in 'Eine Mitteilung an meine Freunde' (*Ges. Schrift.* IV, 250 f.) gibt Wagner ein Gleichnis — das Leben des Riesen Wate —, das er von Simrock's Nornenscene ausgehend schildert. Bekanntlich sollte diese Scene erklären, wie es kam, dass Wate, an Körper ein Riese, an Geist voll Weisheit, kein Held wurde und Simrock führte dies auf die Verschmähung der Gabe „des nie zufriedenen Muthes, der stäts auf Neues sinnet", zurück (s. ob. S. 105).

Was soll ich den Worten des Dichters noch beifügen!
Sie bilden den Schlüssel zur Erkenntnis der Idee, der er in
unserer Dichtung Ausdruck verleihen wollte. Oder sollten
wir uns täuschen, wenn wir Wagner's 'Wieland' den allgemeinen Grundgedanken unterlegen, dass nach des Dichters
innigstem Wunsche der geknechtete menschliche
Geist, gleichwie Wieland sich aus erdrücken-
dem Zustande losgerissen und machtvoll sich zu
freien Höhen erhoben hat, die ihn lähmenden
Bande lösen und zu neuem freien Geistesleben
sich erheben möge?[1] Und ist es nicht der Dichter
selbst, der in Wieland voll Sehnsucht ausruft: „O, könnt'
ich fliegen. In den Lüften freit' ich ein Weib!"[2]

Anmerkung. Es erübrigt mir noch ein kurzer historischer
Rückblick auf R. Wagner's 'Wieland'.
Der 'Wieland' wurde ursprünglich für einen Pariser Opern-
dichter (Gustave Vaez) im Jahre 1849 entworfen, doch wurde der

Wagner beschliesst nun dies Gleichnis mit den Worten:
„Das war das Leben des starken und weisen Riesen Wate: zu ihm
hatte Wiking's Vatersorge den Sohn des sonnigen Meerweibes Wachilde
erzogen, und so wirst du bis auf den heutigen Tag erzogen,
mein deutsches Volk!"
[1] Vgl. dazu auch folgende Stelle im Briefe Wagner's an Uhlig
vom 27. 12. 1849:
„Das Kunstwerk kann jetzt nicht geschaffen, sondern nur vorbereitet werden, und zwar durch revolutionieren, durch zerstören und zer-
schlagen alles dessen, was zerstörens- und zerschlagenswerth ist. Das
ist unser Werk, und ganz andere Leute als wir werden erst die wahren
schaffenden Künstler sein. Nur in dem Sinne fasse ich auch meine be-
vorstehende Thätigkeit in Paris auf: selbst ein Werk, das ich für dort
schreibe [nämlich unser 'Wieland'] und aufführe, wird nur ein Moment der Revolution, ein Affirmationszeichen der Zer-
störung sein können.
[2] Im übrigen können wir Schlösser's trefflicher Äusserung über
diese Deutung der Wagn. Dichtung nur vollkommen beipflichten: „Das
Werk als solches ist nur eines, seine Deutung aber kann sehr wohl
mehrfach sein, da ja eben in den einen Vorgang und die eine Person
viele andere verdichtet sind" (a. a. O. S. 64).

Zweck einer Aufführung in Paris nicht erreicht (vgl. 'Mittheil. an meine Freunde', Ges. Schrift. IV, 336). Das Stück sollte überhaupt niemals zur Aufführung kommen. Den Grund, weshalb Wagner selbst sein Werk nicht zum Abschlusse brachte, erfahren wir in einem Briefe des Meisters an die Fürstin Wittgenstein vom 8. 10. 50 (s. Briefwechsel zwischen Wagner und Liszt, I, 101). Wagner schreibt: „Sie fragen mich nach meinem Wiland? — Ich bin reicher an Entwürfen, als an Kraft sie auszuführen. So bedarf ich der Helfer, ja mehr als der Helfer, ich bedarf des künstlerischen Busenfreundes, der ganz so — und hoffentlich besser noch wirkt, als ich wirken möchte. Ich ersuche Sie, Liszt zu vermögen, die musikalische Ausführung des Wiland für mich zu übernehmen.

Die Dichtung, in ihrem jetzigen Zustande, und wie ich sie jetzt Ihnen hiermit übergebe, ist das Erzeugniss einer schmerzlichen und tieferregten Begeisterung, in der ich zu Erfindungen getrieben wurde, zu denen ich mir als Künstler glaube Glück wünschen zu können. Sie versetzt mich aber jetzt in eine Zeit zurück, in die ich — nicht mehr zurückversetzt sein mag. Ich kann jetzt das Gedicht nicht weiter ausführen, weder in Versen noch in Tönen: gewänne ich einst die Ruhe dazu, so müsste ich fürchten, auch kalt darüber geworden zu sein. So hatte ich mich in der letzten Zeit daran gewöhnt, die Dichtung gänzlich aufzugeben.

Ist dieser Wiland aber im Stande, Liszt beim ersten Bekanntwerden damit so zu begeistern, wie er mich begeisterte, so bitte ich ihn, ihn als sein Eigentum zu betrachten. Meine Dichtung ist vollständig ausgeführt, nichts bleibt an ihr zu thun übrig, als eine einfache Versification, die jeder halbwegs geschickte Versmacher ausführen kann: Liszt wird ihn leicht finden. Da, wo es am wichtigsten war, sind mir auch schon die Verse entflossen. — Weiteres ist mir jetzt unmöglich: schon die Abschrift kostete mir viel Noth."

Liszt schreibt am 3. 1. 1851 an Wagner:

„So gross die Lockung auch für mich ist an Deinem Wiland zu schmieden, so kann ich doch nicht umhin meinen Entschluss, nie und nimmer eine deutsche Oper zu componiren, festzuhalten" (s. Briefwechs. S. 114).

Auch andere Freunde, so Röckel (vgl. *Briefe an A. Röckel. Eingeführt durch La Mara.* Leipz. 1894. S. 77), denen Wagner das Manuskript des 'Wieland' zur Verfügung gestellt hatte, brachten das Werk nicht zur Ausführung.[1]

---

[1] Die Versifikation des WW. wurde später von O. Schlemm unternommen (s. unt. S. 134).

G. Heerbrandt, 'Wieland, der wackere Schmied'.
Nach einer alten Volkssage bearbeitet. 1854.
Ausgabe Schwäb. Hall 1854.

Heerbrandt's Erzählung vom Schmied Wieland ist die
prosaische Wiedergabe der 24 Abenteuer des
SHG. in gleichfalls 24 Kapiteln.[1])

Der Verfasser beginnt jedoch nicht wie das SHG. mit
dem Berichte des Schwanjungfrauenraubes, sondern erzählt
zuerst Wieland's Abkunft.

Kapitel 1 berichtet darum Wiking's Abenteuer mit dem
Meerweib Wachilde und entspricht so Abenteuer 9 (von Str.
25 ab) + Abent. 10 des SHG. Kapitel 2 entspricht den
ersten 4 Strophen des Abent. 11 (Einführung der drei Söhne
Wate's) + Abent. 1 (unter Übergehung der Anrufung der
Göttin Saga).

Von jetzt ab läuft Heerbrandt's Erzählung ganz analog
dem SHG. dahin, natürlich mit Übergehung der bereits geschilderten Partien.

Die Heerbrandt'sche Prosaübertragung des SHG. ist als
eine sehr treue zu bezeichnen.

Abweichungen: Dankrat wird Dankert genannt und
von der Wiederherstellung des Otwin durch Helferich wird
nichts erwähnt.

Endlich unterscheidet sich der Schluss der Erzählung insofern vom SHG., als dort die im SHG. von Wieland selbst
in Aussicht gestellte glückliche Wiedervereinigung der drei
Brüder mit den drei Schwestern [2]) Verwirklichung findet.

---

[1]) Die Ausgabe Heerbrandt's zählt irrtümlicherweise 25 Kapitel.
Weitere Versehen: S. 37 sagt Neid.: „Wieland, dir bleibe ich stets ge-
wogen", statt Goldbrand, da Wieland als solcher noch nicht erkannt ist
und S. 109 (Schwingenprobe Eigel's) wird Eigel fälschlich Helferich genannt.

[2]) Vgl. die Strophen (S. 189):
„Ich will auch Flügel bilden für dich und Helferich:
Gelingt das Werk und trägt es zu unsern Höfen mich,
So nehm ich eine Taube von dort mit zu den Aun:
Die bringt euch eure Ringe, wenn mir die Schwestern sie vertraun.

Der Schluss der Heerbrandt'schen Erzählung lautet:

„Von jetzt an hörte man am Hofe nichts als Seufzer und Klagen und das Reich der Niaren ging seinem Untergang entgegen, denn alles traf ein, wie Wieland es vorausgesehen hatte. Rother siegte in einer blutigen Schlacht und Neiding's Macht war gebrochen. Er siechte dahin und starb in bitterem Gram. Bathilde gebar einen Sohn, der Wittich genannt wurde und ihr Freude, Glück und Schönheit wieder zurückgab. Er wurde später ein grosser Held und verrichtete mit den Waffen seines Vaters Wunder der Tapferkeit. Wieland gelang der Flug zu seiner geliebten Elfenweiss und bald waren die Brüder mit den geliebten Schwestern auf den grünen Inseln vereinigt und lebten fortan in ungestörter Freude und Seligkeit.

Oskar Schlemm, 'Wieland der Schmiedt'. 1875.

(Nach Richard Wagner's Entwurf in dessen gesammelten Schriften und Dichtungen Band III ausgearbeitet.)
Enthalten in 'Drei Dramen zur Composition geeignet'. Mit einer Einführung und einer ästhetischen Studie über das musikalische Drama. Von O. Schlemm, Hannover 1880.

O. Schlemm's 'Wieland der Schmiedt' ist die Versifikation des WW.

Schlemm äussert sich darüber (a. a. O., Einführung, S. 8):

„Ich kannte Richard Wagner's edlen und stimmungsvollen Entwurf zur Dramatisierung der Wielandsage, es drängte mich, ihn in poetischer Form auszuarbeiten. Möchte es mir gelingen, dass der Meister meine Rhythmen zu seinem Drama freundlich und wohlwollend aufnimmt."

Das Schlemm'sche Drama ist nun genau nach Wagner's Entwurf ausgearbeitet, so dass keine Abweichung von demselben anzuführen ist.

Einzige Zuthat des Dichters ist es, wenn er am Schlusse die Schar der Neidinger und Wikinger dem mit Schwanhilde entschwebenden Wieland zurufen lässt:

Auch soll ein Brief euch melden, wie ich die Auen fand,
Und was zu wissen nötig, das mach ich euch bekannt.
Dann fliegt auch ihr hinüber in der drei Schwestern Reich
Und Freude färbt uns wieder die Wangen, die vor Kummer bleich."

Entschwing' dich, Wieland,
Zur Wohnung der Sel'gen!
Wahnfrei gewannst du
Gerechteste Rache;
Wahnfrei gewannst du
Das wonnigste Weib.
Du hast gebeugt,
Was nimmer sich bog,
Und lohtest Brand
Dem brüstenden Luge.
Erlöser, Erlöser
Aus Nacht und Noth,
Heil dir, Heil!

Eine Äusserung Wagner's über die Schlemm'sche Versifikation seines Entwurfes findet sich nicht in seinen Schriften.

Karl Heinrich Keck, 'Die Sage von Wieland dem Schmied'. 1878.

Nach der echten Überlieferung erzählt.
In 'Iduna. Deutsche Heldensagen. Dritter Teil'. Leipzig 1878.

I. Untersuchung der Erzählung.

K. H. Keck's Prosaerzählung der Wielandsage umfasst 12 Kapitel. Diesen schliessen sich noch 'Anmerkungen zur Wielandsage', S. 105—116, an, die der Erzählung gleichsam als Schlüssel dienen und darum auch für die Untersuchung derselben eine Stütze bilden. Durch folgende Untersuchung soll nun eine klare Erkenntnis der Quellen der gesamten Erzählung herbeigeführt werden.

Kapitel 1. Wie die drei Brüder die Walküren fingen.

Mit Simrock ist der Schwanjungfrauenraub an den Anfang der Erzählung gestellt.

Ich halte es für angebracht, gleich eingangs die Auffassung des Erzählers über das Verhältnis der drei Brüder — Schlagfinder, Eigel, Wieland — wiederzugeben. Ist doch zu-

gleich die Einführung derselben und die Begründung ihrer
Künste damit verbunden:

Keck nimmt an, dass die drei kunstreichen Brüder nur die in
drei Persönlichkeiten sich spaltende Einheit des Feuers bezeichnen:
Wieland ist der eigentliche Feuergott. Eigel, der Schütze, ist ein
Gott der feurigen Wärme. Seine Pfeile treffen unfehlbar, aber zu-
gleich erscheint er im Volksbuch vom gehörnten Siegfried [s. Ausg.
r. W. Golther, Halle 1889], in welchem er zum wohlthätigen Zwerge
geworden ist, als heilkräftig und gesundheitspendend. Nicht allzu
gewagt erscheint demnach die Vermutung, dass Eigel ursprünglich
jener Feuergott ist, der vom Sonnenball aus seine nie irrenden
Pfeile sendet und zugleich der Kreatur Kraft und Gedeihen schenkt.
In Schlagfinder dürfte vielleicht die Unwiderstehlichkeit des lodern-
den Feuers dargestellt sein: wenn in dem Grimm'schen Märchen
von den drei Brüdern (N. 124) der geschickte Fechtmeister seinen
Degen in der Art schwingt, dass kein Tropfen des fallenden Regens
ihn berührt, so scheint hierin noch eine Erinnerung daran zu liegen,
dass in der heftigen Feuersglut auch der stärkste Regen spurlos ver-
dunstet (Anmerk. S. 119).

Anmerk. S. 110 heisst es ferner: „Die drei Brüder nennt das
Wölundslied Slagfidr, Eigel, Wieland. Vergleichen wir aber mit
dieser Erzählung das Grimm'sche Märchen von den drei Brüdern
(N. 124), das offenbar nur ein Nachklang des Wölundsliedes ist,
so entspricht der kundige Hufschmied ganz und gar dem Wieland
(denn auch von diesem erzählt Peter Rudbeck — vgl. Rassmann,
Heldensage II, 263 — dass er, wenn ein Ross im vollen Lauf
rannte, Hufeisen unter seine Hufe werfen konnte, so dass sie an
dem Rosse fest sitzen blieben); der Barbier des Märchens aber
scheint unter dem Einflusse des Volkshumors aus dem Heilkünstler
Eigel hervorgegangen zu sein; also bleibt für Slagfidr der unüber-
treffliche Fechtmeister des Märchens, und darnach scheint die Be-
rechtigung vorzuliegen, Slagfidr als Schlagfinder zu deuten."

Diese drei Brüder nun, so beginnt die Erzählung, treten
nach einem Gewitter aus den Wolfsthälern und strecken sich
unter einer Lobeshymne auf den Donnergott behaglich im
Grase nieder, nachdem sie ihre Wolfsfelle darüber ausgebreitet
haben. Aus ihrem Gespräche können wir entnehmen, dass
Wiel. die Wolfsthäler in die Felsen hineingehauen hat, so.

dass sie endlos von einer Grotte in die andere führen und niemand ausser den Brüdern die Irrgänge zurückmessen kann.[1] Sie sprechen ihre Sehnsucht nach liebenden Frauen aus, das einzige Glück, das sie bisher entbehren mussten. Da sehen sie drei Schwäne am Meeresstrande herniederschweben. Alsbald erkennen sie, dass es Walküren sind und springen auf, dieselben zu erjagen. Nach harter Jagd bringen sie die Mädchen ohnmächtig ans Land.[2] Durch Eigel's Bemühen — denn er ist hier der Heilkundige (s. ob.) — schlagen die Kampfjungfrauen bald wieder die Augen auf und flehen um ihre Freiheit. Nicht gewaltsam, wie im SHG., machen die Brüder sie zu ihren Frauen, sondern Eigel spricht zu ihnen: „Entschliesst euch nur, drei Tage bei uns zu bleiben. Verlangt ihr dann eure Schwanenfedern zurück, so sollt ihr frei sein zu ziehen, wohin ihr verlangt."

Kapitel 2. Wie die Walküren sich entschlossen, in den Wolfsthälern zu bleiben.

Der Verfasser ist wiederum Simrock gefolgt, wenn er die drei Schwestern Schwanweiss, Schneeweiss, Elfweiss nennt. Nur ist die Altersstufe in Angleichung an die der Brüder die umgekehrte, so dass hier Elfweiss und Wieland das jüngste Paar bilden. Ferner sind die Walküren wie im SHG. Töchter des Lichtelfenkönigs und der Gunilde (SHG.: Gunhilde).

Am nächsten Morgen schon finden wir die verschiedenen Paare froh geeint und Schwanenweiss, die älteste der Schwestern, erzählt, von Schlagfinder aufgefordert, ihre und der Schwestern Geschichte, wie wir sie aus dem SHG. kennen. Doch berichtet Schwanweiss in etwas abweichender Art

---

[1] Dieser Zug ist aus Rassmann, *Heldens.* II, 258. 269 geschöpft, wo berichtet wird, dass die nordische Sage Wiel. als Baumeister der labyrinthischen Wolfsthäler feiert und die Isländer das Labyrinth durch Wölundshaus übersetzen und dass überall, wo durch Berge weite Irrgänge sich hinziehen, diese in der Volksüberlieferung Wolfslöcher, d. h. ebenso wie die kunstvolle Wohnung Wiel.'s heissen (nach Anm. des Verfassers, S. 106).

[2] Wiel. gerät auf dieser Mädchenjagd nicht wie im SHG. in Ran's Netze; er ist vielmehr der erste, der seine Beute ans Land trägt.

über ihre Fluggewande: „Ehe unser Vater auf immer Abschied nahm, offenbarte er Gunilden, dass auch wir Teil hätten an der höheren Lichtnatur, jedesmal nach sieben Jahren würde uns ein neues Federgewand wachsen, aber mit Hilfe des Zauberringes, den er ihr liesse [1]), könnten wir es ablegen und wieder annehmen. Dadurch seien wir fähig, von Wodan zu seinen Schlachtjungfrauen erkoren zu werden.

Während also das SHG. einfach berichtet, dass Gunhilde ihre Töchter jedes siebente Jahr der Flügel beraubte, nahm hier Gunilde den Töchtern die Schwingen mit Hilfe des Ringes. Bewirkte also dort der Ring nur die Anschmiegung der Flügel an die Körper, so lassen sich hier die Flügel nur durch seine Kraft wieder loslösen.

Als die Kunde von der Ermordung ihres Vaters zu Gunilden gedrungen, da gab sie Elfweiss den Ring mit den Worten: „Nun werdet Walküren und rächet an Neid. den Mord eures Ahnen."

Von diesem Kampfe seien sie jetzt zurückgekehrt, schliesst die Erzählerin. [2])

Als Schwanweiss geendet, berichtet Wiel. die Geschichte der Brüder (in Versen, S. 12—34). Seine Erzählung ist gleichfalls dem SHG. nachgebildet. Wir erfahren wie dort ihre Abstammung von Wate, dem Sohne Wiking's und Wachilden's. Selbst die Nornenscene bei Wate's Geburt ist übernommen. Erklärt sie doch am besten Wate's Bemühen, die Söhne alles nachholen zu lassen, was an ihm versäumt wurde.

Wieland's erster Lehrmeister Mime ist hier nicht die Gestalt des SHG., sondern er ist hier ein Zwerg, der alte Pfleger [3]) Siegfried's, „der Wiel. in der Feierstunde gern von Siegfried's Heldentum erzählte, wobei manche Thräne in seinen Bart rannte, wenn er der Kindheit seines Pfleglings gedachte und seines jähen Falls durch Meuchelmord". Drei Jahre unterrichtete er Wiel. in seiner Kunst und gab ihm Lehren der

---

[1]) Im SHG. ist der Ring eine Wiegengabe der Norne an Elfweiss.

[2]) Hier wird nichts von einer Verwundung Schwanweissens berichtet.

[3]) Vgl. *Vols. Saga, ThS.* c. 164.

Weisheit.[1]) Dann aber sandte er ihn nach Hause, als er sein
Ende herannahen fühlte.

Der Vater brachte nun Wiel. nach dem Berge Glockensachsen, unterwegs den Grönasund (ThS. c. 58 Grœnasund)
durchwatend, zu den Zwergen Alberich (SHG. Elberich) und
Goldemar. Nach Ablauf eines Jahres erfolgt wie im SHG.
Wate's Rückkehr mit Wieland's Brüdern.

Wate ist begierig, eine Probe der von den Söhnen er-
lernten Künste zu schauen (nach SHG.). Der beste Künstler
unter ihnen sollte einstens der Obmann der Brüder sein, wenn
der Vater nicht mehr lebe. Denn nach seinem Tode sollten
sie nicht auf seinen Höfen im Lande Nordian's verbleiben,
da dieser mit harter Hand das Volk bedrücke und es hab-
süchtig ausnütze.[2]) An der Südküste Norwegs sei noch eine
freie Gegend, wo sie selbst Herrscher sein werden. Dorthin,
wo grüne Auen am Rande der Felsenberge blühen, mögen sie
mit den Herden und des Hauses Schätzen ziehen.

Bei der nun folgenden Probe (Grimm'sches Märchen
N. 124) beschlägt Wiel. das Ross der Zwerge, Schimming,
während es rasend dahinläuft; Eig. wirft die drei Äpfel in
die Höhe und spiesst sie durch einen Schuss an seinen
Pfeil, Schlagf. aber schwingt sein Schwert so gewandt über
dem Haupte, dass trotz eines niederströmenden Regens kein
Tropfen ihn berührt.

Da auf diese Probe hin der Vater noch keine Entschei-
dung zu treffen wagt, erfolgt eine zweite, an der auch Alberich teilnimmt — die Probe, wie sie das SHG. berichtet und
die dem Grimm'schen Märchen N. 129 entspricht. Wenn
Keck Alberich statt des Elbegast beizieht, so versündigt er
sich dadurch gleichfalls nicht gegen die Sage. Denn ThS.
c. 16 z. B. wird er 'Alfrikr hinn mikli stelari' genannt.

Wiederum getraut sich Wate nicht, einem der Brüder
den Vorrang zuzusprechen und verlässt darauf mit den beiden

---

[1]) In der nordischen Dichtung wird Mime's Weisheit immer her-
vorgehoben, vgl. *PGr.* III². 305 f.

[2]) Charakterzeichnung Nordian's nach ThS., die c. 23 vermeldet,
„er war hart und grimmgemuth und geizig von Gut" [harðr oc grimm-
muðigr oc singiarn af fe] — (nach Anmerk. d. Verf., S. 112).

älteren Söhnen die Zwerge. Wiel. aber bleibt unter den aus
dem SHG. bekannten Bedingungen zurück. Im folgenden
Jahr verunglückt Wate vor dem Berge. Im SHG. wird den
Zwergen an diesem Unfall keine direkte Schuld beigemessen,
hier aber werden sie Wate's Mörder genannt, da sie den Berg
absichtlich nicht vor der bestimmten Zeit geöffnet haben.
Wiel. tötet sie beide (wie ThS.) und verlässt den Berg mit
ihren Schätzen und dem Schwerte des Vaters[1]) auf dem Rosse
Schimming. Nach seiner Rückkehr zu den Brüdern ziehen
sie gemeinsam dem Willen des Vaters gemäss nach den Auen.[2])

So lautet Wieland's Erzählung. —

Die Brüder zeigen nun den Schwestern ihre labyrinthische
Behausung und Wiel. legt, damit auch die Frauen den
Ausgang ins Freie finden können, einen Faden, der ins Freie
führt.[3])

Endlich gesteht noch Elfweiss nach dem Beispiele des
SHG. Wiel. das Geheimnis ihres Ringes. „Nach sieben
Jahren," berichtet sie, „wächst uns von neuem das Schwan-
gefieder. Dann wird die Sehnsucht in uns erwachen, zu fliegen
und wieder in den Lüften zu schweben. Aber du brauchst
dann nur mit diesem Ring die Schwanenfedern von uns zu
lösen, und wir sind wieder wie sterbliche Weiber, treu der
Pflichten gedenkend. Der Ring hat noch eine andere Zauberkraft: Wenn du ihn einmal in den Händen gehalten hast, so
musst du das Weib, das ihn besitzt, lieben, du kannst nicht
von ihr lassen."

---

[1]) Im SHG. hat er das Schwert mitzunehmen vergessen, doch
kommt es auch hier nicht mehr in Erwähnung.

[2]) Im SHG. erzählt Wiel. Neid., er sei nach den Wolfsthälern aus-
gewandert, weil er sich mit Nordian's Sohn Asprian verfeindet habe.
Wir finden also hier denselben Gedanken wieder verwendet, nur dass
hier statt des Sohnes der Vater genannt wird.

[3]) Der Verfasser bemerkt Anm. S. 106, wo er Wiel.'s Wolfsthäler
mit dem Labyrinthe des Dädalos vergleicht: „Ja selbst der Ariadne-
faden, welcher den Theseus durch das Minoische Labyrinth leitet, findet
sich in der niedersächsischen Überlieferung vom Herrn von Stahl wieder,
der sich mit Hilfe eines an den Eingang festgeknüpften Fadens in den
zwischen Münster und Osnabrück gelegenen Hügel hineingewagt habe".
(Rassmann, a. a. O. S. 269).

Wiel. aber schmiedete darauf hin, um den kostbaren Ring sicher zu stellen, noch an demselben Tage 700 goldene Ringe, die dem Elfw.'s täuschend ähnlich waren, und reihte sie an einem Lindenbaste auf.

Kapitel 3. Wie die Schwäne von den drei Brüdern fortflogen.

Nach einem Jahre gebiert eine jede der drei Frauen ein Knäblein, Elfw. den Wittich, Schneew. den Isung (Namensform der ThS.) uud Schwanw. den Wate. Sechs Jahre verfliessen so den Brüdern in ungetrübtem Glücke. Im siebenten regt sich die Sehnsucht zum Fliegen im Herzen der Schwestern, und als eines Tages König Neid. in die Herden der Brüder eingefallen war und diese ihm im Kampfe gegenüberstanden, da benutzten die Frauen die Abwesenheit ihrer Männer zur Flucht. Mit Hilfe des Fadens verlassen sie des Nachts heimlich die Wolfsthäler. Am Ausgange derselben ruft Elfw.: „Der ist nicht fröhlich, der aus dem Walde kommt und die Stätte leer findet." [1]) Sie werfen nun die Linnen ab, ihre Schwanenfedern wachsen. Darauf erheben sie sich in die Lüfte, Gunilde zu sehen und Kriegsschicksal zu treiben.

Am nächsten Morgen finden sich die vom Kampf zurückgekehrten Brüder von ihren Weibern verlassen. Ihr Schmerz darüber ist gross. Doch als Wiel. bemerkt, dass der Ring noch da ist, kehrt ihm die Hoffnung wieder. „Noch ist das Schlimmste nicht geschehen, der Zauberring ist uns erhalten; seine Kraft wird unsere holden Frauen wieder zu uns zurückführen," ruft er aus.

Eig. schritt nun gegen Morgen, Schneew. zu suchen, Schlagf. gegen Abend, ob er nicht Schwanw. fände, Wiel. allein blieb im Wolfsthal und harrte der Rückkehr seines leuchtenden Weibes (s. Vkv. Str. 5).

Neid. aber hatte vernommen, dass Wiel. allein zurückgeblieben sei und glaubte nun die Stunde der Rache gekommen. In der Nacht fuhren die Niaren ab. Genagelt

---

[1]) Vgl. Vkv. Str. 16⁷, ⁸: „Era sá nú hýrr
er or holti ferr."

waren ihre Brünnen, die Schilde blinkten im Mondlichte (s. Vkv. Str. 7. 8).

Wiel. ist mit den Knaben auf der Jagd abwesend. Der Faden, den er loszuknüpfen vergessen hat, führt die Räuber in die Wolfsthäler hinein. Neid. stiehlt nun die Schätze Wiel.'s. Auch den Ring gewinnt er, indem er ihn mit Hilfe eines Messers, das die Norne Bath., seiner Tochter, als Wiegengabe geschenkt, unter den anderen herausfindet.[1]) Bath. hatte ihn gebeten, den Ring mitzubringen, „der die Kraft hat, seinen Träger für alle liebenswert zu machen".

Wiel. vermisst nach seiner Rückkehr einen Teil seiner Schätze und den Ring. Wie Vkv. Str. 11 hat er sich auf sein Bärenfell gesetzt, um die Ringe zu zählen und es kommt ihm dabei gleich dort der Gedanke, dass seine Gemahlin wieder zurückgekehrt sei, aber — seltsam! er kann sich sein leuchtendes Gemahl nicht mehr klar vorstellen, immer dunkler wird es in seiner Seele. Er versinkt in unruhigen Schlummer, und als er erwacht, ist ihm die Vergangenheit in dichten Nebel gehüllt, nur das eine weiss er, dass sein kostbares Kleinod geraubt ist. Angst und Qual erfassen ihn. Den Wunderring muss er wieder haben, es koste, was es wolle. Und er fällt eine Eiche, höhlt sie zum kunstvollen Kahne, birgt darin seine Werkzeuge, seine Kostbarkeiten und Schimming, seinen Hengst, und vertraut sich der See an, nachdem er gefleht hat:

„O Wachilde, meine Ahnfrau, hilf mir, dass ich glücklich über die Fluten zu meinem Kleinod gelange."[2])

Kapitel 4—7. Wie Held Wiel. zu König Neid. kam — Wie die Wette zwischen Wiel. und Ameis ausgetragen ward — Wie Neid. Wiel. von seinem Hof verbannte — Wie Wiel. gelähmt ward.

Nachdem Wieland's Boot 17 Tage lang auf dem Meer

---

[1]) Im SHG. findet das Zaubermesser Bath.'s diese Verwendung bekanntlich nicht, sondern eine Springwurzel leistet diesen Dienst.

[2]) Grosser Unterschied vom SHG.: Dort ist das Rachegefühl das ursprüngliche Motiv, das Wiel. in die See treibt, hier ist es das Verlangen, seinen Ring wiederzugewinnen.

getrieben hat, landet er am 18. Tage (ThS. c. 61: *oc recr XVIII dægr)* an Neid.'s Küste, indem sein Kahn · von Fischern, in deren Netze er geraten war, ans Ufer gezogen wurde. Der herbeigerufene Neid. schwört dem seinem Fahrzeug ·entstiegenen Wiel. auf dessen Bitte „Frieden des Lebens und des Gutes". Dieser kann sich so zur Königsburg begeben, nachdem er noch zuvor heimlich sein Gut vergraben hat.

Über sein Eintreten in die Königsburg berichtet die Erzählung:

„Wiel. aber trat in die Königshalle. Auf dem Throne sass dort König Neid., finster und bleich, die Stirne tiefgefurcht; neben ihm sein Gemahl, die noch immer in Schönheit und Anmut blühende Mechtilde. — Da trat die Königstochter Bathilde ·in den Saal und brachte ihrem Vater in goldenem Becher den Morgentrunk; an dem Arme, der den kostbaren Pokal trug, glänzte in wunderbarem Lichte ein goldener Reif. Wiel. erschrak und nur mit Mühe unterdrückte er einen Schrei. Er erkannte den Becher und den Ring, beide waren sein eigen gewesen; nun wusste er, dass sein Todfeind Neid. vor ihm sässe. Er hätte zuspringen und ihm sein Schwert ins Herz stossen mögen, aber Bath.'s Lieblichkeit umfing mit mächtigem Zauber alle seine Sinne und lähmte den schon erhobenen Arm. Sie zu besitzen, schien ihm die Krone der Glückseligkeit; nicht in ihrer Nähe zu weilen, dünkte ihm Grauen und Finsternis."

Neid. frug nun Wiel., rauh und herrisch: „Wie nennst du dich Fremdling? woher kamst du in dem wunderbaren Stamm an unsere Küste?" Wiel. antwortete: „Ich heisse Elbegast, Goldemars Sohn. Von König Nordian bin ich vertrieben. Nichts führ' ich mit mir als meine Waffen und mein Ross. Aber ich verstehe manche Kunstfertigkeiten und vor allem habe ich Gehorsam gelernt" (vgl. SHG.).

Da nahm ihn der König in seinen Dienst als Mundschenken und Truchsess. Wiel. hatte fortan des Tischgerätes zu hüten.

So diente Wiel. dem Könige täglich bei Tische. Über sein Verhältnis zu Bath. heisst es: „Bath. bemerkte wohl, wie der ·Mundschenk von ihrer Schönheit bezaubert war, und

es gefiel ihr das, aber hochmütig ging sie stets an ihm vor-
über, denn nur von Gestalt und Angesicht war sie ihrer
milden und gütigen Mutter ähnlich, ihre Gemütsart aber glich
mehr dem strengen und finsteren Vater." [1]

Die Ereignisse bei Hof sind dieselben wie in ThS. und
SHG.:

Wiel. lässt ein Messer ins Meer fallen — fertigt in
Ameis' [2]) Schmiede ein ganz ähnliches und einen dreikantigen
Nagel [3]) — muss bei Tische dem König bekennen, dass er
das Messer gemacht hat — der beschämte Ameis dringt auf
eine Wette, wobei Neid. sich für Elbeg. verbürgt. In sieben
mal sieben Tagen soll die Wette ausgetragen werden.

Ameis macht sich sofort an die Arbeit, Wiel. aber lässt
viel Zeit verstreichen (Bath.'s wegen wie im SHG.), findet
dann sein Gut gestohlen und kann auf einem vom König be-
rufenen Thing den Dieb nicht finden. Er fertigt das Bild
des ihm verdächtigen Mannes, Regin's, der als Gesandter abwesend ist und sogleich nach seiner Rückkehr vom König zur
Rede gestellt wird. Regin gebraucht die Ausflucht, seine
schleunige Entsendung zu König Nordian [4]) habe ihn an einer
sofortigen Offenbarung gehindert. Wiel. erhält seine Werk-

---

[1]) Der Verfasser bemerkt zu den Charakteren der Königin und der
Königstochter: „Die Königin des Niarenlandes wird weder in der
Wilkinasaga noch im Wölundslied genannt, doch bezeichnet das letztere
sie mehrfach als listig und boshaft, so dass auch auf ihren Rat die
Lähmung Wiel.'s erfolgt. Ich habe mir hier aus poetischen Gründen
eine kleine Abweichung von der Überlieferung erlaubt, indem ich im
Gegensatz zum finsteren und grausamen Neid. sein Weib als mild und
edel dargestellt habe. Nur dann, wenn die Eltern einander völlig un-
ähnlich sind, erklärt sich in Bath. die Mischung von schlechten und
guten Eigenschaften, die für den Verlauf der Erzählung notwendig ist
(Anm. d. Verf. S. 113 f.).

[2]) Die Form Ameis ist vom Verfasser als die seiner Meinung nach
ursprüngliche gewählt (s. Anm. d. Verf. S. 114).

[3]) Die Deutung dieses Nagels, der in der ThS. zum erstenmal erwähnt wird, sieht der Verfasser darin, dass er ursprünglich als Donner-
keil gedacht ist. Er verrate so die göttliche Natur Wiel.'s (nach Anm.
d. Verf. S. 114).

[4]) Nordian tritt hier Neid. entgegen wie Rother im SHG.

zeuge zurück, die Kleinode aber wandern in die Schatzkammer
des Königs.

Nun fertigt Wiel. das Schwert Mimung (nach dem Re-
zepte der ThS.). „Aber verhüten die Götter," spricht er,
„dass du in die Hand des gierigen und feigen Neid. kommst!"
Darum machte er am nächsten Tage ein anderes Schwert,
das dem Mimung ganz ähnlich war und das Neid. später für
diesen annahm.

Ameis fällt im Wettkampfe. Bald darauf zieht der König
gegen Nordian in den Krieg, der ihm die verlangte Genugthuung für einen Raubzug der Wikinger verweigert hatte.
Nach fünftägigem Marsche (ThS., SHG.), angesichts der Feinde,
fällt es Neid. plötzlich schwer aufs Herz, dass er seinen Siegstein vergessen hat. Niemand kann ihn bis zum nächsten
Morgen herbeiholen als Wiel. auf seinem Schimming. Doch
denkt der treulose König nicht daran, Wiel. den versprochenen
Lohn, die Hand Bath.'s und die Hälfte seines Reiches zu
geben. Er verabredet vielmehr mit dem würdigen Regin einen
Plan, wonach dieser Wiel. bei seiner Rückkehr überfallen und
ihm den Siegstein entreissen soll. Regin bezahlt diese Schur-
kerei mit dem Leben. Der Mimung tötet ihn. Neid. aber
weigert jetzt Wiel. den Lohn mit der Begründung, dass er
ihm „den besten und liebsten seiner Mannen" getötet habe.
Wiel. muss in die Verbannung gehen.

Wiel. ist hier also vom Hofe verjagt worden, ohne als
solcher erkannt zu sein. Für seine schliessliche Erkennung
hat der Verfasser folgende Darstellung:

Neid. erfährt nach Elbegast's Weggang durch Kund-
schafter, dass Schlagfinder und Eigel allein in den Wolfsthälern hausen, Wiel. aber schon lange verschwunden sei.
Da gedenkt der König des kunstvollen Nachens und der
Wunderwerke, die Elbegast vollbracht hat und kommt zu dem
Schlusse, dass Elbeg. wohl Wiel. selber sei. Er redet darüber
mit Bath. und diese spricht: „Sicherlich ist es Wiel. selber
gewesen, der alle diese Wunder vollbracht hat; aber dass er
dir nicht geschadet hat, dafür magst du mir danken. Hast
du nicht bemerkt, wie der arme Narr mit allen Sinnen an
mir hing? ich trage ja den sehnsuchtweckenden Zauberreif,

den er einst in den Wolfsthälern als sein grösstes Kleinod hegte."

Wiel. aber treibt die Sehnsucht nach Bath. zur heimlichen Rückkehr an den Hof (wie im SHG., in der ThS. ist es das Rachegefühl). Verkleidet mischt er sich unter das Küchengesinde und beabsichtigt durch einen Zaubertrunk Neid. und seine Tafelrunde in tiefen Schlaf zu versetzen. Aber Bath.'s Zaubermesser offenbart den Betrug. Da entwendet er es und ersetzt es durch ein nachgemachtes. So gelingt sein Vorhaben. Alle liegen im tiefen Schlafe. Ungehindert dringt er in Neiding's Schlafgemach ein. Aber es dünkt ihm unedel, den Wehrlosen niederzustossen, er ergreift nur einen Becher, der ihm gehört. Er eilt dann zu Bath. Am Rande ihres Bettes sitzend, betrachtet er sie mit Liebe, bis ihn das Morgengrauen verscheucht. Da drückt er einen Kuss auf ihre Lippen und schleicht hinweg.[1]

Am nächsten Morgen entdeckt Bath., dass ihr Messer unecht ist. Neid. prüft nun sein Schwert, und sieht, dass es gleichfalls nicht der echte Mimung ist. [2] Es steht fest, dass Wiel. dagewesen. Neid. bricht darum mit seinen Leuten zu dessen Verfolgung auf. Da in der Nacht frischer Schnee gefallen ist, wird seine Spur entdeckt und er im Schlafe gefesselt. Hohnlachend frägt Neid.: „Wieland oder Elbegast, wie soll ich dich heissen, schlauer Elfensohn? (Vgl. SHG.) Wie gewannst du meine Schätze?" Ihm entgegnet Wiel.: „Nicht entführte ich einen Drachenhort, wie Siegfried auf Granis Rücken. Aber wohl gedenke ich der Schätze, die wir Brüder hatten, als wir heil daheim in den Auen sassen; wer hat uns die geraubt als du, frecher Räuber?" (Vgl. Vkv., Str. 14. 15.)

Als Wiel. in den Palast gebracht wird, ruft Bath. ver-

---

[1] Die Gründe, aus welchen Wiel. des Königs schont, befriedigen nicht. Wozu das Eindringen in Neid.'s Schlafgemach, wenn er sich nur in sentimentaler Träumerei an Bath. satt sehen will. Warum gedenkt er gar nicht des Ringes?

[2] Die Erprobung des (falschen) Mimung erscheint an dieser Stelle unpassend. Hat denn Neid. in der vorausgehenden Schlacht gegen Nordian keine Gelegenheit gefunden, sein Schwert zu erproben?

ächtlich: „Sieh, wie er mit den Zähnen knirscht und wie dem
gleissenden Wurm die Augen funkeln. Durchschneide ihm
an Füssen und Beinen der Sehnen Kraft und setze ihn lahm
auf den einsamen Holm; dort mag er dir schmieden, was du
ihm aufgiebst." (Worte der Königin in Vkv. Str. 17.)[1]

Wiel. aber lässt, ohne zu zucken und ohne einen Klage-
laut das Unvermeidliche über sich ergehen.

Kapitel 8—10. Welche Rache Wiel. nahm —
Wie Eigel an Neid.'s Hof kam — Wie Wiel. sich
ein Federkleid machte und entflog.

Freudlos sass nun Wiel. den langen Winter hindurch in
seiner Schmiede auf dem einsamen Holm und arbeitete für
den König. An Neid., das schwur er sich, wollte er furchtbare Rache nehmen; ihn selbst zu morden, dünkte ihm viel
zu gering, aber das Liebste, was er hätte, sollte ihm genommen werden, dass er ein einsames und ödes Alter hätte.

Mit der Zeit lernte er seine Racheglut im Innern ver-
schliessen und so sprach er einmal zu Neid.: „Herr, ich hatte
dir Übles zugefügt und gerecht war deine Vergeltung" (ThS.,
SHG.). Neid. aber freute sich dieser Rede, die ihm aufrichtig schien und sein Argwohn gegen Wiel. schwand.

Neid.'s Söhne kamen darauf eines Tages zur Schmiede
und baten Wiel., ihnen Pfeile zu schmieden. Wiel. aber
verwies sie auf den nächsten Morgen, an welchem sie, wenn
frischer Schnee gefallen sei, rückwärts schreitend wiederkommen sollten. So thaten sie und kamen am nächsten
Morgen in die Schmiede. Dort eilten sie auf eine Kiste zu,
darinnen viel Geschmeide lag und sie beugten sich hinein, es
zu betrachten. Da liess Wiel. den schweren Deckel hernieder-
fallen und tötete also die Knaben.[2] Wiel. aber verarbeitete

---

[1] Mit Recht hebt Keck hervor: „Viel tragischer wird die Ver-
wicklung, wenn die von Wiel. geliebte hochmütige Königstochter
die verhängnisvolle Aufforderung ausspricht." (Anm. d. Verf. S. 115.)

[2] Keck begründet diese Todesart — Zuschlagen des Deckels —:
In der betreffenden Stelle der Vkv. — [sie lautet: Str. 23 [5]:
Kómu til kistu,
krofðu lukla;

die Beine der Getöteten zu Tischgeräten für seinen Feind und zu Brustspangen für die Königstochter (Vkv.).

Eines Tages wurde der Ring Bath.'s, als sie mit den Gefährtinnen spielte, von einer derselben beschädigt, so dass der Stein herausfiel (SHG.). Sie sandte nun die Magd mit dem Ringe auf den Holm. Allein Wiel. verweigerte die Wiederherstellung des Kleinodes, wenn nicht Bath. selbst mit diesem in die Schmiede käme. Bath. ging also zur Schmiede und Wiel. sprach: „Ich bessere dir so den Bruch am Golde, dass der Ring deinem Vater schöner dünkt als vorher, und dir selber ebenso" (s. Vkv. Str. 27). Und er hiess sie in einem Sessel Platz nehmen. Dieser aber hielt Bath. mit unsichtbaren Banden fest, so dass Wiel. sie umarmen konnte.[1]) Dann fügte er den Stein wieder in den Ring. Aber wie er das Kleinod in die Hände genommen, da wars ihm mit einem Male, als ob er aus schwerem Traume erwacht sei.[2]) Jetzt, da er seinen Wunderring wieder in den Händen hält, taucht plötzlich aus dem Nebel die Erinnerung an die leuchtende

---

opin var illúð,
er þeir i litu.] —

sei allerdings nicht von einem Zuschlagen des Deckels die Rede, allein nach Zügen, die wir so vielfach in deutschen Märchen finden, könne es kaum zweifelhaft erscheinen, dass die Kinder durch das Zuschlagen des Deckels getötet zu denken seien.

[1]) Zu der hier angewandten Ausführungsart bemerkt der Verfasser: „Hinsichtlich der Rache, die Wiel. an Bath. vollzieht, heisst es im Wölundslied Str. 25: „Er überwand sie mit Bier, weil er es besser verstand, so dass sie im Stuhle einschlief." [Ausg. Hildebr. Str. 28:

Bar hann hana biôri,
þvíat hann betr kunni,
svá at hón i sessi
um sofnaði.]

Aber die Berauschung der Königstochter ist ebenso unwahrscheinlich [?], wie sie in dichterischer Beziehung unschön ist; dagegen erinnert das Einschlafen im Stuhle an jenen Zaubersessel, der Hephästos für Hera verfertigt, aus dem sie sich ohne seine Hilfe nicht wieder zu lösen vermag." (Anm. d. Verf. S. 115.)

[2]) Unterschied vom SHG.: Bei Keck tritt die Erkenntnis des Zaubers erst n a c h der Vergewaltigung Bathilden's ein, während sie dort letztere eben herbeiführt; dort also Umarmung aus R a c h e, hier aus L i e b e.

Gestalt seiner Elfweiss empor und die volle, innige Liebe zu
ihr erwacht wieder mit ganzer Stärke. Bath. aber, die ihm
bisher so liebreizend erschienen war, deucht ihm jetzt hassens-
würdig. Umsonst umschlingt ihn weinend die Unglückliche und
bittet ihn, sie jetzt, nachdem sie sein Weib geworden, nicht
zu verstossen. Wiel. antwortet ihr ernst: „Elfw. ist mein einzig teures Weib. Dich, Bath., umfängt jetzt ein ähnlicher
Zauber, wie mich vorher. Aber trage das Schwere, das dir
beschieden ist, zur Busse für das, was du an mir gefrevelt
hast. Geh und sühne deinen Hochmut durch geduldiges
Leiden." — Bath. aber wankte schluchzend in die dunkle
Nacht hinaus.

Von jetzt ab denkt Wiel. nur mehr an Elfw., Wittich
und die lieblichen Auen. Dahin zurückzukehren ist sein ein-
ziger Sinn. Darum fordert er Bath. auf, einen zuverlässigen
Boten zu seinen Brüdern zu senden, der Eigel berichte,
Wiel. bedürfe seiner.[1]) Und Eig. kommt darauf hin mit dem
jungen Isung. Dem Könige gegenüber nennt er sich Helferich, den Nordian vertrieben habe. Er preist seine und
seines Kindes Kunst: „Der Knabe hier singt wunderliebliche
Töne, und ich bin ein Schütz, dessen Pfeil alles, was in den
Lüften fleucht, zu holen vermag."

Neid. aber hasste Isung's Kunst und verwies den Knaben
an Bath., dass er diese aufheitere. Eig. aber sollte vor ihm
eine Probe seines Könnens ablegen. Der grausame Herrscher
zwang den Schützen zum Apfelschuss von dem Haupte des
eigenen Kindes. Nur äusserlich ist er ruhig, als Eig. nach
Gelingen des Schusses gesteht, dass seine übrigen Pfeile
dem Könige selbst gegolten hätten, im Innern aber gedenkt
er den Verwegenen zu strafen.

---

[1]) Zum Erscheinen Eigel's am Hofe bemerkt der Verfasser: „Die
Saga erzählt einfach: In dieser Zeit kam der junge Eigel, Welent's
Bruder, an den Hof König Nidung's, weil Wel. ihm Botschaft gesandt
hatte." [I þenna tima kœmr hinn vngi Egill til hirðar Niðvngs kononga
broðir Velentz. firir þvi at Velent hafði hanom orð sent — Ausg. Unger,
c. 75.] Doch fordert die ganze Sachlage, dass diese Botschaft nur durch
Bath.'s Vermittlung erfolgen kann; dass die eigene Tochter den Vater
verrät, ist sein tragisches Verhängnis." (Anm. d. Verf. S. 116.)

Eig. erzählt nun Wiel. von der Heimat. Drei Schwäne
— die Walküren — umflögen klagend die Wolfsthäler. Wiel.
allein könne sie durch seinen Ring entzaubern. Wiel. bereitet
sich nun zur Flucht. Eig. muss Federn zu einem Vogel-
gewande herbeischaffen und dasselbe dann erproben. Durch
Wiel.'s List fällt er zu Boden. Wiel. ist nun zur Flucht bereit. Bath. kündet er: „Mir ahnt, dass du einen Sohn gebären wirst; an dem sollst du grosse Freude haben. Erziehe
ihn sorgfältig, denn er ist bestimmt, ein grosser Held zu
werden. Du sollst ihn Wittich nennen. Sobald aber der
Knabe Waffen tragen kann, sage ihm, dass sein Vater ein
Schwert geschmiedet hat, wie es keines auf der Welt gibt.
Es ist der Mimung. Auch meinen Hengst Schimming, den
windschnellen, hinterlasse ich ihm. Zum Gedächtnis seines
Vaters aber soll er Hammer und Zange im Wappen führen"
(ThS., c. 76. 81, SHG.).

Am nächsten Morgen erhebt sich Wiel. in die Lüfte.
Auf dem Simse von Neid.'s Gemach sitzend, ruft er mit
Donnerstimme: „Wachst du, Neiding, Drost der Niaren?"
(S. Vkv. Str. 30 [7, 8].) Zitternd spricht dieser: „Wiel., jetzt
seh' ich wohl, dass du ein Albenfürst bist. Aber mich verlangt mit dir zu reden. Ich schlafe nimmer, wonnelos lieg'
ich auf meinem Lager. Immer gedenke ich meiner toten
Söhne" (s. Vkv. Str. 31). Da kündet ihm Wiel. den Mord
seiner Söhne. Weiter ruft er: „Noch ein Geheimnis habe
ich dir zu offenbaren, Neid. Aber zuvor sollst du mir Eide
schwören bei Schiffes Bord und bei Schildes Rand, bei Rosses
Bug und bei Schwertes Ecke, dass du nicht mein Weib
tötest, wenn sie auch dir verwandt wäre und wir hätten ein
Kind in deiner Halle" (s. Vkv. Str. 33, vgl. ob. S. 84).

So erfuhr Neid. die Schande Bath.'s. Wütend befahl
er Eig., nach Wiel. zu zielen, und der Schütze schien getroffen zu haben, da Blut herniederfloss. Aber das Blut kam
nur aus der mit dem Blute der Königssöhne gefüllten Blase,
auf die Eig. nach vorausgegangener Verabredung mit Wiel.
gezielt hatte. Den König befriedigte der Schuss; doch Eig.
bat: „Ich hoffe auch, o Herr, dass dies der Tod Wiel.'s ist,
aber es könnte doch sein, dass er noch eine weite Strecke

flöge. Gib mir dein schnellstes Pferd, dass ich ihn erjage."
Der König gewährte ihm unbedachtsam diese Bitte. Eig.
aber sprengte mit Isung davon — zu den Auen.

Missmutig rief endlich Neid. seinem Knechte Thakrad zu:
„Steh auf und sage Bath., sie möge sich festlich schmücken
und zu mir kommen, um mit dem Vater zu reden" (s. Vkv.
Str. 39).

Als die Tochter schwankenden Schrittes erschien, da
frug Neid.: „Bath., ist das wahr, was Wiel. mir gesagt hat,
dass du auf dem Holme das Weib des Krüppels geworden
bist?" (s. Vkv. Str. 40.)

Bath. aber rief schluchzend: „Es ist wahr, was Wiel. dir
gesagt hat. Ich vermochte ihm nicht zu widerstehen, all mein
Sinnen und Sehnen ist noch auf ihn gerichtet" (s. Vkv. Str. 41).

Wütend stiess der König seine Tochter von sich, dann
aber brach er kraftlos zusammen.

Kapitel 11—12. Wie die Brüder ihre Frauen
wiederfanden — Wie es Neid. und Bath. erging.

Zur Erklärung dieser Kapitel setze ich die Anmerkung
des Verfassers voraus:

*Das Wölundslied schliesst mit den Worten Bath.'s: „Ich
konnte ihm nicht widerstehn, ich vermochte ihm nicht zu wider-
stehn." Aber die Saga erzählt noch weiter, dass Neid. an einer
Krankheit gestorben sei und sein ihn überlebender Sohn Otvin das
Reich in Besitz genommen und Frieden zwischen Wiel. und sich
gestiftet habe durch Vermählung des gelähmten Helden mit seiner
Schwester Bath. Dieser Ausgang ist nach der ganzen Anlage der
Dichtung unmöglich, es ist ein ungeschickter Zusatz eines unpoeti-
schen Kopfes, auch widerspricht er der ausdrücklichen Angabe der
Edda, dass Neid. nur eine Tochter und zwei Söhne gehabt habe
(dieselbe Angabe macht die Hds. A der Sage). Meine Darstellung be-
kümmert sich daher um diesen Schluss der Saga nicht, sondern
gibt in freier Schöpfung in Kap. 11 und 12 einen Ausgang der Erzählung, wie er in der ganzen Anlage der schönen Dichtung angedeutet und begründet zu sein scheint."*

Dieser Bemerkung Keck's habe ich beizufügen, dass die

von ihm durchgeführte Wiedervereinigung der Getrennten ja
bereits im SHG. angedeutet ist. Vgl. ob. S. 133, Anm. 2.

Keck's Erzählung berichtet:

Am Abende desselben Tages erreichte Wiel. noch die
geliebten Auen, um die er drei Schwäne leise, ohne Flügel-
schlag, grosse Kreise ziehen sah. Er entzauberte die Schwestern mit dem Ringe. Eitel Freude zog nun wieder in die
Wolfsthäler ein. Nur Schneew., die noch ihrer Lieben darbte,
wandelte einsam, bis am achten Tage auch Eig. mit Isung
eintraf und so das Glück der Wiedergefundenen den Höhepunkt erreichte.

Wiel. hatte sich kunstvolle Krücken geschaffen, und vergass im Anblicke der rührenden Liebe Elfw.'s seine Mängel.
Rüstig schuf er.

Da entstieg eines Tages Wachilde vor den Augen der
staunenden Brüder und sang ihnen eine rätselhafte Weise:

> *„Stehet wie Felsen*   *wider die Stolzen,*
> *stützt und stärkt*   *die Schwachen und Armen:*
> *fachet das heilige*   *Feuer der Menschheit,*
> *führet zur fernsten*   *Höh sie hinauf.*
> *Wessen die Kraft,*   *des sei die Krone!*
> *Kränzet die Stirn*   *mit der Königsbinde!*
> *Wachilden's Enkel,*   *kämpft als Helden!*
> *hebt als Herrscher*   *das dienende Volk!"*

Die Lösung dieses Rätsels blieb nicht lange aus. Denn
bald darauf wurden die Auenbewohner einer Barke ansichtig,
die auf die Wolfsthäler zusteuerte. Ein Recke, der Niare
Ortewin, entsprang ihr, um den Brüdern die Krone des ver-
waisten Niarenlandes anzutragen. Neid. sei nach langwieriger,
ekelerregender Krankheit gestorben, Bath. aber nehme die
Krone nicht an, sondern weise auf die Brüder in den Auen,
die würdig seien die Krone der Niaren aufzusetzen.

Da gedachten die Brüder der Worte der Ahnfrau und
Wiel. entschied als Obmann: „Eig. ziehe ins Land der Niaren
und herrsche über die eine Hälfte des Volkes, die andere
Hälfte aber wandere hierher nach den Auen, um unter dem
Scepter Schlagfinder's zu leben." — Er aber, der selbstlose

Held, gedachte in Zukunft noch Grosses für die Menschheit zu wirken. Der geliebten Elfweiss verkündet er: „O meine Elfw., ein wunderbar schöner Traum stand vor meiner Seele. Ich hatte Wagen geschaffen, zu denen ich nicht der Kraft der Tiere bedurfte; sie wurden getrieben von Feuer und Wasser, und wenn sie auf eisernen Geleisen dahinschossen, schneller als die Brüder auf dem Eisspiegel des Meeres, so vernahm man ein leises Donnern, und aus dem Kessel, der die Räder trieb, keuchte in mächtigen Stössen der Dampf hervor. Und an eisernem Drahte vermochte ich den Blitz auf Hunderte von Meilen zu entsenden und ihn in Runen schreiben zu lassen, und ich konnte mit den entferntesten Menschen wie mit den Anwesenden sprechen. Das waren Träume, aber, beim Wodan! ich fühle Kraft in mir, sie zu verwirklichen, ich will nicht rasten und ruhen, bis ich der Menschheit diese Flügel verleihe, die mehr für sie wert sind, als das Federkleid, mit dem ich aus dem Niarenland entfloh."

II. Quellenangabe der Erzählung.

Was die Quellen dieser Keck'schen Erzählung betrifft, so äussert sich der Verfasser selbst diesbezüglich in den 'Anmerkungen', S. 119, dass er in seiner Darstellung der Wielandsage bald mehr dem Wölundsliede der Edda, bald mehr dem Abschnitte der Wilkinasaga, der c. 57—79 Wieland den Schmied behandelt, sich angeschlossen habe, zuweilen aber der Volksüberlieferung gefolgt sei, wie sie in Märchen und mündlicher Tradition sich erhalten hat.

Wir sehen somit das SHG. nicht in bestimmter Weise als eine Quelle der Erzählung angeführt. Unsere Untersuchung ergab jedoch unstreitig, dass die vom Verfasser als dritte Quelle angeführte 'Volksüberlieferung, wie sie in Märchen und mündlicher Tradition sich erhalten hat', zum guten Teile bereits im SHG. Ausdruck gefunden hat. Der Verfasser ist überhaupt in so vielen Punkten dem SHG. gefolgt, dass wir dieses unbedenklich als unmittelbares Vorbild und Hauptquelle der Keck'schen Erzählung bezeichnen können. Dabei soll gewiss nicht bestritten werden, dass die Vkv. in höherem Masse noch wie im SHG. hereingezogen wird und auch der ThS.

selbständig Züge entnommen sind (z. B. Charakterzeichnung
des Königs Nordian). Dass ferner noch neue Quellen benutzt
wurden, wie Rassmann's Heldensage (bezüglich der Wolfsthäler) und das Volksbuch vom gehörnten Siegfried (bezüglich der Künste Eigel's), konnte schon aus den Anmerkungen
des Verfassers erschlossen werden. Auf die Grimm'schen
Märchen N. 124. 129 habe ich bereits im SHG. hingewiesen.

Philipp Allfeld, 'Wieland der Schmied'. 1880.

Oper in 3 Aufzügen. Nach Simrock's gleichnamigem Heldengedicht bearbeitet. Musik von M. Zenger. Ausgabe München 1894.

I. Äusseres Verhältnis der Dichtung zur Simrock'schen Vorlage.

Es dürfte zweckdienlich sein, von vornherein das äussere
Verhältnis des Allfeld'schen Operntextes zum SHG. durch
einige der eigentlichen Untersuchung der Dichtung voraus-
geschickte Bemerkungen klar zu legen.

Der Dichter war bestrebt, den ganzen Apparat des SHG.
für seine Dichtung zu verwerten, soweit es sich mit dem ge-
ringen Umfange der letzteren vertrug. Diese Überzeugung
drängt sich dem Leser des Allfeld'schen Operntextes alsbald auf.

Des Näheren ist zu bemerken:

Die Namensbezeichnungen wurden alle wörtlich oder in
unbedeutender Abänderung übernommen. Einzige Ausnahme
bildet die Form Nidung, welche auf die ThS. selbst verweist.
Von den handelnden Personen des SHG. sind Reigin und
Herlinde weggelassen, auch tritt Eigel ohne Isang auf. Die
Personen sind in ihren alten Rollen beibehalten, nur tritt hier
Wachilde, im SHG. die Grossmutter der drei Brüder, als
deren Mutter auf. Dass im übrigen der Dichter trotz mög-
lichst engen Anschlusses an das SHG. manchen Knoten durch-
hauen musste, der dort langsam gelöst wird, kann im Hin-
blick auf die bedeutende Verringerung des Umfanges der
Dichtung gegenüber der Vorlage nur als selbstverständlich
erscheinen.

II. Untersuchung der Dichtung.

α) Die Vorgänge im Wolfsthale (I. Akt).

Wir erblicken den Helden in seiner Schmiede und zwar fertigt er soeben ein Ringlein gleich dem, das Elfweiss, sein geliebtes Weib, ihm gegeben hat. Wohl hundert (im SHG. 700 nach der Vkv.), meldet er, hat er schon geschmiedet, um das Herausfinden des echten unmöglich zu machen und sich so der quälenden Sorge zu entledigen, dass Elfw. ihn wieder verlassen könnte. Denn so lange der Zauberring sein eigen, werden die Schwestern in Liebe bei den Brüdern zurückgehalten und zwingt sie nicht die Sehnsucht zum Fluge nach der Heimat.

Elfw. erscheint nun mit ihrem Söhnchen Wittich. Sie zeigt sich uns als liebende Gattin, voll rührender Hingabe an ihren Gemahl. Von einem bösen Traume gequält, kommt sie, Wiel., der vom Hüfthorn der Brüder zur Jagd gelockt wird, zu bitten, sie nicht zu verlassen, da sie Unheil ahnt.[1] Wiel. gelingt es jedoch, sie zu beruhigen. Glücklich im Besitze solch treuer Liebe eilt er darauf zu den Brüdern. Aus dem Munde der einsam zurückbleibenden Elfweiss vernehmen wir die Geschichte vom Kampfe der drei Schwestern gegen Nidung, von Schwanweissens Verwundung und vom Fange der drei Schwestern durch die drei Brüder, übereinstimmend mit dem SHG.[2] Dann kehren die sie beunruhigenden Gedanken wieder. In der That sollten sich in kurzem ihre schlimmen Ahnungen verwirklichen, — der Überfall erfolgt.

Wir sehen Bathilde in die Behausung Wiel.'s eindringen, um den ersehnten Ring zu rauben. Eine Wünschelrute bezeichnet ihr den rechten, welchen sie sogleich triumphierend ansteckt. Gram erscheint nun mit seinen Mannen, um an den einstigen Walküren Rache zu nehmen und sich Wiel.'s zu be-

---

[1] Ein neues, vom Dichter geschaffenes Motiv, durch welches geschickt auf den kommenden Überfall vorbereitet wird.

[2] Doch ziehen hier die Schwestern zur Rächung des Vaters, nicht des Grossvaters (SHG.) als Walküren in den Kampf.

mächtigen. Doch kommt er nur dazu, Elfw.'s Ermordung anzuordnen, Wiel.'s aber vergisst er, von dem von Bath. jetzt ausgehenden Zauber ganz berückt. Ohne sich des kunstreichen Schmiedes bemächtigt, ja ohne ihn zu Gesichte bekommen zu haben, kehrt er mit der Königstochter, die über die sich so augenscheinlich zeigende Wirkung des geraubten Ringes hochbefriedigt ist, zu den Schiffen zurück. Seine Leute haben noch zuvor Brand in Wiel.'s Behausung geworfen.

Wiel. findet so bei seiner Rückkehr Elfw. gemordet und den Ring geraubt. Zorn und Rachewut ergreifen ihn jetzt. Er will dem Feinde sofort nachsetzen. Die heil'ge Esche, „die lange ihm das Haus beschirmt", wandelt er zum Kahne [1]), der ihn „ins Land der gier'gen Wölfe" trage. Wachilden fleht er an:

> „Wachilde, Mutter, hör' mich an,
> Leite den steuerlosen Kahn!"

Eig. und Helf. treffen gerade ein, als Wiel. den Kahn abstösst.

Bemerken wir nun in den geschilderten Scenen gewiss völlige Anlehnung an das SHG., so ist doch auch nicht weniger der Einfluss des WW. in ihnen zu erkennen. Denn an diese Dichtung, die übrigens ja auch auf dem SHG. fusst, hat sich offenbar der Aufbau der Handlung bisher näher angeschlossen als an das SHG. Gleich wie im WW. führt uns der Dichter zu Anfang den Helden in seiner Behausung schmiedend vor Augen. Insbesondere erinnert dann die Überfallsscene an den WW. Wie dort tritt zuerst Bath. auf den Plan und bethört den darauf erscheinenden Marschall durch den Zauber ihres Ringes. Auch Wiel.'s Behausung wird in Brand gesteckt.

Als Abweichungen vom SHG. sind zu verzeichnen:

Der Ring Elfw.'s ist nicht genau mit denselben Eigenschaften behaftet wie im SHG. Nur die eine Eigenschaft,

---

[1]) Im SHG. ist es ein Eichbaum. Die Bezeichnung „heil'ge Esche" verrät Rücksichtnahme auf die Mythologie der Germanen, in welcher der Esche grosse Bedeutung zugemessen wird, s. Simrock, *Handb.*

wonach er Liebe erweckt, ist beibehalten, die andere hingegen
finden wir wesentlich verschoben. Denn der Ring hat nicht
wie dort noch die Verwandlung in Vogelgestalt zu bewirken,
sondern er fesselt hier die Schwestern an die Personen der
drei Brüder, so lange er im Besitze Wiel.'s ist. Nachdem
dieser aber ihn verloren, treibt sie das Geschick zum Fluge
nach der Heimat.

Während also im SHG. das Wiedererblicken ihrer Feder-
gewande den Schwestern die unbezwingbare Sehnsucht zum
Fliegen erweckt — ohne Rücksicht auf die Gatten, so dass
ihre einstige Wiederkehr gar nicht angenommen werden
kann —, treibt sie hier das Geschick[1]) zum Fluge und zwar
wider ihren Willen, nachdem Wiel. des Ringes verlustig gegangen ist. Nichts aber steht ihrer Rückkehr im Wege,
wenn Wiel. den Ring wiedergewonnen hat. In der neuen Dichtung wird also die Wiedervereinigung der Schwestern- und
Brüderpaare von Anfang an ermöglicht und wenn sie am
Schlusse in der That vollzogen wird, so zeigt hierin die Dichtung wiederum näheren Anschluss an WW.

Bath. besitzt hier kein eigentliches Zauberwissen. Den
Ring lässt sie der Dichter vermittelst einer Wünschelrute,
dem Angebinde der Norne, erkennen.

Zwischen Bath. und Gram endlich kann sich hier — wie
im WW. — kein eigentliches Liebesverhältnis entspinnen.
Der Marschall erstrebt zwar, vom Ringe bethört, den Besitz
Bath.'s, diese ist aber jedes tieferen Gefühls bar und denkt
nicht daran, die Wünsche des Marschalls zu erhören. Die
Dichtung geht also hierin noch über den WW. hinaus, wo
Bath. die Heirat mit Gram doch erstrebt, wenn auch nicht
aus idealen Gründen.

β) Wiel. landet an König Nidung's Gestade und
zieht mit ihm gegen König Rotherich in den Krieg
(II. Akt).

Nid.'s Burg steht am Meeresufer. Gram, dessen Inneres
der wogenden See gleicht — denn er ist vom Könige wegen

---

[1]) Vgl. Vkv. Str. 35, 6: en inn niunda
nauðr um skilði.

des missglückten Zuges verbannt worden, und schmachtet
ausserdem tief in den Banden der herzlosen Bath. — irrt
draussen am Meeresufer umher. Trompetengeschmetter versammelt plötzlich den Heerbann des Königs am Meeresufer und Nid. teilt seinen Getreuen eine schlimme Botschaft
mit. Rotherich hat die Hand Bath.'s und Zahlung des ihm
schuldigen Tributs gefordert. Die Mannen begeistern sich für
den Kampf. Da sieht man plötzlich den Kahn Wiel.'s landen;
die Stürme haben ihn auf den Befehl Wachildens, die den
Sohn mit ihren Nixen auf seiner Meerfahrt geleitet, ans Ufer
getrieben. Alle drängen sich um das wunderbare Fahrzeug,
dem nun unser Held entsteigt. Der König und die Seinen
sind von der hoheitsvollen Erscheinung des Fremdlings betroffen. In Nid. regt sich bei seinem Anblick das Begehren,
solch einen Mann in seinen Dienst zu nehmen, und während
Bath. mit Befriedigung die Anziehungskraft ihres Ringes auf
Wiel. wahrnimmt, wittert Gram in ihm den Rivalen und
Feind. Das Auftreten Wiel.'s aber erklärt sich daraus, dass
während seiner Meeresfahrt nach dem Beispiele des SHG.
die Rachegefühle in ihm eingeschläfert wurden und Vergessenheit des in den Wolfsthälern Vorgefallenen bei ihm einge-
treten ist. Ursache ist natürlich Bath.'s Ring. Als der
König jetzt die wiederum aus dem SHG. bekannten Fragen
nach des Fremdlings Begehren, Kunst und Namen stellt, erhält er zur Antwort, dass er Goldbrand heisse und in den
Dienst des Königs zu treten wünsche.

> *„Viel lernte ich, und manche Kunst.*
> *Vor allem weiss ich zu gehorchen."*

(Vgl. ob. S. 102, Anm. 1.)

Der König will seinem neuen Diener zunächst die Pflege
seines Schwertes anvertrauen. Obwohl dieser Dienst nicht so
gering erscheint, wie die Wartung der Tischmesser im SHG.,
unterwirft sich doch der Held nicht demütig wie dort seinem
Amte, sondern Worte, „dass dies nicht der Zeit verlohne",
entströmen seinem Munde. Das Schwert des Königs sei so
minderwertig, wie nicht das geringste von denen, die er in
seinem Kahne berge, spricht Goldbr. und führt den König
und seine Leute zu demselben. Dort verteilt er die dem

Fahrzeug entnommenen Schwerter.[1]) Nid. erhält das beste
derselben. Amilias, den Waffenschmied des Königs, ärgern
die seine Kunst geringschätzenden Worte des Fremdlings.
Er hat seinem Herrn für den Kriegszug gegen Roth. eine
Waffenrüstung gefertigt. An dieser möge Goldbr. sein Schwert
erproben. Die ränkevolle Bath. zwingt nun Gram, sich die
Rüstung anzulegen und gegen Goldbr. Stand zu halten. Sie
und der König hoffen so des Lästigen los zu werden. Gram
fällt durch den Streich Wiel.'s.

Wir sahen nun die geschilderten Ereignisse sich ganz
anders als im SHG. entwickeln und fanden andererseits doch
wiederum alles mit demselben aufs engste verwoben. Es ist
zu bemerken:

Die Verteilung der Schwerter ist dem Dichter eigen;
doch mag er die Idee dazu im WW. aufgegriffen haben, wo
der König von Wiel. die Schmiedung von Schwertern für sein
ganzes Heer verlangt. An WW. erinnert gleichfalls die Art
und Weise, wie Gram aus dem Wege geräumt wird.

Zum Wettstreite der beiden Schmiede ist anzuführen:
Während im SHG. die Hofleute alle auf Seite des Amil.
stehen, ergreift hier ein Teil für Wiel. Partei, dessen Schwert
wie Heimdall's Schwert strahle[2]), und während Wiel. dort
beim Wettkampf keinen Gewinn erstrebt, fordert er hier als
Preis die Hand Bath.'s wie im SHG. für die Herbeiholung
des Siegsteins. Es ist wohl auch nur Anlehnung an die letztgenannte Scene des SHG., wenn der König weiter freiwillig
die Hand seiner Tochter demjenigen der beiden Schmiede
verspricht, dessen Waffe den Sieg erringe, und dann dem
Sieger Wiel. die Erfüllung des gegebenen Versprechens verweigert. Doch begründet er seine Weigerung nicht mit dem
Totschlage des Marschalls und verjagt Wiel. (er nennt jetzt

---

[1]) Verleiht Gram beim Anblicke dieser Scene der Vermutung Ausdruck, der Fremdling möchte Wiel. sein, so fällt ihm Bath. mit Bestimmt-
heit ins Wort: „Ja, er ist's. Mir sagt's mein ahnend Herz." — So erkennt Bath. auch hier zuerst in dem Fremdling Wieland (SHG., WW.).

[2]) Um nur ein Beispiel von den vielen mythologischen Einflechtungen des Dichters anzuführen.

Goldbr. Wieland, da die Waffe den Meister verraten habe)[1] auch nicht aus dem Reiche, sondern will von ihm noch einen zweiten Dienst erzwingen, bevor er ihm die Erfüllung des gegebenen Versprechens zusagt. Der enttäuschte und erboste Wiel. will darob das Land verlassen, der König verwehrt es ihm aber mit seinen Mannen. Bevor es zum Kampfe kommt, gelingt es Bath., den Helden zum Nachgeben zu bewegen und er leistet den vom König geforderten Schwur, „nie den Fuss zur Flucht zu wenden, sei's zu Land, sei's über's wall'nde Meer". [2] Wiel. begleitet darauf den König in den Kampf gegen Rotherich.

So sind denn die Ereignisse, welche sich in der Simrock'schen Vorlage gar langsam abwickeln, derart zusammengedrängt, dass Wiel. gleich vom Landungsplatze weg mit dem König in den Kampf zieht.

γ) Wiel. gewinnt den Ring seiner Gattin wieder und fliegt mit den drei Schwestern in die Heimat zurück (III. Akt).

Die drei Schwestern verliessen das Wolfsthal, nachdem Elfw. von Helfr. wieder erweckt und geheilt worden war. Denn das Geschick trieb sie jetzt, nachdem Wiel. des Ringes verlustig gegangen, nach der Heimat (s. ob.), „die nimmer doch ersetzt, was wir verloren". Sie fühlen sich ganz unglücklich, dass das Geschick sie zur Flucht zwingt und als sie auf derselben durch eine Bucht an die bei den Wolfsthälern befindliche erinnert werden, lassen sie sich dort nieder, um zu rasten. Es ist Nid.'s Gestade.

Bath. erscheint mit ihren Jungfrauen. Sie hat von ferne

---

[1] Vgl. SHG., S. 68.
Nun mich das Schwert verriet,
Was soll ich länger leugnen, dass ich Wieland bin der Schmied?"
[2] Er leistet den Schwur „bei dieses Schwertes Schärfe, bei meines Schildes Rand". (Vgl. Vkv. Str 33: Eiða skaltu mér áðr, etc.) — Dieser Eid muss übrigens eine sehr glückliche Erfindung des Dichters genannt werden, da durch denselben einerseits die Lähmung des Helden der Dichtung entbehrlich gemacht wird, andererseits aber dennoch die Flucht durch die Lüfte aufs beste begründet erscheint.

die Schwanengefieder erblickt und will sie erjagen, um sich
damit bei ihrer Hochzeit mit Roth. zu schmücken, der ihre
Hand als Friedenspreis gefordert hat. Als sie nun in der
Nähe die Walküren erkennt, will sie trotzig dieselben mit Gewalt zurückhalten, doch von einem Schlag Elfw.'s getroffen,
sinkt ihr Arm wie gelähmt herab. Durch diesen Schlag
wird auch ihr der Ring beschädigt, so dass der Stein demselben entspringt. Mit Mühe nur kann sie ihn wiederfinden.
In ihrer Verblendung trägt sie das Kleinod zu Wiel., dass
er es wieder herstelle, wähnt sie den Schmied doch sicher
in ihren Banden zu haben. Doch dem Helden werden beim
Anblick des Ringes die Augen über den bisherigen Betrug
plötzlich geöffnet. Er gedenkt wieder Elfw.'s und ruft sehn-
suchtsvoll nach ihr. Bath. aber hasst er als „den Wurm,
der meines Lebens Kern zernagt". Dieser Hass steigert
sich, je mehr ihm Elfw.'s Verlust wieder zum Bewusstsein
kommt. Er ist nahe daran, seinen Hammer auf Bath. her-
niederschmettern zu lassen. Bath.'s Liebesqual aber, — denn
das Blatt hat sich gewendet, seitdem Wiel. den Ring wieder
sich angesteckt hat, — wächst in demselben Masse. Sie wirft
sich Wiel. zu Füssen und fleht um seine Liebe. Doch der
stolze Mann stösst sie von sich und führt triumphierend die
darob wahnsinnig Gewordene dem Vater und Bräutigam entgegen. Bath. stirbt, als sie plötzlich Elfw. erblickt, die mit
den Schwestern jetzt erscheint, um Wiel. in die Heimat zu-
rückzurufen, nachdem er den Ring wiedergewonnen hat. Auch
Eigel erscheint unter Wachildens Geleit, um den Bruder zu
schützen. Wiel. verkündet nun dem Könige seine bevor-
stehende Flucht. Er hat sich dazu ein Federgewand bereitet.
Im Traume war ihm nämlich eine hehre Frau im Schwanengewande erschienen und von dieser Zeit ab konnte er sich
eines inneren Drängens, das ihn zur Nachahmung eines solchen
Gefieders gemahnte, dessen Geheimnis er in der Vision geschaut hatte, nicht mehr erwehren.[1] Er bereitete sich also
zum Fluge vor.

---

[1] Wir erinnern uns, dass im SHG. der Held in ähnlicher Weise

Als Wiel. sich in die Luft erheben will, erteilt der
König den Befehl, nach ihm zu schiessen, fällt aber selbst
durch einen Pfeilschuss Eigel's. Wiel. aber entfliegt und vereinigt seinen Flug in der Ferne mit den Schwestern.

Wie der Anfang der Dichtung, so erinnert auch der
Schluss derselben an den WW. Der Ring wird wie dort
durch einen Schlag beschädigt, der die Hand Bath.'s berührt.
Wie dort bedroht der empörte Wiel. die Königstochter mit
seinem Hammer, die ihrerseits wiederum Wiel. zuerst Kunde
von der Errettung Elfw.'s gibt, wenn sie ausruft:

„Elfweiss? — Sie lebt, war sie es nicht,
Die mit dem Schwert den Schild mir brach?“

Endlich erscheint auch hier Eig., um seinen Pfeil auf
den König abzudrücken. Wenn aber Wagner die Wiederkehr Schwanhildens etwas unvermittelt in der Sehnsucht nach
dem Gatten begründet, so ist hier diesem Ereignis durch die
dem Ringe verliehene Eigenschaft von vornherein der Weg
geebnet (s. ob.).

III. Rückblick auf die Dichtung nebst Quellen-
besprechung.

Die Hauptabweichung der Allfeld'schen Dichtung vom
SHG. ist wohl die Vermeidung der Lähmung des Helden und
der Entehrung der Heldin (letzteres auch im WW.).

Von den auftretenden Personen tritt uns Bath. gegenüber
dem SHG. in veränderter Gestalt entgegen. Sie ist ein so
eitler und durchwegs seichter Charakter, dass ihr bejammerns-
wertes Ende uns eigentlich wenig zu Herzen geht, während
noch die gleichfalls von Leidenschaften beherrschte Bath. des
WW., nachdem ihr Stolz gebrochen ist, unsere volle Sym-
pathie gewinnt. Die Bath. unserer Dichtung hat nie anderes
erstrebt, als was sie selbst in den Versen ausdrückt:

„Zu bannen aller Männer Sinne,
Dies Glück allein mein Herz begehrt.“ (S. 22.)

— durch das Erscheinen des getreuen Eckart im Traume — zur Schmiedung eines zweiten Mimung aufgefordert wird.

Und als das Unglück der Enttäuschung über sie herein-
bricht, verliert sie darob den Verstand.

Im übrigen hat der Dichter beständig engste Fühlung
mit seiner Vorlage bewahrt.

Wir kommen zum Endergebnis:

Wie sich das SHG. am Anfange und Schlusse vornehm-
lich an die Vkv. anschliesst, sonst aber hauptsächlich der
ThS. folgt, so erkennen wir bei der Allfeld'schen Dichtung
in den Anfangs- und Schlussscenen den Einfluss des WW.
als vorwiegend, im übrigen aber ist die unbestrittene Hauptquelle das SHG. selbst. Dass der Dichter auch die Urquelle
der Wielandsage, die Vkv., nicht ausser Acht gelassen hat, dafür bürgen mehrere im SHG. nicht berührte Stellen. Die
ThS. aber finden wir direkt nur durch die Namensform Nidung
vertreten. Durch zahlreiche mythologische Einflechtungen
endlich erwies der Dichter der alten herrlichen Edda die verdiente Ehrung. Aus dem Ganzen aber waren die Spuren
der eigenen Wirksamkeit des Dichters deutlich ausscheidbar.

August Demmin's Saga-Drama in vier Aufzügen 'Wieland der Schmied'. 1880.
Ausgabe Leipzig 1880.

I. Untersuchung der Dichtung.

α) Der Walkürenfang (I. Aufzug).
[Zeit und Ort der Handlung: 10. Jahrh. — Norwegisches Seegestade.]

Wie in der Keck'schen Erzählung rasten die mit Wolfs-
pelzen bedeckten Brüder nach einem Gewitter im Freien; wie
dort sprechen sie bei diesem Zusammensein ihre Sehnsucht
nach geliebten Weibern aus, als sie mit einem Male drei Walküren herniederschweben und nach Ablegung ihrer Schwanenhemden in der See baden sehen.[1] Hurtig springen die Brüder

---

[1] Die lauschenden Brüder hören dabei Elfenw. die Schwestern
fragen: „Die Nornen-Windelgaben, die Schicksalsringe, die habt Ihr
Schwestern doch gut aufbewahrt? Am Finger? — Ohne ihren Zauber
trägt uns das Kleid nicht mehr." (Vgl. SHG.)

11*

zum Fange der Schildjungfrauen auf, der sich genau an das
SHG. anschliesst.[1]   Die von Neid.'s Speer getroffene
Schwanenweiss wird Helfr.'s, des Heilkundigen, Beute, Eigel
der Schütz gewinnt Schneeweiss und Wiel. der Schmied er-
jagt nach langer Fahrt, bei welcher er beinahe in Ran's Netze
geraten wäre, Elfenweiss, mit welcher vereint ihn seine Grossmutter Wachilde die Oberfläche des Meeres wiedergewinnen
lässt [2] (SHG.).

β) Der Überfall (II. Aufzug).
[Acht Jahre später.   Innerer Raum des Wieland'schen Herrenhofes.]

Eines Abends, als bei schon sehr vorgerückter Stunde
die Brüder noch nicht von der Jagd zurückgekehrt sind, wird
Elfenw., die mit einer Drive (Magd) das Fleisch einer Bärin
zu braten im Begriffe ist, durch das Gebell der Braken schwer
geängstigt.[3]   Ihr ahnt bevorstehendes Unheil.   Trotzdem
heute eine Völve eingekehrt ist und den kleinen Wittich ein-
gesegnet hat, kann sie sich nicht beruhigen. Endlich erscheinen die Brüder, mit Beute reich beladen. Sie schlagen die

---

[1]) Abstammung der Jungfrauen und Ursache ihrer Walkürenlaufbahn sind dieselben wie im SHG.

[2]) Ich führe im folgenden einige Stellen an, welche gewiss deutlich
die Spuren des SHG. an sich tragen:

S. 11. Elfenw. „Hier sollen die Gewässer besonders heilsam sein!"
Vgl. SHG. „Nun hatten wir vernommen", etc., s. ob. S. 98, Anm. 5.

S. 9 (beim Fang). „Der Stimme Schall trägt meilenweit die Welle!
SHG. S. 3. Sie durften nicht reden, denn wohl meilenweit
          Trägt den Schall die Welle . . . .

S. 12. Eig. (über den Lichtelfenkönig): „Ein Schwan, so weiss wie
der Schnee des Abends.   In Eiern zur Welt gekommen also seine Kinder?
Deshalb ihr Sinn aufs Fliegen!"

SHG. S. 13. „Am Abend ward der Elfe ein Schwan so weiss wie
          Schnee,
     Und schwang sich, o Wonne! zu blauer Lüfte See:
     So kamen auch die Töchter in einem Ei zur Welt,
     Und immer war aufs Fliegen ihr kindischer Sinn ge-
          stellt."

[3]) Vgl. SHG. S. 18. „Was soll der Braken Kläffen, der Eule Nacht-
          gekreisch?
Elfweiss ging zur Heerde und briet der Bärin Fleisch."

Warnung Elfenw.'s um so weniger in den Wind, als das Ge-
rücht zu ihnen gedrungen ist, dass Marschall Gram gelandet
und Bath., „das wölfische Weib", bei dem Zuge sei. [1]) Schon
morgen wollen sie sich zur Abwehr rüsten.   Wiel.'s Brüder
gehen nun heim zu ihren Frauen. [2]) Die geängstigte Elfenw.
aber bringt dem Gatten jetzt wieder in Erinnerung, ihr Federkleid wohl zu verwahren [3]) und besonders des Ringes, der
Nornen Wiegengabe, zu hüten: „Von Liebe wird entzündet,
wer jemals ihn an eines anderen Finger sieht; nicht trennen
kann er sich vom Träger des Kleinods und bleibt verfallen
ihm, so lang der Ring des andern Finger ziert!" — „Wenn
eine andere je den Ring erlangte, Du würdest mich vergessen
müssen, armer Freund!" — Wiel. aber sucht sie zu beruhigen.   Er sagt ihr, dass er 300 [4]) ganz gleiche Ringe an
einer Schnur aufgehängt habe, so dass es unmöglich sei, den
echten herauszufinden.

Darauf geht Wiel. ins Freie, um noch an der Küste zu
spähen, Elfenw. aber begibt sich zu Wittich.

Während Wiel. am Strande abwesend ist, dringen die
Feinde in seine Behausung ein. Wackernagel, der Schmied
Neid.'s [5]), ist nach Vergiftung der Hofhunde durch die Esse
eingedrungen und öffnet Gram und seinen Leuten den Eingang.

Gram erteilt nun den Befehl: „Macht alles nieder!

---

[1]) Bathilden charakterisieren folgende Worte: „Bath. bei dem
Zuge? Dann weh den Marken! Die Wölfin ist noch schlimmer als der
Bär! Der Zauberei ist sie beflissen! Jung, bildschön, aber ohne Herz,
dem Mitleid unzugänglich! (vgl. die Keck'sche Bath.).

[2]) Eig. hat einen Sohn Isang, „der auf der Flöte wie sein Vater
spielt, das Wild mit der Pfeife zum Stand lockt, zu wilden Tänzen das
Volk auch" (vgl. SHG.).

[3]) Sie bekennt: „So lieb Du mir geworden schon in der ersten
Nacht, ich müsste wieder folgen der Flügel Zauberkraft, wenn je auf's
Neu mein Aug' die Federn schaute!" (Vgl. SHG.)

[4]) Die gewöhnliche Zahl (nach Vkv.) ist 700.

[5]) Wackernagel ist der Amil. des SHG. Der Name 'Wackernagel'
kommt übrigens auch im SHG. vor und dürfte darum diesem entstammen.
SHG. S. 40. „Ein lichter Glanz vom Amboss ihm entgegen schien:
     Das war der Wackernagel, den Wieland legte dahin."

Noch Weib, noch Kind geschont, so will's der König; Wiel. allein möcht er lebendig haben, damit der Schmied ihm Waffen schmiede zum Niederwerfen seiner Feinde." [1]) Bath. aber, die von der alten Herlinde begleitet ist (Herl. ist hier die Tante Bath.'s und passt ihren Eigenschaften nach völlig zu dieser) [2]), entdeckt die Ringschnur und hängt sich die ganze Kette um, da die Zeit nicht hinreicht, jetzt den echten herauszufinden. Zu Hause wird eine Springwurzel (SHG.) den echten zeigen.

Gram und seine Leute, die mit Plündern beschäftigt sind, werden durch das plötzliche Eintreten der Völve erschreckt. Diese stösst Drohungen gegen die Räuber aus und verkündet insbesondere Bath. ihr Schicksal:

„Dir, entweibte Schlächterin, will ich drei Zauberrunen schneiden! „Liebe ohne Fähigkeit!" — „Brennendes Verlangen ohne Linderung!" — „Hass ohne Genugthuung!" „Die Kette um den Hals da ist dir Sklavenkette!" Der Ring, den Du geraubt, wird dich verderben, statt Männer zu beknechten, wird er zur Kebse des tapferen Schmieds Dich machen. Ja! Und seines Bankerts Mutter!"

Auf allen lasten die drohenden Worte der Völve wie ein Alp; scheu ziehen sie sich vor der Unsterblichen zurück. Die cynische Bath. allein bleibt unbewegt und versucht vergebens die Leute gegen die Alte aufzustacheln. [3])

Wiel. wird jetzt gefesselt herbeigeschleppt und von Gram gefragt, „wo er das sich Gold grabe. Auf wessen Herrn Grund?" Wiel.'s Antwort ist Simrock's Deutung von Freia's Thränen. Dann sprengt der Held seine Fesseln, als er hört, dass ihm Weib und Kind gemordet seien und schlägt die Feinde in die Flucht. Mit Hilfe des herbeigeeilten Eigel treibt er sie, fürchterlich mordend, ans Meer, während Helfr. indes zu

---

[1]) SHG. S. 19: „Da raunt' es: Tötet alles, nur Wielanden schont!"

[2]) Die Völve sagt von den zwei Frauen: „Die Brut ist mir bekannt! Bath. hier die junge Viper, Herl. dort der alte Drachen!

[3]) Wenn wir dabei Bath. im Zorn über Gram's Zurückweichen sagen hören: „Erst jetzt lernt' ich Dich kennen, Du Weib im Panzerhemde! Nicht mein Gemahl; mein Spielzeug sollst Du bleiben", so erinnern uns diese Worte an die Wagner'sche Bath.

Elfenw. und Wittich geeilt ist, um diese durch seine Kunst zu retten.

Der zu Wiel.'s Behausung zurückgekehrte Eig. meldet, dass Wiel. wutschnaubend, gegen jedes Bitten taub, auf schwachem Kahn „ganz allein, begleitet nur von Schwert und Ross", den flüchtigen Mördern nachsetze nach Neid.'s Reich, das er zertrümmern wolle. Eig. selbst will nun „mit seinen Knechten stracks zu Schiffe, Wielanden folgen ins Niaren-land". Helfr. verspricht mit seinen Leuten nachzukommen.[1]

γ) Wiel. holt den Siegstein und erwirbt sich dadurch das Anrecht auf die Hand Bath.'s; seine Erkennung und Lähmung (III. Aufzug).
[Gastsaal auf König Neid.'s Burg.]

Siegreich sind Neid.'s Mannen vom Kampfe gegen Rother zurückgekehrt. Wiel. hat nicht nur den Siegstein rechtzeitig herbeigebracht, wofür ihm der König die Hand Bath.'s versprochen hatte, sondern auch in der Schlacht König Asprian und seine Riesenbrüder erschlagen. Allgemeiner Jubel ob des Sieges herrscht jetzt auf der Königsburg. Bath. allein trauert — um Gram, den Wiel. getötet hat, als er ihm den Siegstein entreissen wollte. In einem Gespräche mit Herlinden verleiht sie dieser Trauer Ausdruck.[2] Und doch könne sie Wiel. nicht zürnen, wie sie es eigentlich wünsche, spricht sie, da „kein Recke zu ihm hinaufreicht an Kraft und kühner Handlung". Doch gewaltsam unterdrückt sie die Stimme ihres Herzens, die für Wiel. spricht.

Wir erfahren ferner aus dem Gespräche der beiden Frauen, dass ausser ihnen niemand bei Hofe Wiel. als solchen kennt (Bath. hat dies Geheimnis durch ihre schwarze Kunst herausgefunden), da er „Haar und Bart verändert zur Burg

---

[1] Wichtiger Unterschied vom SHG.: Hier sind Wiel. und seinen Brüdern die eingefallenen Räuber bekannt, ja, sie wollen einen förmlichen Rachekrieg gegen Neid. unternehmen und sein Reich stürzen.

[2] Bath. trauert also wie im SHG. aufrichtig um Gram. Doch wie stimmt diese Trauer zu ihrer früheren Äusserung über Gram (s. oben S. 166. Anm. 3)?

ging mit falschem Namen (Vicar) dem König zu dienen".
Und Neid. wandte ihm seiner Schmiedekunst wegen seine
Gunst zu und verlieh ihm das Amt des Mundschenken, als
er in der Wettbewerbung mit Wackernagel dessen Panzerhemd mit seinem Schwerte Mimung[1]) durchschnitten hatte.[2])
Über Wiel.'s bisheriges Benehmen aber geben uns die Worte
Herl.'s Auskunft: „Durch den Nornenring ist er für Dich
entbrannt zum rasendwerden und tief verschleiert liegt ihm
jetzt das frühere Leben; vergessen hat er gänzlich Weib und
Kind und schwärmt für deren Mörderin in blinder Leidenschaft!"

An das Gespräch der Frauen reiht sich eine Scene
zwischen Wiel. und Wackernag. Letzterer stösst auf Wiel.,
der sich eben als Werber zu Bath. begeben will und zwingt
ihn im herausforderndsten Tone zu nochmaligem Wettstreite.
Diesmal sei das Haupt des Unterliegenden dem Sieger verfallen, begehrt er. Der Mimung Wiel.'s durchschneidet aber
den Helm Wackern.'s zusamt dem Haupte des unseligen
Prahlers.

Durch diese neue Wildheit Wiel.'s erschreckt, fürchtet
Bath. jetzt noch mehr für ihre Freiheit und entdeckt dem
Vater, um nicht Wiel. zugesprochen zu werden, Vicar's wahren
Namen und warnt ihn vor Wiel. (wie SHG.). Doch ist sie
um das Leben des Helden, den sie sich wider ihren Willen
nicht aus dem Sinne schlagen kann, besorgt: „Mache Wiel.
deshalb unschädlich, — aber schon' sein Leben!" Neid. lässt
nun Wiel. gefangen nehmen und lähmen.[3])

Während Neid. mit seinen Rittern im Königssaale weilt,
ist draussen ein fremder Mann angekommen, der mit seinem
Söhnchen Menschen und Tiere durch Flötenspiel zu wildem

---

[1]) In kurzen Ausdrücken wie „Mime's und der Zwerge Schüler",
„Wieland, Wate's Sohn" wird ausserdem Wiel.'s Abstammung und
Jugendzeit gedacht.

[2]) Später kommt es zu einem zweiten Wettstreite der Schmiede;
Wackern. kann also hier das Panzerhemd nicht getragen haben.

[3]) Nun befriedigt auch dieser Ausgang Bath. nicht, die beständig
mit ihrer heimlichen Zuneigung für Wiel. kämpft: „Gelähmt? Was hab'
ich angerichtet! — So weit sollt's kommen nicht! Nun ist's zu spät!"

Tanze zwingt und davon erst ablässt, als er zum König beschieden wird. Es ist Eigel mit klein Isang. Eigel nennt dem Könige seinen Namen und erklärt, er sei gekommen, weil er von der Erhöhung seines Bruders am Königshofe gehört habe. Neid. aber kündet ihm die Lähmung Wiel.'s und fordert von Eigel den Schwur, „nie Wieland's Schmach zu rächen“ (wie SHG.). Eig. schwört bei des Königs Treue. Nun nimmt ihn Neid. in seinen Dienst und verlangt gleich als Probeschuss den Apfelschuss von Isang's Haupte. Der Schuss gelingt.[1]) Auch zwingt sich der König (auf Zureden der Frauen) Eig. gegenüber äusserlich zu wohlwollender Aufnahme von dessen freimütigem Geständnis, dass er es im Falle eines Fehlschusses auf das Leben des Königs abgesehen hatte.

δ) Wiel.'s Rache und Flucht (IV. Aufzug).
[Schmiede Wieland's.]

Wiel. weilt gelähmt in seiner Schmiede. So stark schmachtet er noch in den Banden Bath.'s, dass er sich selbst einredet, der König habe nur gerechte Strafe an ihm geübt.[2])

Da erscheint Herl. in der Schmiede und bringt Bath.'s Ring, den diese beim Reiten zerbrochen hat. Sogleich erkennt Wiel. den Ring Elfenw.'s und den bisherigen Trug. „Rache! Blutige Rache jetzt!“ tönt's von seinen Lippen. Bath., darauf besteht er, muss selbst kommen, den Ring zu holen.

Nach dem Weggange Herl.'s treten plötzlich Eig. und Helfr. in voller Waffenrüstung in die Schmiede. Eig. ist vom Hofe Neid.'s hinweg wieder nach den Wolfsthälern entflohen und beide Brüder haben jetzt König Rother, der hier als derselbe Raubkönig wie Neid. geschildert wird[3]), zu einem Über-

---

[1]) Die Verse des SHG.: „Den besten aller Schützen“ etc. (s. oben S. 110, Anm. 3) veranlassen offenbar den Dichter, Bath., die in ihren Zauberspiegel geschaut hat, die Worte in den Mund zu legen: „Sonderbar! Dasselbe Bild!... In künftigen Tagen wird ein erfundener, neuer, nie dagewesener Held damit geehrt.“

[2]) In ThS. und SHG. äussert sich der Held bekanntlich heuchlerischer Weise in diesem Sinne dem König gegenüber.

[3]) Wiel. spricht (S. 58): „Rother und Neiding! Mit einem Schlag

fall auf die Königsburg Neid.'s bewogen. Rother mit seinem
Heere und die Brüder mit ihren Knechten sind heimlich ge-
landet und zu nächtlichem Überfall bereit. Wiel. erfährt
weiter von den Brüdern die Rettung von Gattin und Sohn
und wird selbst von Helfr. auf der Stelle geheilt. [1] Die frohe
Botschaft hat ihn wieder froh gemacht. Doch vor seiner
Heimkehr will er noch Rache üben an Neid.'s Söhnen, Neid.'s
Tochter, dann an Neid. selbst.

Die Königssöhne, Geri und Otwin, sind in die Schmiede
zu Wiel. gekommen. [2] Dieser bewegt sie dazu, beim nächsten
Schneefalle rückwärts gehend wiederzukommen und wirft sie
dann in seine Schatzkiste, dass sie darin elendiglich ersticken.

Bath. erscheint jetzt in der Schmiede, um ihren Ring zu
holen. Doch welche Veränderung ist mit der Stolzen vor
sich gegangen! Mächtig wirkt an ihr der Zauber des Ringes,
der nunmehr in Wiel.'s Gewalt ist. Feurig beteuert sie Wiel.
ihre Liebe, der sie scheinbar erwidert, um die Verhasste umarmen zu können.

Der nächtliche Überfall auf die Königsburg ist gelungen,
Neid.'s Recken sind erschlagen, die Burg ist durch Feuer
zerstört. Rother ist im Kampfe geblieben. Der schwerver-
wundete Neid. hat sich zur Schmiede Wiel.'s geschleppt, woselbst Bath. ihre Schande beklagt und der Schmied hohn-

---

zerschmettern solcher Freien Feinde!...Nicht Rache nur, die Pflicht
erheischt es auch! Zu Meer, zu Land, sind's ja beide Räuber. Der
Marken Plage! Ja so mag der eine nun den andern fressen und der
vom Schmause übrig bleibt, soll Mimung da zum Tanz aufspielen mit
Begleitung!"

[1] SHG. S. 185 spricht Eigel:
„Auf deine Füsse stellt dich Bruder Helferich:
Er ist so kunsterfahren, er heilt dich sicherlich."

[2] Um wieder ein Beispiel der wörtlichen Anlehnung an das SHG.
anzuführen, gebe ich wieder: S. 56. Wiel. „So lüstern schon nach Schätzen
wie nach seines Vaters Thron! Die echte Neidings-Brut! Verheissen
und beloben." Vgl. dazu SHG. (S. 162):
Der Elfensohn gedachte wohl im erzürnten Muth:
„Versprechen und Verheissen! O rechte Neidingsbrut!
So lüstern nach Schätzen wie nach dem Königsthron."

lachend Neid. die Kiste öffnet, worin dieser seine gemordeten Söhne erblickt.

Zum Schlusse erscheint wiederum die Völve, deren Voraussagungen nun alle erfüllt sind. Sie wendet sich zu Bath. und Neiding.

„Bathilde! Höre! Drei Runen hatt' ich Dir geschnitten: „Hass ohne Genugthuung!" „Liebe ohne Fähigkeit!" „Brennendes Verlangen ohne Linderung!" Das brennende Verlangen ohne Linderung verbleibt der Tochter Neid.'s — denn Wiel. hat den Ring und — liebt sein Weib — nicht Dich! Das Ende nun!

(Zu Bathilden) Du trägst die Schande!

(Zu Neiding) Naströnd [der Totenküste] bist Du verfallen nach Jahresfrist. Die Völve sieht's und spricht's!"

Wiel. ruft nun: „Zu Schiff! Zu Schiff! Mein Weib, mein Kind erwarten mich!"

Bathilde: „Ich Unglückselige! Er geht und mein Verlangen bleibt."

II. Rückblick auf die Dichtung nebst Quellenbesprechung.

Einfachheit und Klarheit des Aufbaues treten in diesem Drama günstig hervor. Dagegen ist die Einfachheit des sprachlichen Ausdrucks durch allzu starke Beiziehung der Mythologie gestört.

Das SHG. diente durchwegs zur Vorlage. Die einzelnen Abweichungen des Dichters von demselben traten bereits während der Untersuchung zu Tage. Einen wesentlichen Unterschied vom SHG. (und Vkv.) bietet die Dichtung dadurch, dass die Walküren den Brüdern nicht entfliegen.

Der Anfang des Dramas erinnert an den der Keck'schen Erzählung, an den WW. aber erinnert uns einmal die Äusserung Bath.'s, Gram nur als ihren Spielball benützen zu wollen und dann insbesondere der gemeinsame Überfall der beiden Brüder Wiel.'s und König Rother's auf Neid.'s Burg.

Ganz dem Dichter eigen ist die Einführung der Völve, durch deren Weissagungen den Ereignissen der Stempel der göttlichen Vorausbestimmung aufgedrückt wird und deren Rolle am Schlusse als Rachegöttin von wirksamem Eindruck ist.

Zur inneren Gestaltung der Dichtung habe ich noch zu bemerken:

Als ein Widerspruch muss es erscheinen, wenn Eig. im 1. Aufzuge erklärt, s t r a c k s mit seinen Leuten Wiel. ins Land Neid.'s nachfolgen zu wollen, dann aber erst dort eintrifft — ohne Waffengewalt, als wehrloser Spielmann wie im SHG. — wenn die Ereignisse am Königshofe bereits bis zur Lähmung Wiel.'s gediehen sind. Nach nochmaliger Rückkehr nach den Wolfsthälern greift er endlich am Schlusse des Dramas mit Helfr. und Rother den König Neiding an.

Auf den veränderten Charakter Bath.'s — die übrigen Charaktere weichen nicht wesentlich vom SHG. ab — hin-zuweisen, nahm ich bereits während der Untersuchung der Dichtung Gelegenheit. Ich möchte sie jetzt als eine Mischung der Bathilde des SHG., des WW. und der Keck'schen Er-zählung bezeichnen. Ausserdem verleiht ihr der Dichter noch einen neuen Charakterzug dadurch, dass er die Heldenstärke Wiel.'s auf sie solchen Eindruck machen lässt, dass ihr Herz wider ihren Willen sich Wiel. zuwendet und immer schwerer sich beschwichtigen lässt, obwohl ihr ganzer Stolz gegen diese Schwäche sich aufbäumt. Schwere Kämpfe hat sie gegen diese heimliche Leidenschaft zu bestehen, die sie „umgarnt, umschlingt, die Willenskraft ihr lähmt".

Gustav Körner, 'Wieland der Schmied'.
Ein deutsches Drama in fünf Aufzügen 1893.

Die zu Leipzig 1893 erschienene Auflage dieses Dramas ist vollständig vergriffen und es gelang mir nicht mehr ein Exemplar derselben zur Hand zu bekommen. Um so dank-barer begrüsste ich es, dass Herr Körner auf mein Ersuchen hin mir in liebenswürdigster Weise einen kurzen Auszug der Fabel seiner Dichtung zur Einsicht übersandte. So konnte ich wenigstens dann aus diesem Auszug erschliessen, dass auch die Körner'sche Dichtung vom SHG. ihren Ausgang nimmt.

Hauptquelle des Körner'schen Wieland dürfte also wiederum das SHG. sein.

Joseph Börsch, 'Wieland der Schmied'.

Drama in fünf Aufzügen 1895.
Ausgabe Bonn 1895.

I. Der Personenstand der Dichtung; Einführung der Hauptcharaktere.

Der Personenstand der Dichtung ist derselbe wie im SHG.[1]) Nur wenig Abweichendes ist zu berichten:

Die Person des Marschalls Gram fehlt[2]); dafür ist aus einem anderen Teile des Simrock'schen Amelungenliedes Eberwin (Eberwein, Wildeber, s. ob. S. 100, Anm. 1) als der Sohn Schlagfider's übernommen und (mit Keck) nach der Vkv. die Königin (Bertha) als handelnde Person eingeführt.

Die Namensbezeichnungen erlitten dem SHG. gegenüber zum grossen Teile insofern eine Änderung, als sie unmittelbar den Namensformen der alten Berichte angepasst sind. So trägt der eine Bruder Wieland's nach der Vkv. wieder den Namen Schlagfider und so nennen sich die Walküren Alwit, Schneewit, Schwanwit.

Andere Namen werden von der ThS. in engem Anschlusse an die altnordische Form übernommen, so Nidung, Isung, Regin. Ottar wird der jüngere Bruder Otwin's benannt und anstatt der alten Meisterin Herlinde der Königstochter die junge Dienerin Gertrud beigegeben.

Die Hauptcharaktere.

Wieland. Als ein wesentlicher Zug ist an dieser Dichtung die durchgeführte Vermenschlichung von

---

[1]) Doch sei gleich von vornherein darauf hingewiesen, dass als unmittelbare Vorlage dem Börsch'schen Drama die Keck'sche Erzählung diente, wofür der Nachweis erbracht werden wird.

[2]) Mit ihm fehlt so auch das von Simrock geschaffene Liebesverhältnis zu Bath.; statt Gram stirbt durch die Hand Wiel.'s Regin, dem hier jedenfalls nach dem Beispiele der ThS., wo der von Wiel. Getötete der 'dróttseti' des Königs ist, das Truchsessenamt übertragen ist.

Wiel.'s Charakter hervorzuheben. Der Dichter hat seinem
Wiel. das Starre der elbischen Natur genommen, das im
SHG. und in der Keck'schen Erzählung noch deutlich hervortritt; er hat ihn zum Menschen von Fleisch und Blut gemacht, der nicht ausschliesslich von dämonischen Rache-
gelüsten geleitet wird, sondern dessen Herz auch rein menschlichen Regungen zugänglich ist.[1]

Darum kann aufrichtige, nicht allein an den Ring ge-
knüpfte Liebe zu Bath., die hier echte, edle Weiblichkeit
ziert, in sein Herz einziehen. Die Liebe ist so stark, dass
er, obwohl aus seiner Verbannung des Nachts heimlich an
den Hof zurückgekehrt, mit dem Vorsatz den König zu bestrafen und Bath. rücksichtslos den Ring zu entreissen, beim
Anblicke der unschuldsvollen Schläferin es nicht über sich
bringt, derselben das geringste Leid zuzufügen. Bath. behält
seinen Ring, der doch für ihn selbst so unendlich wertvoll
ist und um der Tochter willen schont er auch des Vaters.

Ein weiteres Zeugnis für die Vermenschlichung seines
Charakters:

Als er von den Leuten des Königs aufgegriffen wird und
dieser an ihm eine unerhörte Marter vollziehen lässt, da ver-
schliesst er nicht, wie im SHG. und besonders in der Keck-
schen Erzählung, nach starrer Elbenart den Grimm ob dieser
Frevelthat in seinem Innern, nein er zeigt sich als echtes
Menschenkind, sein ganzes Ich bäumt sich auf gegen eine
solche Vergewaltigung und lieber möchte er sterben als die
Verstümmelung ertragen.

Wirkliches Rachegefühl zieht nach diesem Frevel in sein
Herz ein. Es fallen ihm die Königssöhne zum Opfer; auch
thut er Bath. — nach hartem Seelenkampfe — Schande an.
Doch wird er bei Bath.'s Umarmung nicht weniger von Liebe
denn von Rache durchdrungen, während im SHG. die Liebe
keinen Anteil daran hat. Und später gereut ihn die That,
und er spricht der armen Verlassenen Trost zu. Ja er ge-

---

[1] Trotzdem wird in der Dichtung, in reiner Anlehnung an das
SHG. (Vkv.), die elbische Natur Wieland's gelegentlich erwähnt, z. B.
„Du scheinst mir elbischer Natur" (Worte des Königs, S. 36).

denkt Bath.'s noch in Dankbarkeit, nachdem er schon in die
Arme Alwit's zurückgekehrt ist.

Es leuchtet uns darum aus den angeführten Momenten
die Vermenschlichung des Charakters des Haupthelden der
Dichtung entgegen.

Nidung. Der Niarenkönig, schon SHG. und noch mehr
in der Keck'schen Erzählung niedrig eingeschätzt, ist hier zum
wahren Scheusal geworden. Nid. ist ein feiger, diebischer,
schurkischer und grausamer Herrscher. Seine Liebe zu Bath.
allein könnte uns an ihm noch sympathisch erscheinen, doch
schmäht er auch diese seinem Charakter gemäss, als sie ihre
Schande gestanden hat (wie in der Keck'schen Erzählung).

Die Königin und Bathilde.
Beide sind zwei edle, vornehme Frauengestalten.

Während in der Vkv. die **Königin** ihren Gemahl un-
günstig beeinflusst, sucht sie hier durch ihre Bitten seinen
bösen Thaten Einhalt zu thun und zeigt sich in ihren Ge-
sprächen mit Bath. als eine makellose, tieffühlende Seele.

Bathilde ist ein mit allen Vorzügen des Körpers und
des Geistes ausgestattetes Mädchen. Es macht ihr der Zauberring, den sie sich so sehnlichst erwünscht hat, keine Freude mehr,
seitdem sie weiss, dass der Vater ihn hinterlistig geraubt und
nicht in ehrlichem Kampfe errungen hat. Ja sie befürchtet
jetzt, dass der Ring ihr kein Glück bringen wird, da er ein
unrechtmässig erworbenes Gut ist. Sie erkennt den Wert
Wiel.'s, der unter der Maske eines niedrigen Mannes vor ihr
dient; sein Anblick verwirrt sie, sie vermutet einen Höheren
in ihm.[1] Ihr Herz schlägt ihm nicht gleichgültig entgegen,
nachdem sie seine Zuneigung zu ihr fühlt. Doch sträuben
sich ihr Stolz und ihr jungfräulicher Sinn, Wiel. ihre wahren
Gefühle zu zeigen und sie gibt sich ihm als unnahbar, so
gerne sie ihm auch an die Brust geflogen wäre, als er sie als

---

[1] Vgl. S. 51:
Ist's einer der drei Hohen, die die Welt
Durchwandern und die Menschen prüfen? Scheue
Die Götter, Vater! Dieser Fremdling mit
Der Glut der Augen und den Feuerlocken
Fast glaub ich, es ist Loki selbst.

Preis errungen hat. Wie viel lieber möchte sie Wiel. angehören als dem Schwedenkönige, an den sie wie eine Ware
verhandelt werden soll, wogegen sich ihr weibliches Ehrgefühl
aufbäumt. Ach hätte sie doch den Mut besessen, damals ihre
Liebe zu Wiel. offen zur Schau zu tragen, hätte sie doch damals ihre mädchenhafte Scheu nicht zurückgehalten, Wiel.
als ihren Gemahl zu fordern: das Unglück, das später Wiel.
betroffen, wäre ausgeblieben. Also lauten ihre Selbstvorwürfe.
Wie unglücklich fühlt sie sich doch, seitdem sie durch ein
unbedachtes Wort die Lähmung des Schmiedes heraufbe-
schworen hat. Dass Wiel. sie umarmt hat, sieht sie als gerechte Vergeltung für den Frevel des Vaters an. Mit rührender Liebe hängt sie nachher an Wiel. und will bei ihm
bleiben, die Magd des armen Schmiedes sein, an seiner Seite
des Vaters Zorn und der Welt Hohn ertragen. Ihre Liebe
zu Wiel. schwindet nicht, als dieser ihre Bitte abschlägt und
zu den Seinen zurückkehrt, ja die Edelmütige rettet Eigel und
den kleinen Isung aus dem Kerker.

Die Bath. dieser Dichtung hat also nichts mit der stolzen,
übermütigen Maid, der argen Zauberin[1]) des SHG. gemein,
deren Stolz erst bricht, als Wiel. sie gedemütigt hat und
der Ring sie zu schmerzhafter Minne zwingt, noch weniger
aber mit der herzlosen grausamen Bath. der Keck'schen Erzählung.

Die drei Walküren. Die Walküren sind hier als
solche nach der Vkv. und der Keck'schen Erzählung ge-
zeichnet, nicht nach dem SHG., welches sie eigentlich nur
für ihren Kampf gegen Neid. zu Schlachtjungfrauen stempelt.
Hier treibt sie die wiedererwachte Kampfeslust, nicht blosse
Lust zum Fliegen, von den Brüdern fort, und sie wollen zum
weiteren Unterschiede vom SHG. wieder zurückkehren, wenn
ihre Kampfeslust gesättigt ist.

Die drei Brüder. Der Dichter verband die drei
Brüder genau nach der Keck'schen Erzählung, so dass ihre
Künste sich an die beiden Grimm'schen Märchen N. 124. 129

---

[1]) Bath. besitzt kein Zauberwissen. Sie erkennt darum Wiel. nicht
vermöge eines solchen, dieser muss sich vielmehr selbst offenbaren.

anschliessen: Wieland der Schmied, Eigel der Schütz und Heilkünstler, Schlagfider der Fechter.

II. Untersuchung der Dichtung.

α) Überfall König Nidung's und Flucht der
Walküren (I. Aufzug).

Der Beginn der Dichtung zeigt folgende Situation:
Die drei Brüder stehen im Kampfe König Nid. gegenüber, der nach den Wolfsthälern gekommen ist, um an den
Walküren Rache zu nehmen. Den in den Wolfsthälern
während des Kampfes einsam zurückgebliebenen Walküren
ist aber jetzt nach siebenjährigem Verweilen bei den Brüdern
der Trieb der Schwanjungfrau wieder erwacht, der alle sieben
Jahre wiederkehrt. Sie benutzen daher die Abwesenheit ihrer
Männer im Kampfe, um sich der Schwanengewande zu bemächtigen und schicken sich eben an, davon zu fliegen und
die Walkürenlaufbahn wieder aufzunehmen (wie Keck'sche
Erzählung). Schneewit, die Gemahlin Eigel's, der einst die
Verwundete aus den Fluten gerettet hat[1]), kommt es am
schwersten an, sich von ihren Lieben zu trennen; sie hat
einen harten Kampf mit ihrer Gatten- und Mutterliebe zu bestehen. Doch auch sie kann nicht hinter den Schwestern zurückbleiben:

> *Gerne blieb' ich;*
> *Doch würd' ich sterben hier. Auch mich verzehrt*
> *Der Schlachtenjungfrau Gram und Lust. Die Nornen*
> *Entfachen alle sieben Jahr' im Herzen*
> *Uns den Walkürendrang, der uns beherrscht.*[2]) (S. 7.)

Allein treibt auch die Notwendigkeit die Schwestern zum
Fluge (vgl. Vkv. Str. 3[6]), so wollen sie doch wiederkehren,
wenn ihre Kampfeslust gestillt ist, ja sie müssen wiederkehren,

---

[1]) Wie im SHG.; doch gerät dagegen Wiel. nicht wie dort in
Ran's Netze und kommt nicht mit Wachilde in Berührung.

[2]) Alwite sagt ferner, wie in der Keck'schen Erzählung, vor dem
Verlassen der Wolfsthäler: „Ja, wer vom Walde kommt, wird sich nicht
freun" (vgl. ob. S. 141 Anm. 1).

da der Ring, der mit den 700 nachgebildeten am Lindenbaste (Keck'sche Erzählung) aufgehängt ist, zurückbleibt, seine
Berührung aber einzig die Schwanenhemden wieder vom Körper
loslösen kann (Keck'sche Erzählung). Gar bald würden sie
zurückkehren, ihre Lieben wieder zu umarmen, so beschwichtigen sich die Schwestern selbst vor ihrem Wegfliegen.

Mit dem Ringe nun hat es diesmal folgende Bewandtnis:
Er ist der ältesten der Schwestern, Wiel.'s Weibe, von
der Norne in die Wiege gelegt worden (SHG.). Durch Berührung mit ihm legt sich den Schwestern die alle sieben
Jahre sich regende Walkürenlust (Keck'sche Erzählung).
Auch bewirkt er (wiederum nach der Keck'schen Erzählung)
die Entzauberung aus der Vogelgestalt, während er im SHG.
die Verzauberung in dieselbe herbeiführt. Natürlich fehlt
ihm schliesslich auch nicht die dritte allbekannte Eigenschaft
Liebe zu erregen, und es wird der Ring dieser Eigenschaft wegen
auch hier von Bath. erstrebt, doch in durchaus tadelfreier
Absicht. Denn sie wünscht nur durch ihn „zu fesseln den
künftigen Geliebten und des Lebens stets wechselnd Glück"
(S. 26). Überhaupt ist in dieser Dichtung kein so hohes Ge-
wicht auf diese letzte Eigenschaft des Ringes gelegt; es
wirken vielmehr die beteiligten Personen durch ihre Charaktere
selbst auf einander ein. Die Charakterzeichnung also ist in
den Vordergrund gerückt.

Die aus dem Kampfe siegreich zurückkehrenden Brüder
finden die Gattinnen entflogen. Darüber erfasst sie grosse
Trauer. Doch nicht alle Hoffnung auf deren Wiederkehr ist
geschwunden. Wieland verkündet (S. 16):

„Glück auf, uns bleibt ein schwacher Hoffnungsschimmer,
Der Ringe zählt' ich siebenhundertein.
Dann haben wir auch noch den Zauberring,
Und unsere Frauen müssen wiederkehren,
Denn lang ertragen sie nicht das Gewand."

(Vgl. Keck'sche Erzählung.)
Eig. und Schlagf. eilen nun gegen Morgen und Mittag,
die Entflogenen zu suchen, Wiel. bleibt zurück.
Um Nahrung beizuschaffen, begibt sich Wiel. nach dem
Weggange der Brüder mit den Knaben auf die Jagd (wie

Keck'sche Erzählung). Unterdessen dringt Nid., der auf seinen Schiffen heimlich zurückgekehrt ist, in die Behausung ein, nachdem Regin die Abwesenheit der Bewohner ausgekundschaftet hat. Den Weg zu den unzugänglichen labyrinthischen Wolfsthälern hatte dieser auf dieselbe Weise gefunden, wie die Schwestern zuvor dem Labyrinthe entrannen, nämlich mit Hilfe eines Fadens, der dasselbe, wie einstens der Faden Ariadne's die Behausung des Minotaurus, zugänglich gemacht hat (vgl. Keck'sche Erzählung).

Der König ist also, nachdem er der Tapferkeit der Brüder entwichen, auf Schleichwegen zurückgekehrt, um feige Wieland's Schätze zu rauben, die dieser, wie Regin bemerkt, „dem Alberich aus Glockensachsen raubte, als tückisch sie den Vater ihm ermordet", die „Mimes Zögling und der Zwerge selbst gefertigt" (Keck'sche Erzählung). Vermittels einer Zauberwurzel, welche die gütige Norne Bathilden geschenkt, öffnet er die Thüren und findet den echten Ring heraus, den er der Tochter versprochen hat. Diesen nimmt er an sich, die übrigen aber hängt er wieder am Baste auf. Mit dem gewonnenen Raube kehrt er vom unwürdigen Feldzuge nach Hause zurück.

β) Wiel.'s Ankunft bei König Nidung und sein Dienst am Hofe (II. Aufzug).

Wiel. kommt in seinem Kahne, einem kunstvoll gehöhlten Baumstamme, an Nid.'s Gestade geschwommen. Kaum hatte er die Rückkehr eines der Brüder erwarten können, nachdem er sein kostbarstes Gut, den Ring, geraubt fand. Als endlich Schlagf. zurückkam — im Schwarzwald[1]) hatte diesem eine Wala von den Schwestern berichtet, dass sie nach dem Süden gezogen seien und Etzel's Heer umschwärmten —, übergab er dem Bruder die Knaben und bereitete die Fahrt in Nidung's Land. Denn dass nur dieser der Räuber gewesen war, stand bei ihm fest. Während im SHG. Wachilden's Nixen mit lieblichem Gesange seinen Kahn umgaukelten, war

---

[1]) Vgl. Vkv. Str. 1 [1], [2]: Meyjar flugu sunnan
Myrkvið igøgnum.

hier seine Fahrt nicht so unbeschwerlich. Wachilde schien ihren Enkel vom unheilvollen Gestade ferne halten zu wollen.

Nicht von Fischern wird hier Wiel. ans Land gezogen, sondern er entsteigt selbst dem Kahne. Der Schleicher Regin sieht ihn nach der Landung seine Schatzkiste vergraben. Wiel. erblickt hierauf das falsche Gesicht des widrigen Höflings und beide geraten sofort in einen heftigen Wortstreit, den erst die Ankunft des Königs und seiner Tochter endigt. Nid., der mit Misstrauen das selbstbewusste, freie Wesen des Fremdlings erkennt, frägt ihn um seinen Namen. Wiel. nennt sich Goldbrand, Goldhort's Sohn (SHG.). Der König nimmt ihn hierauf in seinen Dienst, da der Fremdling seiner Aussage gemäss „manche Kunst kennt und gehorchen gelernt" hat (SHG.).[1]

Schon während dieser Unterredung hat Wiel. das Schwert, das Nid. am Gürtel schimmert, als seines erkannt, und den Ring seiner Trauten, den Bath. am Finger trägt.[2] Er frägt

---

[1] Nicht ganz so demütig wie im SHG. lautet es hier jedoch: „Gehorchen lernt' ich, aber herrschen auch."

[2] Wiel. spricht (S. 32):
Gewissheit hab ich! Es schimmert dem Nidung
Ein Schwert am Gürtel, das selber ich schärfte,
So gut ich's verstand, ich hatt' es so herrlich
Gehärtet. Nun ist mir ferne der Stahl.
Nie schafft man ihn wieder zu Wielands Schmiede,
Und den Ring meiner Trauten trägt Bathild am Finger."
Vgl. dazu Vkv. Str. 18:
Svá skinn Niðaði
sverð á linda,
þat er ek hvesta
sem ek hagast kunna,
ok ek herðak
sem mér hœgst þótti;
sá er mér fránn mækir
æ fiarri borinn,
sékka ek þann Vǫlundi
til smiðju borinn.
Str. 19. Nú berr Bǫðvildr
brúðar minnar
— biðka ek þess bót —
bauga rauða.

sich nachher, warum er nicht gleich den König niedergeschlagen und den Ring von der Tochter Hand gerissen habe.
Doch tröstet er sich damit, dass das Schicksal ihm den
rechten Augenblick zur Rache zeigen werde (vgl. Keck'sche
Erzählung).

Der König vertraut ihm nun die Obhut dreier Tisch-
messer an; es erfolgt der Verlust eines derselben und die
Schmiedung eines neuen (nebst dem dreikantigen Nagel) in
Amil's Schmiede.[1]) Bei Tische verrät die Schärfe des Messers
Goldbrand. Es kommt zur Wette mit Amil.[2]) Doch bietet
sich dieser nicht freiwillig zum Wettstreite an, sondern der
König zwingt ihn dazu. Amil hat ferner nicht eine ganze
Rüstung zu fertigen, sondern Wiel.'s Schwert soll sich nur an
Amil's Helm erproben. Die Frist beträgt nur 12 Tage, und
während aus der Umgebung des Königs Dankrat — aus Mit-
leid [3]) — sich für Amil verbürgt, thut es für Goldbr., dem
kein Bürge sich meldet, der König selbst.

Bevor die Handlung am Hofe weiterschreitet, ist eine
Episode eingeschaltet, in welcher uns von den Walküren Nachricht gegeben wird. Aus Schlagf.'s Angabe wissen wir bereits, dass sie Etzel's Heer umkreisen. Nun steht die Schlacht
bevor, die gewaltige Völkerschlacht auf den katalaunischen
Gefilden, aus welcher Alvit Theodorich, den Helden der
Visigoten, als Wodans Liebling nach Walhalla zu tragen bestimmt ist. Eine herrliche Siegesverheissung des Germanen-
tums schliesst sich in feuriger Schilderung an diesen Bericht
an und die Heimkehr der Schwestern nach dieser Schlacht
wird vorhergesagt. Alvit antwortet Schneewit, die in diesem
Sinne frägt (S. 43):

„Ja wohl, dann ruht die Welt, des Kampfes müde!“

Wir kehren wieder an den Hof Neid.'s zurück. Goldbr.
soll sein Schwert schmieden. Der König hat ihm auf

---

[1]) Nachdem Amil den Nagel betrachtet hat, ruft er:
„So denk ich mir sieht aus der Keil, der von der Wolke fährt.“
(Nach der Keck'schen Erzählung.)

[2]) Der übrigens schon am Raubzug gegen Wiel. teilgenommen hat.

[3]) Dankrat ist der einzige rechtliche Mann am Hofe des Königs;
alle übrigen sind würdige Diener ihres Herrn.

der nahen Insel Seestadt (Vkv. Sævarstaðr) eine Schmiede erbauen lassen, doch Goldbr. stösst auf die bekannten Hindernisse: seine Werkzeuge und Schätze sind gestohlen und als der König seinen ganzen Hof versammelt, kann er den Dieb nicht entdecken. Er fertigt das Bildnis Regin's, der vom König an den Schwedenkönig Harold (der Osangtrix der ThS. und Rotherich des SHG.) gesandt ist. Regin's Diebstahl wird so dem Könige offenbar.[1]) Er muss nach seiner Rückkehr das gestohlene Gut herausgeben. Wiel. erhält die Werkzeuge, die Kleinodien aber behält der König (Keck'sche Erzählung). Es tritt in dieser Dichtung eben überall der schurkische, habgierige Charakter des Königs in den Vordergrund. Regin ist also der Geprellte. Seine Worte, die er, vor dem Eingange zu den Wolfsthälern lauernd, gesprochen, bewahrheiten sich:

> *„Ja, das [Stehlen] verstehn wir alle, nur des Königs*
> *Erhabne Majestät nimmt alles offen."*

Das Herstellungsverfahren des Schwertes ist dem SHG. gegenüber etwas vereinfacht. Es unterbleibt die Vogelmastung und Wiel. begnügt sich mit einmaliger Probe am Flusse, ohne Beisein des Königs. Den Charakter seines Herrn hat der Held schon hinlänglich erkannt, um vorauszusehen, dass dieser ihm das Schwert — er benannte es Mimung nach seinem Lehrmeister Mime (SHG.)[2]) — abfordern wird. Darum muss er nicht erst durch eine Vision (SHG.) zur Fertigung eines zweiten Schwertes gemahnt werden.[3])

---

[1]) Der Dichter wollte jedenfalls die Bildnisfertigung nicht missen. Denn an und für sich ist diese Episode überflüssig. Wiel. braucht doch nur, um dem Könige den Dieb zu bezeichnen, zu sagen „es ist der Mann, mit dem du mich nach meiner Landung im Wortstreit betroffen" und Nid. hätte sich sofort Regin's erinnern müssen.

[2]) Wie im SHG. wird ferner, S. 54, der Mimung über Balmung, Eckesachs, Nagelring gestellt.

[3]) Vgl. Wieland's Worte:
„Doch Götter hütet, dass du in die Hand
Des feigen Nidung kommst"
mit dem Satze in der Keck'schen Erzählung: „Aber verhüten die Götter, dass du in die Hand des gierigen und feigen Neid. kommst."

Am Tage des Wettstreites fällt der siegesgewisse Amil durch Wiel.'s Waffe, die der Held nach diesem Streite verbirgt. Der König aber erhält den nachgemachten Mimung.

γ) Wiel. holt den Siegstein; seine Verbannung und Lähmung (III. Aufzug).

Nid. zieht dem in sein Reich eingefallenen Schwedenkönige entgegen. Eine Schlacht wird geschlagen und nur Goldbrand's Umsicht und die hereinbrechende Nacht retten das Heer Nid.'s vom Untergange; denn der König hat seinen Siegstein zu Hause gelassen. Goldbr. fällt nun die Aufgabe zu, durch Herbeischaffung des Siegsteins bis zum nächsten Morgen das Heer zu retten, für welche That ihm der bedrängte König Bath.'s Hand verheissen hat. Durch die wunderbare Schnelligkeit Schimmings (den er wie im SHG. im Kahne mitgebracht hat) gelingt das Unternehmen, obwohl das Heer bereits fünf Tagreisen vom Hofe entfernt ist. Es kann uns gewiss nicht überraschen, wenn der schurkische König wie in der Keck'schen Erzählung auf den Gedanken kommt, sich Wiel.'s zu entledigen, nachdem dieser das Kleinod gebracht, und sich so den Lohn zu sparen. Mit dem würdigen Regin heckt er also den Plan dazu aus und überträgt diesem die Ausführung (Keck'sche Erzählung). Regin lauert gleich dem Truchsess der ThS. mit seinen Leuten dem zurückkehrenden Goldbr. auf und büsst wie dieser seine verbrecherische Absicht mit dem Tode.[1] Natürlich benutzt der gewandte König sofort diesen Umstand, um Goldbr. den Lohn zu weigern, da er seinen „edlen Truchsess" erschlagen hat. „Der Mörder seines treuen Dieners" (Keck'sche Erzählung) muss in die Verbannung gehen.

Wieland kehrt des Nachts heimlich an den Hof zurück, um am schurkischen König Rache zu nehmen und seinen Ring von Bath.'s Finger zu streifen (Keck'sche Erzählung). Doch habe ich bereits oben berichtet, dass der Held durch

---

[1] Eigentümlicherweise führt Wiel. den Todesstreich gegen Reg. hier nicht mit Mimung, er hat dieses Schwert vielmehr in seinem Verstecke gelassen.

den Anblick der schlafenden Bath. so bewegt wird, dass er
ihr den Ring nicht nehmen kann und um der Tochter willen
auch des Vaters schont. [1] Einzig aus einem zurückgelassenen
Zettel war zu erkennen, dass Wiel. im Schlafgemache Bath.'s
geweilt hatte. Von den Schätzen, die ihm der König geraubt,
nahm er nur Einiges an sich. Der König verstand jedoch
Wiel.'s Grossmut nur schlecht zu würdigen. Der Feige er-
zittert ob der Gefahr, die während der Nacht über seinem
Haupte geschwebt hat und er schickt seine Leute gegen Wiel.
aus. Gleich wie im SHG. gelingt es den ausgesandten Häschern,
dank unzerreissbaren Ketten, die Wiel. einstens selbst geschmiedet hat, den Helden zu fesseln. Frisch gefallener
Schnee hatte ihnen Wiel.'s Spur verraten (Keck'sche Erzählung). Der König stellt an seinen Gefangenen die Frage
nach dem Ursprunge des Goldes in den Wolfsthälern (Keck-
sche Erzählung). Wenn ihm der Held zur Antwort gibt:

„Hier fand ich auch kein Gold wie bei der Fahrt
Von Grane. Fern vom Rheine ist dein Reich
Und Freias Thränen findst du nicht im Nord.
Wir Brüder hatten wertes Gut, als wir
Noch lebten heil im lieben Heimatslande,“

so erkennen wir daraus eine Vermengung der in der Keck-
schen Erzählung (nach der Vkv.) und im SHG. gegebenen Antwort. Ein unglückseliges Wort der ob Wiel.'s Anblick ent-
setzten Bath. hat die Lähmung des Helden zur Folge. [2] Umsonst flehen die Frauen für den Unglücklichen, umsonst rast
Wiel. in ohnmächtiger Wut. [3] Der grausame Befehl wird an
ihm vollzogen.

δ) Wieland's Rache (IV. Aufzug).

Wie in der Vkv. wird der gelähmte Schmied jetzt nach

---

[1] Diese Scene ist psychologisch weit besser begründet als in der
Keck'schen Erzählung (vgl. ob. S. 141, Anm. 1).

[2] Während in der Keck'schen Erzählung Bath. absichtlich die
Lähmung des Helden herbeiführt.

[3] Die Gründe, weshalb sich Wiel. hier so sehr gegen diese Marter
wehrt, sind bereits oben erwähnt.

der einsamen Schmiede auf Seestadt gebracht. [1]) Dort begegnen wir ihm wieder. Ein leidenschaftlicher Ausbruch seiner
Gefühle zeigt uns von neuem, dass der Dichter seinem Helden
die elbische Natur ganz abgestreift hat. [2])

Bath. hat sich in seinen Augen gegen ihn schwer versündigt:

> *„Ha Bathilde,*
> *Du sprachst ein böses Wort, als ich in Banden*
> *Da stand, und als mein Auge Rettung suchte*
> *In deinem Auge!"* —

Wiel'.s Rache vollzieht sich in bekannter Weise:

Die Königssöhne suchen Wiel. in seiner Werkstätte auf
und wollen sein Geschmeide sehen. Die Kiste, die dasselbe
barg, ward ihr Grab (Keck'sche Erzählung). Auf Wiel. ruht
kein Verdacht, da dank seiner List die Spuren der Knaben
von der Schmiede zum Walde führen. Ausserdem hat er
durch geheuchelte Anerkennung der Gerechtigkeit seiner
Strafe jeden Verdacht Nid.'s zerstreut (ThS., SHG., Keck-
sche Erzählung).

Nach den Königssöhnen fällt Bath. zum Opfer: Ihre
Nächte sind unruhig und qualvoll, seitdem Wiel. so furcht-
bares Unrecht erlitten hat. Stets muss sie des Unglücklichen
gedenken und eines Morgens findet sie ihren Ring gebrochen
— wohl im angstvollen Ringen der Hände.

Um nicht den Eltern neuen Kummer und neue Besorgnis
zu bereiten, will sie das Kleinod durch Wiel. wieder zu-
sammenfügen lassen und sendet ihre Zofe deshalb damit zur
Schmiede. Bringt dem Helden der Anblick des Ringes auch
nicht dieselbe schmerzhafte Überraschung wie im SHG. (da
er ihn ja längst an Bath.'s Hand weiss), so will er doch wie
dort die Gelegenheit ergreifen, um Bath. in seine Nähe zu
bringen und fordert darum das persönliche Erscheinen der-

---

[1]) Vgl. Ok settr i hólm einn, er þar var fyr landi, er hét Sævarstaðr (Vkv., Prosastelle nach Str. 17).

[2]) Dieser Gefühlsausbruch erinnert den Leser unwillkürlich an die
entsprechende Scene des WW.; auch äusserliche Übereinstimmung herrscht
zwischen beiden Scenen, da Wiel. hier wie dort sein Werkzeug unwillig
von sich stösst.

selben in der Schmiede. [1]) Er kämpft indessen einen schweren
Kampf in seinem Innern, ob er der geliebten Königsmaid
etwas zu Leide thun soll, und als er sie schliesslich doch gewaltsam umarmt [2]), fügt er diese Schmach nur der Tochter
des Nid., nicht der Person Bath.'s zu.

Bath.'s Dahinsiechen, das sie jetzt nach der That Wiel.'s
befällt, wird der Trauer um ihre Brüder zugeschrieben. Ein
nachgemachter Ring — Wiel. hat den echten behalten —
hilft ihre Schande nach aussen verbergen (SHG.).

Wiel. hat nunmehr seine Rache vollbracht. Da erscheint jetzt sein Bruder Eigel mit dem kleinen Isung am
Könighofe und sucht bei Nid. Dienst. Während er in Wirklichkeit gekommen ist, um dem Bruder beizustehen, von dessen
Unglück er gehört hat, gibt er Nid. gegenüber vor, er habe
den Hof der Söhne Nordian's verlassen, da er sich mit Widolf nicht vertragen konnte (vgl. Keck'sche Erzählung). Seine
Schiesskunst und Heilkunde bestimmen den König, Eigel, der
sich Hornbog (der Nachfolger Gram's im SHG.) nennt, aufzunehmen. Den kleinen Isung aber überweist er, da er selbst
den Gesang hasst, an Bath.; diese möge er durch seine
Lieder erheitern (Keck'sche Erzählung).

In einer Zusammenkunft mit dem Bruder gesteht Wiel.
diesem seine Rache. Doch beim Gedanken an Bath. schwindet
der Traum der süssen Rache bereits aus seiner Brust:

> *„Und denk ich an Bathilde, an die Blüte,*
> *Die Lieb und Hass zugleich geknickt, so fasst*
> *Ein Schrecken mich."* (S. 88.)

Wiel. eröffnet nun Eig. den Plan, durch die Lüfte Nid.'s
Rache zu entrinnen und bittet ihn, mit Isung Federn für ein
Vogelgewand zu sammeln.

Auch eine Unterredung mit Bath. kommt vor seinem

---

[1]) Wie in der Keck'schen Erzählung ruft er (nach Vkv. Str. 27):
„Und sag, ich bessre aus den Bruch im Golde,
Dass er noch feiner dünkt dem hehren Vater,
Dass ihn noch schöner preist die liebe Mutter,
Doch ihr erschein' er anders nicht als eh'." (S. 82.)
.[2]) Er hat ihr wie in Vkv. Str. 28 einen Trunk Äl gereicht; Keck's
künstlicher Sessel fand also nicht des Dichters Billigung.

Weggehen noch zustande (ThS.). Es ist eine ergreifende Scene,
wie Bath. Wielanden beschwört[1]), sie nicht zu verlassen und
sie als seine Magd an seiner Seite zu dulden. Doch Wiel.
kann nicht bleiben, er muss nach den Auen zurück.[2]) Er
fordert Bath. auf, den Sohn, den sie gebären werde, Wittich
zu nennen und ihm zu sagen, dass sein Vater das Schwert
Mimung, den Helm Glimme und eine Waffenrüstung für ihn
verborgen habe und den ewig jungen Schimming ihm hinterlasse.[3]) In Anspielung auf die ThS. und die mhd. Gedichte
lässt der Dichter Wiel. über den Sohn verkünden:

> *„Ich seh im Geist ihn als der Männer Zierde,*
> *Als herrlichsten der Helden, den der Sänger*
> *Wird preisen unter Nordlands kühnen Recken*
> *Und in den Auen, die der Rhein durchflutet,*
> *An dessen Ufern Deutschlands Söhne zechen."* (S. 97.)

Wachilde ruft jetzt aus der die Insel Wiel.'s umschliessen-
den Flut dem Enkel zu, seinen Ring ihr ins Meer zu werfen,
damit die Walküren entzaubert würden, die klagend über der
Bucht an den Wolfsthälern kreisten.[4])

Frohe Kunde für Wiel., der sich jetzt aus dem tiefen
Nachsinnen, in das die Begegnung mit Bath. ihn versetzt hat,
zur unverzüglichen Schöpfung des Schwanengewandes aufrafft.
Als es gefertigt ist, erprobt Eig. die Schwingen, um, wie bekannt, beim Niedersteigen Mutter Erde derb zu küssen. Wiel.

---

[1]) Auf die Heldensage verweisen die Worte Bath.'s:
„Verstoss mich nicht, ich bitte
Bei Sigruns Liebe dich und Signes Treue." (S. 93.)

[2]) Diese Unterredungsscene mit Bath. erinnert wiederum, vor allem
durch die echt poetische Sprache, an die entsprechende Stelle des WW.

[3]) Nach SHG.; doch werden nach der ThS. die Zeichen Wittich's
beigefügt: Hammer und Zange inmitten des Schildes (auch in der
Keck'schen Erzählung) zur Erinnerung an seinen Vater und darüber drei
Karfunkelsteine, die die königliche Abkunft der Mutter andeuten; vgl.
ThS., c. 81: Sa skioldr var hvitr oc skrifat a með rauðom steini ham-
arr oc tong. firir því at smiðr var faðir hans. I þeim scildi ovan-
verðom varo. III. karbvnkvlus steinar. þat merkir moðerni hans.
hann var konongborenn.

[4]) In der Keck'schen Erzählung berichtet Eig. dem Bruder, dass
die drei Schwäne klagend über die See dahinkreisen.

rüstet nun sich selbst zum Fluge. Auf einem Gebäude der Königsburg sitzend ruft er Nid., damit er diesem seine Rache verkünde.

Nid. erfährt den Tod der Söhne und nachdem er den Schwur geleistet hat, Wiel.'s Weib im Palaste und sein Kind zu schonen (Vkv. Str. 33), Bath.'s Schande. Wutentbrannt fordert Nid. seine Leute auf, ihre Speere nach Wiel. zu schleudern; Eigel[1]) muss nach dem Bruder schiessen. Als er nur die Blase unter dem Arme Wiel.'s getroffen hat, da lädt sich des Königs ganzer Zorn gegen ihn ab, da Wiel. nicht zur Erde fällt. Er droht ihm fürchterliche Strafe an.

Als Nid. jetzt Bath. erblickt, die hier Zeuge der ganzen Scene gewesen ist, frägt er:

„Sagt er die Wahrheit?
Du sassest mit dem Schmiede auf dem Holme?"

(Vkv. Str. 40.).

Die Unglückliche antwortet:

„Wahr ist es, was er sprach. Es war die Stunde
Der Not. O wäre sie doch nicht gewesen!
Mein Sinnen war verschwunden und mein Wille,
Ich konnte ihm nicht widerstehn. O wär'
Ich nie geboren!" (Vkv. Str. 41.)

Nidung aber stösst Bath. von sich (Keck'sche Erzählung).

ε) **Wiedervereinigung der Brüder mit den Walküren. (V. Aufzug.)**

Wiel. ist glücklich nach den Wolfsthälern entkommen. Auch Eig. kehrt mit Isung unversehrt in die Arme Schneewit's zurück. Dass sie mit heiler Haut dem königlichen Wüterich entronnen, danken sie Bath., die sie grossmütig aus dem Kerker befreit und ein Pferd für ihre Flucht bereit gestellt hat (auch in der Keck'schen Erzählung entflieht Eig. auf einem Pferde).

Zunächst hatte Nid., um Eig. dafür zu bestrafen, dass

---

[1]) Dem Dichter unterläuft das Versehen, den König hier und fortan den Schützen Eigel nennen zu lassen, obgleich seine Herkunft nicht entdeckt ist.

er Wiel. entkommen liess, den bekannten Apfelschuss be-
fohlen.[1] Natürlich übt der König auch keine Grossmut, als
Eig. bekennt, für ihn die Pfeile im Wams zurückbehalten zu
haben. Da er aber versprochen hat, Eig.'s Leben zu schonen,
so lässt er den Schützen mit seinem Söhnchen in ein grau-
siges Verlies werfen. Daraus errettet sie die edle Bath., die
klein Isung im Angedenken an Wiel. küsste.

So hatte sich Bath. aufs edelmütigste gerächt.

Glücklich mit ihren geliebten Frauen in den trauten
Auen wieder vereint, geloben die Brüder auf Wiel.'s Anregung ihre Kräfte dem Dienste der Menschheit zu weihen
(Keck'sche Erzählung) und ihre Söhne im gleichen Sinne zu
erziehen, die Frauen aber geloben, für immer bei den Brüdern
zu bleiben.

Der Vergleich dieses letzten Aufzuges des Börsch'schen
Dramas mit den Schlusskapiteln der Keck'schen Erzählung
macht es klar ersichtlich, dass diese hier vollständig als Vorlage gedient haben.

III. Rückblick auf die Dichtung nebst Quellen-
besprechung.

Bezüglich der inneren Gestaltung der Dichtung ist vor
allem mit J. E. Wülfing (Deutsche Dramaturgie, Oktober-
nummer 1895) hervorzuheben, „dass das Verhältnis zwischen
Wieland und Bathilde verinnerlicht worden ist". Auch Neid.'s
Person und einzelne Nebenpersonen wie Schneewit (im Kampfe
mit ihrer Mutter- und Gattenliebe), der spitzbübische Regin
und treffliche Dankrat sind von der glücklichsten Zeichnung.
Eine zutreffende Charakteristik des Ganzen geben die Worte
Friedr. Kummer's: „Die Züge, die der Edda und anderen
Quellen entnommen sind, hat der Dichter zu einem mensch-
lich ergreifenden, reichen Gewebe gestaltet" (Blätt. f. lit.
Unterhalt., v. 9. Jan. 1896).

---

[1] In dieser Dichtung ist also die Apfelschussscene weit glücklicher
eingeführt als in den anderen Berichten, da sie nur auf diese Weise
wirklich psychologisch begründet erscheint.

Es erübrigt noch die Zusammenfassung der Quellen:

Als Hauptquellen der Dichtung lassen sich die Keck-sche Erzählung der Wielandsage und das auch diesem vor-bildliche SHG. ausscheiden. Der mit den letzten Kapiteln der Keck'schen Erzählung übereinstimmende Schluss der Dichtung, im Vereine mit zahlreichen anderen das Ganze durchziehenden Berührungspunkten stempeln die Keck'sche Erzählung zur unmittelbaren Vorlage.

Die beiden alten Berichte unserer Sage, Vkv. und ThS., wurden vom Dichter gewiss auch nicht ausser acht gelassen. Die Anlehnung an die erstere insbesondere ist (gleichwie in der Keck'schen Erzählung) eine noch stärkere als sie im SHG. stattfindet.

Sprachliche Anlehnung liebt der Dichter nicht nur an die Vkv., sondern auch an andere Lieder der Edda und sonstige alte Gedichte, die auf Götter- und Heldensage Be-zug nehmen. [1]

Auf die Verwandtschaft einer Partie der Dichtung mit dem WW. wurde bereits während der Untersuchung der Dichtung hingewiesen.

J. V. v. Scheffel's Erzählung vom 'Schmid Weland' in 'Ekkehard' als Beispiel der zahlreichen kürzeren Erzählungen der Wielandsage, welche die deutsche Literatur aufweist.

Seitdem man bei uns den hohen Wert der alten Volks-dichtung wieder erkannt hatte, machte man sich eifrig daran, den alten Sagenschatz unseres Volkes aufs neue zu beheben und

---

[1] Die betreffenden Stellen sind in der Ausgabe selbst unter dem Texte vermerkt. Diese alten Gedichte sind: *Vkv.* (die Stellen davon bereits oben angeführt); *Havamal.* Vits er thorf... S. 30, V. 24 (Der so behäbig klug zu Hause sitzt); *Hildebr.lied.* Mit geru scal man geba infahan, ort widar orte, S. 34, V. 24 (Doch dachte ich, Du würdest ihn fordern auf des Schwertes Spitze); *Got. min.* Scapia maziaia drinkan, S. 42, V. 18 (Und rufen: schaffe mir ein Mass zu trinken); *Bêowulf*, meodo-setla ofteah, S. 11, V. 5 (Und manchem warfest du den Met-sitz um).

räumte insbesondere der alten Heldendichtung wieder den verdienten Ehrenplatz ein.

Zahlreich sind darum die Bücher über die deutsche Heldensage geworden und wenn sie mit den anderen Heldensagen auch die Wielandsage zu erzählen pflegen, so kann ich doch unmöglich aller hier Erwähnung thun.

Diese kurzgefassten Erzählungen der Wielandsage pflegen auf die ThS. und auf das SHG. zurückzugehen. [1])

Ich führe nun als einziges Beispiel die Erzählung vom 'Schmid Weland' aus J. V. v. Scheffel's 'Ekkehard' an, einem Buche, das wie wenige zu einem Lieblingsbuche des deutschen Volkes geworden ist und mit dem also die Erzählung vom 'Schmid Weland' Eingang bei ungezählten Lesern gefunden hat. [2])

Der Meister legt die anmutige Erzählung dem ritterlichen Herrn Spazzo, Kämmerer von Frau Hadwig, der Herzogin von Schwaben, in den Mund (S. 323—338).

Herr Spazzo verlegt Weland's Schmiede nach Tyrol, nach einem Orte Gothensass oder Glockensachsen.

Weland's Vater, der Riese Vade, Sohn einer Meerfrau, soll in Schonen gelebt haben. Weland habe seine Lehre beim Schmiede Mimir, „der im dunkeln Tann zwanzig Meilen hinter Toledo hauste" [3]), und bei den Zwergen verbracht. Als die Riesen ins Zwergenland eingebrochen waren, musste er

---

[1]) Nach der ThS. berichtet z. B. G. Görres in 'Der hürnen Siegfried und sein Kampf mit dem Drachen.' Eine altdeutsche Sage. (Regensburg 1883. 2. Aufl.) als fünfte Aventüre (S. 45—66): „Mimer erzählt die Abenteuer Wieland's, des besten aller Waffenschmiede" (mit zwei Bildern von W. v. Kaulbach: Wiel. tötet den Amil. — Wiel. entfliegt, S. 56. 65). Desgleichen Ottm. F. H. Schönhuth, 'Wieland, der kunstreiche Schmid.' Eine höchst wunderbare und abenteuerliche Geschichte (genau nach der ThS. in 11 Kapiteln).

Nach dem SHG. erzählt z. B. Schmidt-Weissenfels 'Zwölf Schmiede. Histor.-Novell. Bilder der bemerkenswerthesten Zunftgenossen' (2. Aufl. Stuttgart) die Wielandsgeschichte.

[2]) Ekkehard. Eine Geschichte aus dem 10. Jahrh v. J. V. v. Sch.; 1. Aufl. Frankf. 1855, 29. Aufl. (von mir benutzt) Stuttgart. 1877, 181. Aufl.. 1901.

[3]) Dem Liede von den drei Schmieden (Biterolf) entnommen. s. Hds³ 161 f.

fliehen. Mit seinem Schwerte Mimung kam er ins Land Tyrol
zu König Elberich, der ihm eine Schmiede anwies. [1])

Da brachen Elberich's Feinde unter dem einäugigen
Amilias ins Land. Elberich verhiess nun dem Überbringer
von Amilias' Haupt die Hand seiner einzigen Tochter. Weland brachte das Haupt, aber Elberich hielt dem niedrigen
Schmied das Versprechen nicht. Zornig wollte Weland sein
Land verlassen, aber der König wollte ihn nicht missen und
liess ihm die Sehnen am Fusse durchschneiden.

Zur Rache tötete Weland eines Tages den Sohn des
Königs in seiner Schmiede und verarbeitete sein Gebein zu
kostbaren Dingen. Da geschah es weiter, dass die Königstochter einmal ihren herrlichen Ring zerbrach, der wie eine
Schlange gestaltet war, und sich dies dem Vater nicht zu ge-
stehen getraute. Heimlich ging sie darum zu Weland's
Schmiede. Dieser erfüllte ihren Wunsch, schleppte sie aber
dann gewaltsam auf sein Lager.

Weland schmiedete sich jetzt zwei Flügel, band sich dieselben um, hing das Schwert Mimung über den Rücken und
entflog, nachdem er Elberich seine Rache verkündet hatte.
Der Hagel von Pfeilen, den ihm der König und seine Ritter
nachsandten, konnte ihm keinen Schaden zufügen. Weland
flog nach Schonen und ward nicht mehr gesehen.

Die Königstochter aber genas noch in demselben Jahr-
gang eines Knaben, „der hiess Wittich und ward ein starker
Held wie sein Vater".

Quellen der Erzählung.

Scheffel legte seiner Erzählung in erster Linie den Bericht der ThS. zu Grunde. Er führt sie übrigens selbst in
Anm. 238 (S. 475) an: 'Wilkina Saga Kap. 19—30 bei von
der Hagen Altdeutsche und altnordische Heldensagen I, 56
und ff'.

Weiter wurde von ihm die im 'Anh. z. Heldenb.' enthaltene Notiz über Wieland verwertet, die er gleich der Bemerkung, dass Mimir 20 Meilen hinter Toledo hauste. W.

---

[1]) Vgl. *Anh. z. Heldenb.* ob. S. 53 f.; *Hds*[1] 326.

Grimm's Deutscher Heldensage entnommen haben mochte.
Nimmt er doch in der nämlichen Anmerkung 238 mit diesem
ein verlorenes deutsches Gedicht von Wiel. an (Verlorn. Ged.
v. Wiel., s. Hds³ 311, 326).¹)

b) In Dänemark.

Adam Oehlenschläger's 'Vaulundurs Saga'. 1804.
Ausgabe von F. L. Liebenberg, Kjøbenhavn. 1888 (Folkeudgave N. 21).²)

I. Die Vølundarkviđa des Dichters Vorlage; die Gesichtspunkte, unter welchen die Dichtung geschrieben wurde.

A. Oehlenschläger ist es, der die erste neuzeitliche Behandlung des Wielandstoffes unternahm, indem er i. J. 1804
die Vaulundurs Saga schrieb.³)

Einzige Vorlage hierzu war dem Dichter die Vkv., da
er bei Abfassung der Dichtung die Erzählung der ThS. noch
nicht kannte.⁴) Die Vorrede zu den 'Poetiske Skrifter'

---

¹) Der Mönch Ekkehard bemerkt zu Herrn Spazzo's Erzählung. er
habe Ähnliches gehört, „aber da hiess der König Nidung (ThS.) und die
Schmiedewerkstätte stand am Kaukasus" (s. ob. Anh. z. Heldenb.).

²) In Liebenberg's Gesamtausgabe von 'Oehlenschläger's
Poetiske Skrifter' ist die Vaul. Saga im Tredivte Deel (Oehl.s Heltedigte
og Sagaer, Anden Deel, Kjøbenhavn 1862) enthalten. — Ausserdem ist
zu bemerken, dass Oehlenschl. selbst eine deutsche Übersetzung seiner
Schriften herausgab, Breslau, 1829—30 in 18 Bänden und Breslau, 1839
in 21 Bänden. Doch weicht die (Ausg. Bresl. 1830 im 17. Bändchen,
S. 98—151, enthaltene) 'Waulundur. Ein nordisches Märchen' betitelte
Übersetzung in Schilderung des Schlussschicksals des Helden von dem
von mir zu Grunde gelegten dänischen Text nach Liebenberg wesentlich ab, vgl. unt. S. 203, Anm. 1.

³) Vgl. Anmærkninger af Udgiveren: 'Vaulundurs Saga, som blev
digtet i Aaret 1804, efter Thors Reise til Jotunheim og før Langelands-
Reise, udkom i Juli 1805 i anden Deel af Ad. Oehlenschlägers Poetiske
Skrifter.'

⁴) Vgl. Den raisonnerende Indholdsangivelse i Eventyr af forskiellige
Digtere; sammendragne og oversatte, med Bemærkninger, af Ad. Oehlschl.

(Fortale til **Adam Oehl.s Poetiske Skrifter** I, 1805, Side XIX) macht uns mit den Gesichtspunkten vertraut, unter welchen er 'Vaulundurs Saga' und 'Alladin' schrieb. Beide Dichtungen sollten nämlich durch ihre individuellen Bilder — die Figuren der Vaul. Saga mit ihren breiten Schatten bewegen sich langsam und ernst — grosse Situationen vom wunderlichen Gang des Lebens und der Natur darstellen.[1]) Eine Hauptrolle spielen in der Vaul. Saga die Allegorien (von den drei Edelsteinen), des Dichters eigene Erfindung, welche die Vkv. nicht kennt. Vgl. unt. Anm.: Dette er ogsaa, etc.

Nachdem so die Quellenverhältnisse der Dichtung und die ihr zu Grunde gelegten Gesichtspunkte erörtert sind, soll nun durch die jetzt folgende Inhaltsangabe der Vaulundurs Saga die Individualität des Dichters in ihrem vollen Lichte hervortreten.

II. Inhalt der Dichtung.

Finmarken ist ein Land, hoch im Norden, voll Eis und Schnee, wo nur kümmerliches Wachstum gedeiht. Aber seine Berge sind reich an unterirdischen Schätzen. Die Bewohner passen zu dem Lande: klein von Gestalt, aber von starken Gliedern und klarem Verstande, so dass das Innere besitzt, was dem Äusseren abgeht, gleich ihren Bergen. Sie sind die trefflichsten Bergleute und Schmiede und ihr vertrautes Leben

---

I, 1816. Side XXXII. 'Da jeg digtede Vaulundur, kiendte jeg ikke dette Eventyr [Velents Saga], der er en Episode i Vilkinasaga, men kun Vaulundarquida i Edda.

[Dette er ogsaa yderst forskielligt fra mit. Af Allegorien, der spiller Hovedrollen i Vaulundurs Eventyr, om de tre Ædelstene, findes naturligviis Intet her, da det er min Opfindelse.]

[1]) ·At Vaulundur og Aladdin giennem deres individuelle Billeder skulle fremstille store Situationer af Livets og Naturens forunderlige Gang, vil et opmærksomt Øie vel ... letteligen kunne mærke. Til Grund for den Første ligger et lidet dunkelt Fragment i Sæmunds Edda.... Bestræbelsen efter at give disse Digte en ganske forskiellig Colorit haabes ogsaa at være kiendelig, saa at de nordiske Figurer bevæge sig langsomt og alvorligt med deres brede Skygger, medens Alting broget, med hyppige Lyspartier, tumler sig i Aladdin i det østlige Solskin, hvis Varme udklækker saa mangfoldige Productioner'.

mit der tiefen, verborgenen Natur hat sie die Kunst der Weissagung und sonderliche Weisheit gelehrt.

Slagfidur, Eigil und Vaulundur waren Brüder finnischen Stammes, Königssöhne (nach Vkv.). Die drei Brüder waren weise, stark und geschickt und an Körpergestalt Riesen im Vergleiche zu den Bewohnern des Landes.

Eines Tages fanden die Brüder, die gleich den übrigen es liebten, in den Bergen zu graben, einen grossen Goldklumpen, in dem drei Edelsteine von roter, grüner und blauer Farbe sich befanden. Sie brachten ihn ihrer Mutter, welche die Wahrsagekunst verstand.

Kaum aber hatte die Königin den Goldklumpen erblickt, als sie bitterlich zu weinen begann. Denn dies Zeichen bedeutete die Trennung von ihren Söhnen. Voll Kummer sang sie diesen:

Grün ist Gras,	*Grøn siger: Græs,*
Blau ist der Himmel,	*Blaa: klar Himmel,*
Rot sind die Rosen,	*Rødsteen: Roser,*
Golden ist die Maid.	*Guld: væn Mø.*
Weiter fort	*Længer ned*
Winkt Euch die Norne,	*Jer Nornen vinker,*
Wo blauer Himmel	*Hvor lysblaa Himmel*
Grüne Triften	*Om spraglet Vaargræs*
Schön umwölbt.	*Venligt hvælver.*
Blüh'nde Frauen	*Lilievande*
Mit goldnen Locken	*Med guldgule Lokker*
Werden Euch erwarmen	*Skal der eder kryste*
In Lilienarmen. [1]	*Til hvide Bryste.*

Dieser Gesang machte die Brüder sehr froh, denn schon längst hatten sie sich nach der Liebe herrlicher Frauen gesehnt.

Sie kleideten sich also in Panzer, gürteten schwere Schlachtschwerter um ihre Lenden, setzten auf ihre Häupter Goldhelme, die sie aus den gefundenen Goldklumpen gefertigt und in welche sie die Edelsteine eingefügt hatten. Slagfidur

---

[1] Ich entnehme die anzuführenden deutschen Verse der Übersetzung v. J. 1830.

hatte den grünen gewählt, Eigil den blauen und Vaulundur
den roten. Dann spannten sie Renntiere vor ihre Schlitten
und zogen gegen Süden.

Unterwegs trat ihnen aus einem Berge ein Häuflein kleiner
Männchen entgegen — es waren Schwarzelfen (Svartalfer) —
die sie von ihrer Auswanderung abzuhalten suchten. Aber
Eigil und Slagfidur schlugen auf ihre Renntiere, so dass je
ein Schwarzelfe zu Boden stürzte. Vaulundur beschädigte
keinen. Da verkündeten die Schwarzelfen:

Weil nun Eigil	*Fordi Eigil*
Schlug das Renntier,	*Ad Renen hødet,*
Weil auch Slagfidur	*Fordi Slagfidur*
Schlug das Renntier, —	*Ad Renen hødet,*
Folg unser Hass Euch!	*Vort Had dem følge:*
Gute Zeit! Schlimme Zeit!	*God Tid! Ond Tid!*
Trauerzeit, Sterbezeit. —	*Graadstid! Dødstid!*
Weil uns Waulund	*Fordi Vaulund*
Kalt verlassen:	*Svartalfer svigted:*
Gute Zeit, böse Zeit,	*God Tid! Ond Tid!*
Trauerzeit, Freudezeit.	*Graadstid! Frydstid!*
Er schlug das Tier nicht.	*Thi ei han høded.*
Fahrt wohl, Finnen,	*Farvel, I Finner!*
Königssöhne.	*Kongesønner!*

Endlich gelangten die Brüder nach Schweden, wo sie im
Wolfsthal (Ulfsdal) ein Haus dicht am Wolfssee erbauten und
den Winter über von der Jagd lebten (Vkv.).

Als der Frühling eingekehrt war, sahen sie eines Tages
drei Jungfrauen am See sitzen; sie spannen Flachs und ihre
Schwanenkleider lagen ihnen zur Seite. [1] Und wunderbar!
die eine war mit grüner, die zweite mit blauer, die dritte
mit roter Kleidung angethan, gerade so wie die Farben der
drei Edelsteine waren.

---

[1] Vgl. Vkv. Str. 1 5—8. þær á sævarstrǫnd
   settusk at hvílask
   drósir suðrœnar,
   dýrt lín spunnu.

Als die Brüder voll Freuden auf sie zueilten, da sangen die Jungfrauen:

Edle Königssöhne!	*Ædle Kongesønner!*
Slagfid, Eigil, Waulundur!	*Slagfid! Eigil! Vaulund!*
Heil Euch, starken Helden.	*Hil jer, ædle Kæmper!*
Svanhvid, Alrun, Alvild	*Svanhvid, Alrun, Alvild*
Sandten her die Nornen,	*Nornerne hidsendte,*
Freud und Lust zu bringen	*For at bringe Glæde*
Finnenkönigskindern!	*Finnekongers Afkom.*

Glückselig vor Freuden führten nun die Brüder die Walküren in ihr Heim. Slagfid gewann Svanhvide, Eigil Alrune, Vaulundur Alvilde (Vkv. Str. 2).

Aber nach neun Jahren glücklichsten Zusammenlebens verkündeten die Frauen ihren Männern, dass nunmehr die Notwendigkeit (vgl. Vkv. Str. 3 [5, 6]) sie zwänge, während neun Jahren ihres Walküreamtes zu walten. Wenn diese Frist abgelaufen, würden sie zu ihren Männern wieder zurückkehren. Und sie gaben den ob ihrer Rede erschrockenen Brüdern drei Schlüssel, womit sie die Berge öffnen und die köstlichsten Metalle herausnehmen konnten. Dann küssten sie ihre Eheherrn und verschwanden.

Tiefbetrübt blieben die Brüder zurück. Slagf. und Eigil wollten aber die Rückkehr ihrer Frauen nicht erwarten, sondern sie in der Ferne aufsuchen. Vergebens riet ihnen Vaul., der Jüngste, ab. Bei ihrem Scheiden traten sie mit dem Fusse eine Vertiefung in die Erde und sprachen zu dem Bruder: „Wenn unsere Fussstapfen deutlich und unversehrt sind, sind auch wir wohlbehalten; wenn sie mit Wasser oder Blut angefüllt oder mit Erde verschüttet sind, so bedeutet dies unseren Tod auf dem Meere, im Kampfe oder durch Krankheit.“ Dann gingen sie weg.

Die armen Brüder Vaul.'s kamen nicht weit auf ihrer Wanderung. Nur zu bald sollte sich an ihnen die Weissagung der Schwarzelfen erfüllen. Auf der ersten Abendrast gerieten sie, vom Mete trunken, über die Schönheit ihrer Frauen in Streit und zogen ihre Schwerter. Slagf. spaltete Eigil's Helm, so dass der Bruder besinnungslos nach rückwärts in einen Fluss stürzte und ertrank. Eigil's Edelstein war blau und nun lag er selbst tot in der blauen Flut. Slagf. aber schien es, als hörte er die Worte singen:

God Tid! Ond Tid!

Graadstid! Dødstid!

Slagfid. starrte nach dieser unglücklichen That gegen Himmel. Da sah er einen seltsam glänzenden Stern sich nähern, dessen Umrisse immer deutlicher hervortraten, so dass Slagf. endlich die Gestalt Svanhvidens erkannte. Die Erscheinung war aber ein Trugbild — ein Schwarzelfe. Sehnsüchtig streckte Slagf. seine Arme empor und als die Gestalt ihm winkte, warf er Panzer und Schwert weg, um ihr zu folgen. Nun gings über Bergströme, immer höher. Eine unwiderstehliche Gewalt zwang Slagf., der Erscheinung zu folgen. Da erkannte er beim Morgengrauen, auf dem höchsten Bergesgipfel, dass es ein Schwarzelfe war, der ihn irre führte. Vor sich sah der Unglückliche eine unübersehbare grüne Ebene liegen; ein Sehnen, sich in diesen grünen weichen Schoss zu stürzen, ergriff ihn. Da wandte sich der Alfe und rief: „Dødstid!" und sogleich stürzte sich der Unglückliche in den Abgrund. So lag Slagfidur zerschmettert in dem grünen Abgrund. Sein Stein aber war grün gewesen.

Im Wolfsthale erhob sich Vaulundur am nächsten Morgen frühe vom Lager und ging mit dem ersten der Schlüssel — sie waren von Kupfer, Eisen, Gold — hinauf ins Gebirge. Wunderbare Schätze erschlossen sich ihm da mit Hilfe des Schlüssels. Er nahm davon und schmiedete einen Kupferhelm, den er mit drei grossen grünen Steinen besetzte. Die beiden anderen Schlüssel erschlossen ihm noch grössere Schätze. Aus dem gewonnenen Eisenerze schmiedete er ein Schwert von wunderbarer Schärfe, dessen Griff er mit blauen Edelsteinen besetzte; aus dem gewonnenen Golde endlich schuf er einen herrlichen Brustharnisch, den er mit roten Edelsteinen zierte.

Eines Morgens gedachte Vaul. seiner Brüder und ging nach ihren Zeichen zu sehen. Da war Eigil's Spur mit Wasser überschwemmt, Slagfidur's Fussstapfen aber waren mit Erde überdeckt. Schweren Herzens erkannte nun Vaul. den Untergang der Brüder und ging betrübt nach Hause.

Vaul. verbrachte nun seine Zeit mit dem Schmieden von allerhand köstlichen Dingen. Auch 700 Ringe schmiedete er und hing sie an einer Bastschnur auf. Er gedachte dabei seiner Alvilde, deren Arm sie herrlich zieren würden (vgl. Vkv. Str. 6. 11).

Um diese Zeit erfuhr der Schwedenkönig Nidudr, ein feiger, grausamer, missgünstiger Herrscher, von Vaul.'s Schätzen und beschloss alsbald, dessen Gut zu nehmen und ihn selbst zu ergreifen (Vkv. Str. 7).

Als die Sonne untergegangen war, kleideten sich seine Mannen in Eisen, gürteten ihre Rosse und ritten mit blanken Spiessen ins Wolfsthal. Im bleichen Mondlichte schimmerten ihre Waffen (Vkv. Str. 8).

Sie fanden Vaul.'s Behausung leer und verlassen. Nidudr befahl seinen Leuten die 700 Ringe vom Baste zu nehmen. Den schönsten davon behielt er, die übrigen liess er wieder aufhängen (Vkv. Str. 8. 9). Dann erwarteten sie im Verstecke Vaul.'s Heimkehr. Endlich kehrte er beutebeladen von der Bärenjagd zurück. Er briet Bärenfleisch und setzte sich zur Mahlzeit. Darauf zählte er seine Ringe und vermisste den einen. Da dachte er, Alvilde habe ihm durch dies Zeichen ihre Rückkehr angedeutet und legte sich freudig bewegt zum Schlafe nieder (Vkv. Str. 10. 11).

Jetzt befahl Nidudr, den Schlafenden zu fesseln. Vaul. erwachte also in Banden. Nid. fragte ihn nach dem Ursprung seines Goldes und liess ihn fortführen. Vaul.'s Schätze wurden gleichfalls fortgeschleppt (Vkv. Str. 14). Nid. aber gürtete sich selbst das Schwert Vaul.'s um und gab den Ring seiner Tochter Baudvilde (Vkv. Prosa nach Str. 16).

Vaul. wurde in einen tiefen Turm geworfen, und als Nid. die Königin frug, was er mit dem Schmiede beginnen sollte, da sang diese zur Harfe:

Sein Herz wird sehnlich schwellen	*Hans Tænder sikkert vædes,*
Wenn er das Schwert erkennt,	*Naar Sværdet sit han skuer,*
Und wenn er an Baudvild	*Og naar han paa Baudvild*
Den Ring entdecket.	*Ringen kiender.*
[Da schielt gewiss sein Auge	*Da skule vist hans Øine.*

Wie auf die schlimmste Schlange.]¹) *Som paa den værste Slange.*
Schneidet ihm über   *Skærer sønder*
Die starken Sehnen,   *Hans stærke Sener,*
Und haltet nachher ihn   *Og sætter ham siden*
Auf Sävarsted!   *Paa Sævarsted!*

Und so geschah es. Der gelähmte Vaul. musste auf
Sævarsted, in seiner Schmiede an einen Stein gefesselt, vom
Morgen bis Abend dem Könige schmieden. Niemand ausser
Nidudr selbst hatte Zutritt zu ihm (Vkv. Str. 17 und Prosastelle). Und Vaul. arbeitete willig; denn während der Arbeit
vergass er den Missmut und den Kummer, der ihn bedrückte.
Als er jedoch eines Tages recht traurig war und hoffnungslos
und lebensüberdrüssig ins Meer hinausstarrte, da schwamm
eine Wassernixe heran und ermahnte ihn durch ihren Gesang,
den sie lieblich mit Harfenspiel begleitete, zum Ausharren,
bis das Glück ihm wieder zulächle.

Eines Tages fand Nidudr bei Vaul. die drei Schlüssel
und dieser musste deren Eigenschaften bekennen. Der habgierige König begab sich nun ungesäumt mit seinen Leuten
an den von Vaul. bezeichneten Ort, um die Schätze zu heben.
Dort teilte er seine Leute in drei Haufen und übergab einem
jeden einen Schlüssel. Doch statt der erhofften Schätze
ernteten sie nur Verderben und Untergang. Mit wenig Übrig-
gebliebenen kehrte der König, der sich vorsichtig im Hinter-
grunde gehalten hatte, beutelos nach Hause.

Nach Nid.'s Heimkehr fand ein Gastmahl statt, zu dem
er die Grossen seines Reiches geladen und bei welchem er
dieselben mit den erbeuteten Schätzen zu überraschen gehofft
hatte. Jetzt aber war er mit leeren Händen zurückgekehrt.
Um dies wenigstens fürs erste zu verbergen, betrat er den
Saal, angethan mit einer Rüstung von purem Golde, die
Vaul. gefertigt, und dessen Schwert mit den blauen Edelsteinen an der Seite. Auch die Königin und ihre Tochter,
die von grosser Schönheit, aber ebenso hoffärtig und grausam
wie ihre Mutter war, hatten sich aufs herrlichste geschmückt.

Nidudr willigte, nachdem das Gastmahl schon lange Zeit

---

¹) [ ]; diese zwei Zeilen fehlen in der deutschen Übersetzung.

gedauert, in der Metlaune ein, seinen Gästen den Urheber all dieser Pracht zu zeigen. Vaul. ward so in den Saal geschafft und von den Gästen angestaunt. Der König aber und die Seinen, selbst die Frauen, verhöhnten ihn. Ja, ein Königssohn ergriff einen Knochen vom Tische und warf nach ihm. Da entbrannte Vaul., der bisher ruhig alles über sich hatte ergehen lassen, in heftigem Zorn; er ergriff den Knochen und schlug Nid. damit aufs Haupt, dass der Helm herabfiel.

Zur Strafe befahl der König, dass ihm das eine Auge ausgestochen werde. Die grausame Baudvilde erbat sich die persönliche Vollziehung dieses Dienstes und beraubte mitleidlos Vaul. seines Auges.

Darauf ward Vaul. wieder nach Sævarsted gebracht. Diese neue Verstümmelung hatte ihn jetzt aufs höchste erbittert. Er rief die drei Nornen um Rache an:

„Rache! Rache über Nidudr und sein ganzes Haus!"

„Hevn, Hevn over Nidudr og hans ganske Huus!"

Eines Nachts drangen die beiden Königssöhne, Gram und Skule, bei ihm ein und wollten, da ihr Vater gerade abwesend war, Vaul.'s Schätze plündern. Denn der König war geizig und gab ihnen nichts von den Schätzen. Vaul. musste ihnen den Schlüssel zur Kiste reichen, worin seine Kostbarkeiten lagen. Die beiden beugten sich, von ihrem Glanze geblendet, tief über die Kiste (Vkv. Str. 21). Vaul. aber ergriff indessen eine Axt und schlug ihnen die Häupter ab, so dass sie in die Kiste fielen. Die Leiber der Getöteten verscharrte er unter dem Lehmboden seiner Schmiede.

Die Schädel der Erschlagenen verarbeitete er nun zu kostbaren Trinkschalen; aus ihren Augen bildete er Edelsteine und fügte sie in zwei Armbänder ein; aus ihren Zähnen endlich machte er ein Perlenhalsband. Mit diesen Geschmeiden beschenkte er den König, seine Gemahlin und Tochter (Vkv. Str. 24. 25). Ersterer trank nun aus den Trinkschalen bei der Totenfeier seiner Söhne — man glaubte sie ertrunken, da man ihr Boot leer aufgefunden hatte — und letztere schmückten sich dazu mit den Geschmeiden. Allein dem Könige bereitete der Trunk aus den Schalen heftiges Kopfweh, der Königin der Anblick des Armschmuckes grässlichen

Schmerz in den Augen, und die Königstochter befiel plötzlich das schmerzhafteste Zahnweh.

Während der Nacht hatte Baudvilde ihren Ring beschädigt. Sie verbarg dies ihren Eltern und ruderte des Abends nach Sævarsted, um sich von Vaul. den Ring wiederherstellen zu lassen. Dieser empfing sie freundlich, bot sich ihm jetzt doch wieder Gelegenheit zu süsser Rache. Er besserte den Ring, wobei Baudvilde den Blasebalg ziehen musste. Als sie von der ungewohnten Arbeit erhitzt und durstig geworden war, da reichte er ihr einen Trunk Äl, der mit betäubenden Kräutern vermischt war. Baudvilde verfiel jetzt in Schlaf, Vaul. aber durchfeilte seine Fesseln und brauchte Gewalt an der Königstochter (Vkv. Str. 28). Der Überwundenen gestand er noch den Mord ihrer Brüder. Jedoch die gefühllose Baudvilde wurde weder durch ihre eigene Schande noch durch das Geständnis von der Ermordung ihrer Brüder gebeugt. Hurtig ergriff sie einen Speer, um Vaul. damit zu durchbohren. Dieser entwich dem Stosse, fesselte die Wütende an Händen und Füssen und warf sie in ihr Boot, so dass sie hilflos auf dem Meere trieb. Vaul. grub nun in eine Goldplatte seine Rachethaten ein und wollte seinem armseligen Leben selbst ein Ende bereiten.[1]

Da ertönte von ferne ein lieblicher Gesang und Vaul. erblickte einen funkelnden Stern, den er schliesslich als den Goldwagen Freia's erkannte. Diese erschien nun mit glänzendem Gefolge — worunter Alvilde — und kündete Vaul. die Wiederkehr seines Glückes. Odin habe auf ihr Bitten hin ihm Alvilde auf seine ganze Lebenszeit geschenkt, und wenn er sterbe, würde Alvilde ihn nach Valaskialf bringen, wo er für die Götter und Einherier schmieden solle. Dann winkte sie Eir, die huldreich Vaul.'s Gebrechen heilte und die die Freia begleitenden Lichtelfen brachten ihn übers Wasser in eine frische Laubhütte, mitten im Walde. Am nächsten Morgen aber fand er, erwacht, Alvilden in seinen Armen.

---

[1] In der deutschen Übers. v. J. 1830 fehlt der Bericht von Baudvilden's Vergewaltigung und ihrem Überfall auf Vaul.

Alvilde ermahnte Vaul., alsbald an den Hof N̦id.'s zu
gehen, der noch nichts von dem Vorgefallenen wusste. Vaul.
machte sich auf den Weg und gelangte, ohne erkannt zu
werden, in das Schlafgemach des Königs. Dort rief er:
„*Wache auf, König Nidudr!*"   „*Vaagner op, Konning Nidudr!*"
Und er kündete ihm seine Rache. Zuletzt zog er sein
Schwert und rief: „Und nun bin ich selbst hierhergekommen,
du Neiding! um dir den Todesstoss zu geben." Doch dieser
war schon vor Schreck gestorben und fuhr solcherweise zur
Hel, wo er nun für alle seine Übelthaten bezahlt wird.

Baudvilde stürzte sich wütend vom Boote aus in die See,
die Königin nahm Gift. Das Volk aber rief Vaul. zum
König aus und er regierte viele Jahre als ein ebenso frei-
gebiger und weiser Herrscher, als tüchtiger Kriegsheld. [1])
Er starb im grauen Alter und liegt begraben unter einem
Hügel mitten in den Wolfsthälern, wo sein Hof gestanden
haben soll. In dem Hügel findet man noch heutigen Tags
einen viereckigen Bau von grossen Granitsteinen. Auf dem
Steine gegen Norden ist ein Mann ausgehauen mit ge-
fesselten Beinen, der ein Schwert schmiedet. Hier wurde
manches Jahr hindurch Opfer gehalten, und von vielen wurde
er nach seinem Tode als ein Gott angesehen, weil sie
glaubten, Alvilde habe ihn nach Freia's Verheissung in ihren
Armen nach Walhalla getragen. Und alle Schmiede riefen,
wenn sie eine schwere Arbeit vornahmen, erst Vaul. an, und
das Schwert mit den blauen Edelsteinen befand sich noch
vor einigen Jahrhunderten in Schweden in der königlichen
Rüstkammer. [2])

Hiermit endet die Vaulundurs Saga.

---

[1]) Die deutsche Übersetzung (1830) berichtet dagegen, dass Waulundur sich nachher zum König Hroar in Leire begeben hat. Im 'König Hroar' (15. Bändchen) wird Waul. an Hroar's Hof als Schmied an-
gestellt und vom Hofe Hroar's weg zieht dort Widrik, Waulundur's
Sohn, auf Abenteuer aus, zu König Diederick. Sein Schwert ist Mi-
mungur, auf seinem Schilde prangen Hammer und Zange. — Man sieht
somit, dass der Dichter hier die ThS. verwertete.

[2]) Am Schlusse brachte der Dichter also noch die Lokalsage zur
Geltung.

Holger Drachmann's Melodrama 'Vølund Smed'. 1894.
København, 1898 (Tredie Oplag).

I. Inhaltsangabe der Dichtung.

α) **Vølund beweibt sich — Vølund tager sig Viv.**

Vøl. macht Halt mit seinen zwei Gesellen Lysalf und
Svartalf — sie sind in Reisekleidern, mit Speeren in der Hand,
und tragen Bündel — in einer majestätischen, hügeligen, von
silberhellem Wasser durchflossenen Gegend, mit grünen Ab-
hängen, die mit Föhren, Eichen, Birken bewachsen sind und
eben in schönster Frühjahrsblüte prangen.

Vølund — nicht hoch, aber schlank und schulterbreit,
selbstbewusst, mit scharfen, klaren Augen, die in die Welt
schauen, mit starkem Willen und ruhigem Verständnis; Lysalf — ganz jung, schmächtig, schön, geschmeidig, aufgeräumt;
Svartalf — etwas älter, gebückt, breitbrüstig, mit hervor-
tretenden Augen, die schauen, als ob sie alle Dinge aus
ihrem Versteck herausbohren könnten, mit einem steten hä-
mischen Lächeln um den Mund.[1]

Vøl. frägt die Gesellen, ob ihnen der Ort gefalle, um
dort ein Haus zu bauen. Svartalf, der allzeit mürrische, hat
kein Auge für die Reize der Natur; er sieht alles schwarz
an. Umsonst ist Vøl. bemüht, ihn zu bekehren. Er wendet
sich darum an Lysalf, der immer lebenslustig und hoffnungs-
freudig ist. Lysalf erzählt von der Liebe seiner Mutter, die
von ihrem Geliebten verlassen, vor seiner Geburt bei dem
Zwergvolke liebevolle Aufnahme fand, und erweckt so in
Vøl. die schon längst in ihm ruhende Sehnsucht nach Liebe.

Vøl. ergreift jetzt eine Axt und fordert die Gesellen
auf, ihm zu folgen. Sie besteigen einen Hügel, auf welchem
eine Baumgruppe steht. Vøl. beginnt einen Baum zu fällen.
Während der Arbeit frägt er:

Vøl. Wie heisst das Land,   Hvad hedder Landet,
In welches wir gekommen?   hvortil vi er dragne?

---

[1] Man beachte die Bedeutung der beiden Eigennamen Svartalf und
Lysalf, d. i. Schwarzelfe und Lichtelfe.

Lys. König Niduns Reich, Herr!   *Konig Niduns Rige, Herre!*
Vøl. Und was ist er für ein Mann?   *Og hvad Slags Mand? —*
Svart. Im Namen liegt der Mann,   *I Navnet ligger Manden,*
     Der Manne im Namen.[1])   *Manden i Navnet.*

Der Baum stürzt. Vøl. springt beiseite. Eine Lichtung
zeigt sich im Gebüsch. In dieser Lichtung sieht man ein junges
Weib in tiefem Schlafe liegen, mit einem roten Mantel be-
deckt, mit gelöstem hellem Haar, hoher Brust, Helm und
Speer beiseite.

Vøl. stützt sich auf seine Axt und betrachtet sie unaus-
gesetzt. Ihre Schönheit begeistert ihn.

Vøl. nähert sich der Schlafenden und beugt sich über sie
in stiller Bewunderung. Dann hebt er wieder das Haupt, blickt
auf die Landschaft und die Worte, die er spricht, durchklingt
die Befriedigung, dass endlich seine Sehnsucht nach dem Besitze eines Weibes erfüllt sei.

Er lässt sich auf ein Knie nieder, ergreift die Hand des
schlafenden Weibes und frägt:

Vøl. Sage, sucht wohl dein Schlaf   *Sig, søger mon din Søvn*
Einen Gegenstand für tiefe Träume,   *en Genstand for dybe Drømme,*
So nenne mir einen Namen —   *saa nævn mig et Navn —*
Aber nenne mir zuerst den deinen!   *men nævn mig først dit!*
    Die Schlafende: Alvide —   *Hervør,*
       Hervør —   *Alvide!*[2])
Vøl. Bist Du verzaubert?   *Er Du tryllebunden? —*
Die Schlafende. Ja — bis ich ge-   *Ja — til jeg vækkes!*
      weckt werde.
Vøl. Und wen suchst Du?   *Og ham, Du søger? . . .*
Die Schlafende. Vølund sucht mein   *Vølund søger min Søvn! —*
      Schlaf! —
Vol. (küsst sie) Vølund ist es, der   *Vølund er det, som vækker Dig!*
      Dich erwecket!

Lysalf bemerkt nun zu Svartalf, dass jetzt das Haus ge-
baut und Liebe dort einziehen würde, dieser aber klagt,

---

[1]) Nidung = Neiding, Neidhart.
[2]) Zusammenziehen zweier Walkürennamen der Vkv. in einen.

dass mit dem Einzuge des Liebesgetändels die Freiheit ent-
schwunden sei.

β) Trennung — Adskillelsen.

Unter einem Abhange liegt Vøl.'s Haus. Es hat zwei
Thüren; die eine, wohlverschlossen, führt zum Wohnraume,
die andere steht offen und zeigt die Schmiedeesse, wo man
Vøl. mit den zwei Gesellen arbeiten sieht. Das Feuer flammt
und wirft seinen Schein über blanke Metallgegenstände.

Vom Hause weg führt ein Steig über den Abhang
zwischen zerstreuten Steinblöcken; viel Blumen und blühende
Gebüsche. Vom Abhange her ragt eine Eiche schirmend
über das Dach.

Zur rechten Seite ein rieselnder Bach mit einer Holzbrücke. Hier fängt der dichte Wald an. Es ist ein Sommer-
nachmittag, still und warm. Drinnen, von der Esse hört
man Lys. singen, die Hammerschläge fallen im Takte zum
Gesange.

Alvide tritt hervor, horcht auf den Gesang und pflückt
Blumen. Plötzlich sieht sie in die Höhe, wirft die Blumen
weg, die sie in der Hand hält, steigt schnell den Abhang
hinauf, bleibt einen Augenblick zweifelnd stehen, geht dann
langsam hinauf.

Die Hammerschläge hören auf, Vøl. tritt unter die Thüre
und wischt sich den Schweiss ab. Als Alvide auf sein Rufen
nicht antwortet, eilt er den Steig hinauf nach der Anhöhe.

Die beiden Gesellen treten unter die Thüre und halten
ein Zwiegespräch über die Liebe; der eine preist die Liebe,
der andere spottet ihrer.

Lys. spielt mit einem Goldringe, der in der Form einer
Schlange gewunden ist. Er nimmt ihn vom Arme, hebt ihn
gegen die Sonne und betrachtet ihn. Dann hängt er ihn neben
sich ans Gebüsch.

Als die Gesellen wieder in die Schmiede zurückkehren,
ist der Ring auf der Birke hängen geblieben.

Über die Brücke, die über den Bach führt, kommen jetzt
die zwei Söhne König Nidung's, Grimur und Gramur. Sie

tragen Bogen und Pfeile in der Hand, im Gürtel stecken Messer.

Grim. Dort ist des Fremden Haus.	*Dér er den Fremmedes Hus . . .*
Soll der Sklave wohnen und bauen	*at Træl skal bo og bygge*
Hier in meines Vaters Reich	*her i min Faders Rige*
Ohne uns es zu vermelden!	*uden at vare os ad! . . .*
Gram. Und ohne uns Steuer zu entrichten!	*Og uden at svare os Skat! . . .*

Sie schleichen sich ans Fenster der Schmiede: „Welche Schätze!"

Gramur entdeckt den Ring und nimmt ihn vom Gebüsche. Sie balgen sich um denselben, bis Reigin, ein Hofmann (hirdmand) ihres Vaters, der inzwischen angekommen ist, sie trennt und mit ihnen abgeht.

Oben auf der Anhöhe sieht man Vølund und Alvide in der untergehenden Abendsonne. Er hält sie fest an sich; sie lehnt den Kopf gegen seine Schulter; sie steigen langsam, Schritt für Schritt, den schlängelnden Pfad hinunter und treten vor das Haus. Dort macht sie sich sanft von ihm los und ruft:

Alv. Bald ist die Sonne untergegangen	*Snart er Solen dalet —*
Und Hervør weit von hier.	*og Hervør langt herfra.*
Freiwillig kam ich zu Dir	*Frivillig kom jeg til Dig —*
Und gezwungen reise ich fort.	*og tvungen drager jeg bort.*

Vølund kann ihre Worte nicht verstehen und erwidert unter Vorwürfen gereizt:

Vøl. Geh — woher Du gekommen bist!	*Gaa — hvorfra Du er kommen!*

Noch einmal werfen sie sich in sehnsüchtiger Liebe einander in die Arme, aber Alvide kann nicht bleiben.

Alv. Freiheit ist die Losung —	*Frihed er Løsnet —*
Kampf das Leben!	*Kampen er Liv!*

Alvide ruft nun nach Schild und Speer. Lys. bringt ihr beides. Ferne Hornstösse ertönen. Junge Weiber in strahlender Waffenrüstung, mit wallendem Haar, zeigen sich im Hintergrund. Sie schwingen ihre Waffen und rufen nach

Hervør. Begeistert schwingt diese ihren Speer und Vølund beugt in der Erkenntnis, dass sein Weib eine Walküre ist, ehrfurchtsvoll das Knie.

Alvide wendet sich nochmals zu Vølund und ermahnt ihn ein Mann zu sein, ihrer Umarmungen zu vergessen, nicht aber Waffen zu schmieden:

Alv. „Ragnarok kommt — wir Ragnarok stunder — vi mødes
sehen uns wieder!"   igen!

Sie reisst sich von ihm los, der ihr Knie umklammert hat, eilt auf den Hügel und wird von den Weibern umringt. Die Sonne geht unter, man hört etwas wie das Sausen eines starken Wetters — Alvide und die Weiber sind verschwunden. Ein freundlicher Sommerabend liegt wieder über der Landschaft.

Vølund starrt lange Zeit unbeweglich nach hinten. Dann spricht er mit Lysalf über das Geschehene. Lys. sucht ihn zu trösten und holt aus dem Hause ein Wachsmodell, welches er Vøl. in die Hände drückt. Es ist die begonnene Büste Alvidens, die Vøl. jetzt vollenden möge. In der That macht sich dieser ans Werk und wird so vom herbsten Schmerze abgezogen. Lys. kehrt in die Schmiede zurück, nachdem er vergebens auf dem Gebüsche nach dem Ringe gesucht hat. Vøl. arbeitet aufs emsigste weiter.

Reigin mit Grimur und Gramur und einem Teile von Nidung's Gefolge haben sich unterdes über die Brücke hergeschlichen, dicht an Vølund heran, ohne dass dieser sie entdeckt. Plötzlich werfen sie Stricke über seine Schultern und Arme und reissen ihn zu Boden. Sie bilden einen Kreis um ihn.

Die beiden Königssöhne fallen sogleich habgierig über Vøl. her: doch dieser schleudert Gramur mit einem Fusstritte weit weg. Nidung und Bødvild kommen jetzt mit dem Reste vom Gefolge und Knechten, die Speere und Fackeln tragen, zum Vorschein.

Der Schein der Fackeln fällt über die eingefallenen Gesichtszüge des Königs, die tiefliegenden, unruhigen Augen, den wilden Bart und über die stolzen, hochmütigen Züge Bødvild's.

Nid. Woher bist Du gekommen,   *Hveden er Du kommen —*
Wie stahlst Du Dich hieher in   *hvi stjal Du dig hid i mit Land?*
      mein Land?
Woher nahmst Du die Schätze,   *Hvorfra tog Du de Skatte,*
Die Du besitzest, wie man sagt?   *man siger Du ejer?*
         (Vkv.)

Die Bewaffneten dringen in die Schmiede, die beiden Gesellen werden ergriffen und entwaffnet. Nid. äussert Bødvild
gegenüber Besorgnis wegen Vølund und diese erwidert:

Bødv. So mach ihn unschädlich!   *Saa gør ham u-farlig! —*

Nachdem sie eine Zeitlang auf den Schmied gesehen
haben, spricht sie weiter:

Bødv. Ungefährlich scheint mir   *Ufarlig tykkes mig*
Der Sklave, dessen Kniesehnen   *Trællen, hvis Knæled*
Durchschnitten sind —   *skæres isønder —*
Und brauchbar doch   *og brugbar dog*
Zu kunstvoller Arbeit!   *til kunstfærdig Dont!*

Nid. befiehlt nun, was die Tochter geraten hat. Die
beiden Königssöhne werfen sich daraufhin mit ihren Messern
über Vøl. Als dieser die Marter stumm über sich ergehen
lässt, ruft Bødvild:

Bødv. Schreit er nicht?   *Skriger han ikke? —*
So schreie doch — schrei!   *saa skrig dog — skrig!*
Oft sah ich einen Sklaven   *Ofte saa' jeg Træl*
Weniger gleich einem Mann —   *mindre lig en Mand —*
Selten sah ich einen Mann   *sjelden saa' jeg Mand*
Für Bødvild mehr gefährlich.   *for Bødvild mere farlig ...*
Schneidet tiefer!   *skær dybere!*

γ) Vølund auf dem Holme — Vølund paa Holmen.

Das Innere von Nidung's Schmiede draussen auf dem
Sævar-Holme im Fjorde: Auf einem Ruhebette von Reisig,
Laub und Häuten liegt Vølund. Ihm gegenüber sieht man
noch Glut auf der Esse, unter welcher Lys. und Svart.
schlafend liegen. Der schwache Schein von dem ersterbenden
Feuer streift Vøl.'s finsteres Gesicht, umrahmt von russigem

Haar und Bart. Mit Mühe erhebt er sich zur Hälfte und tappt nach seinen Krücken. Durchs Fenster im Hintergrund beginnt das Tagesgrauen sichtbar zu werden.

Vølund hat die Nacht schlaflos zugebracht. Jetzt beim Tagesgrauen ruft er seine Knechte, dass sie ihm schmieden helfen. Mit Hilfe Lysalf's hinkt er zur Esse und starrt ins Feuer. Trübe Gedanken nehmen ihn in Anspruch. Svart. nährt diese, während Lys. ihn durch Hinweis auf Alvide auf-zurichten sucht.

Vøl. bringt ein Federhemd zum Vorschein, das er aus mühsam auf dem Holme gesammelten Federn gefertigt hat. Doch hält er noch nicht viel von dessen Wirksamkeit.

Vøl. schläft endlich wieder ermüdet ein. Lys. ruft das Albenvolk an, dass es Vøl.'s Schlaf ergötze und ihm während desselben lehre, das Federhemd zu machen.

Der Zwergkönig und die Zwergkönigin erscheinen mit ihrem Volke.

Zwischenspiel — Mellemspil.
Elfen-Spiel — Alfe-Leg.

Alfen und kleine Mädchen tanzen bei Musik. Auf einen Wink der Zwergkönigin bringen die kleinen Mädchen eine Puppe, welche die Gestalt Vølund's in naiver, kindlicher Art darstellt, und beginnen um dies Bildnis zu tanzen. Die Zwergkönigin wünscht, die Tanzenden möchten durch ihren Gesang Vøl. wieder die alte, liebe Erinnerung an Alvide zu-rückrufen.

Auf einen Wink der Zwergkönigin bringen die kleinen Mädchen jetzt ein Bild von Alvide, das auf dieselbe kind-liche, groteske Art hergestellt ist. Sie bringen die zwei Bilder zusammen, klatschen mit den Händen, lachen und tanzen um sie herum.

Alfen und kleine Mädchen sind hinter den Bildern hinauf-gestiegen und nähern deren Gesichter einander. Dabei fallen die Bilder vornüber und ins Feuer. Die Kleinen stossen einen Schrei aus, die Musik hört auf, die Erscheinung verschwindet. Es ist finster wie vorher in der Schmiede Vølund's.

Erbittert ist Vølund erwacht. Die Erinnerung an Alv.,

die ihm der Traum gebracht hat, lässt ihn sein Elend nur um
so tiefer fühlen. Der Rachegedanke ist jetzt in ihm gereift.

Der Tag ist angebrochen. Grim. und Gram. schleichen
sich schneebeladen zu Vol.'s Schmiede. Draussen herrscht
Hagel- und Schneewetter.

Vøl. Sie nähern sich dem Schicksal... De nærmer sig Skæbnen...
*   so lass sie ein!   saa lad dem ind!*

Lysalf öffnet die Thüre. Grim. und Gram. treten ein,
mit kurzen Schwertern, Bogen und Pfeilen bewaffnet; sie
schauen sichtbar begehrlich nach den blanken Metallgegen-
ständen, Stahl, Bronze, Gold, welche die Wände ringsum be-
decken.

Vøl. Was sucht ihr?   Hvad søger I? —
Grim. Sucht? Was frägt der Sklave! Søger? Hvad spørger Trællen!
Gold wir suchen — unser Vater Guld vi søger — vor Fa'r er
*   ist geizig (vgl. Oehls.)   karrig.*
Gram. Und Waffen, schärf mir Og Vaaben. Skærp mig min
*   meine Pfeilspitze, Du! (ThS.)   Pile-Odd, Du!*

Trotz Nidung's Verbot gibt Vøl. einem jeden der Knaben
einen goldenen Ring und verheisst ihnen noch grössere, wenn
sie rückwärts durch den Wald zur Schmiede gehen würden —
„Saa gange I baglæns herhid gennem Lunden!" — (Vkv.,
ThS.)

Nach dem Golde gierig, willfahren die Knaben seinem
Verlangen und gehen dann hinweg.

Vøl. gibt nun Svart. den Auftrag, den Knaben nachzu-
schleichen, die Köpfe ihnen abzuschneiden und die Ringe mit
den Köpfen zurückzubringen. Vergebens bestürmt Lys. den
Meister, von seinem Entschlusse abzulassen.

Grinsend bringt Svart. die Schädel der Königssöhne;
Vøl. will daraus Trinkschalen für den König machen.

Während dieser Arbeit tritt Bødvild durch die Thüre,
mit dem Speere in der Hand, eine kurze Tierhaut über die
Schulter geworfen, einen Silbergürtel um die Mitte, den Woll-
mantel etwas hinaufgeschürzt.

Bødvild zieht den goldenen Schlangenring aus dem Busen.

14*

Bødv. Bødvild beut Dir　　　　*Bødvild byder Dig*
Auszubessern ihren Ring;　　*bøde hendes Ring;*
Böse wird mein Vater,　　　　*vredes vil min Fader,*
Falls er ihn entzwei sieht.　　*om han saa' den isønder.*

Vølund nimmt den Ring und befiehlt Svart. aus der Schmiede zu gehen (Lys. hat wegen des Mordes an den Knaben den Meister bereits verlassen).

Bødv. Böse ist Dein Blick —　　*Hvast er dit Blik —*
Vøl. Hast Du es wohl vergessen　*Har Du mon glemt det*
Wie Du˙ riefest:　　　　　　　*fra sidst Du raabte:*
Schneidet tiefer?　　　　　　*skær dybere?*

Bødvild muss nun dem Schmiede während der Arbeit den Blasebalg ziehen (Oehls.). Nach einiger Zeit reicht Vøl. der Erhitzten das Metgefäss zum Trinken (Oehls.).

Nach dem Trunke spricht Bødvild:

Bødv. Zu stark Dein Äl ich fand　*For stærkt dit Øl jeg fandt!*
Der berauscht— Dein Trank!　　*Den ruser — din Drik!*

Vøl. arbeitet weiter und erzählt der Königstochter seine **Abstammung**: wie sein Grossvater, ein starker Seeheld, seinen Vater mit einem Meerweib (Havfru) zeugte. Sein Vater aber war der Riese Vade (nach ThS.).

Als der Ring wiederhergestellt ist, ergreift Vøl. die durch die Hitze und das Äl betäubte Bødv. unter dem Ausruf:

Decke nun dein Antlitz zu,　　*Dæk nu dit Aasyn til,*
Hervør-Alvide!　　　　　　　*Hervør-Alvide!*

und thut ihr Gewalt an. Svart. aber lacht von draussen: Ha, ha, ha!

δ) Am Königshofe — I Kongsgaarden.

Halle am Königshofe Nidung's, Weihnachtsabend (Jule-Kvæld).

Links Hochsitz mit niedrigen Stufen hinauf; vor dem Könige ein Trinktisch mit grossen Metkannen und zwei gleichgearbeiteten goldenen Schalen, mit Steinen und grossen **Perlen** besetzt.

Die Anzahl der Gäste ist gross: Jarle mit ihrem Gefolge, des Königs Ritter; Diener, Mädchen, Schenken, sowie die Leibwache der Bogenschützen in der Nähe des Hochsitzes.

Im Freien vor grossen Feuern lagert das Gefolge der Gäste.

Klarer, bestirnter Nachthimmel, Mondschein über dem Schnee.

Das Bier wird herumgereicht — aber ohne besonderen Lärm der Gäste, die alle bedrückt erscheinen von der Einsilbigkeit und Zerstreutheit des Königs, der starr in seinem Stuhle sitzt, dann und wann einen misstrauischen und spöttischen Blick über die Versammlung werfend. Reigin fordert den Königsskalden auf, etwas zu singen.

Dem Könige allein im Saale schmeckt das Bier nicht. Er misst die Schuld davon den Trinkschalen bei (s. Oehls.). Nid. verbirgt das Gesicht mit den Händen.

Reigin erklärt den Jarlen:

Reig. Es sind seine Söhne   *Det er Sønnerne hans*
   — Grimur und Gramur —   *— Grimur og Gramur —*
   Die er niemals vergessen kann!   *han aldrig kan glemme!*

Man glaubte von den Königssöhnen, dass wilde Tiere sie im Walde zerrissen hätten.

Bødvild, nunmehr die einzige Erbin des Königs, soll heute, am Weihnachtsabend, einen Mann sich wählen.

Sie tritt in die Halle; abgemessen, ohne sich umzusehen, schreitet sie zum Hochsitz, führt die Hand des Königs an ihre Lippen und lässt sich auf dem niederen Sitze unter dem seinen nieder.

Die Gäste rufen ihr allseits Heil! zu. Der Königsskalde singt trunken ein Lied. Bødvild sagt zum Vater:

Bødr. Will nicht der König,   *Vil ikke Kongen,*
   Mein Vater, befehlen,   *min Fader, befale,*
   Dass Völund geholt wird   *at Völund hentes*
   Vom Sævar-Holme?   *fra Sævar-Holmen?*
   Selbst hast Du gesagt,   *Selv har Du sagt,*
   Dass seine kluge Rede   *at kløgtig hans Tale*
   Konnte ergötzen   *kunde Dig ledige*
   Deine Musestunden! (s. Oehls.)   *Stunder husvale!*

Nidung befiehlt: Bringt Vølund hieher!

Vøl. wird in den Saal gebracht. Er lässt sich am Trinktisch vor dem König nieder, neben dem Feuer. Er trägt auf
dem Kopfe einen breitgeränderten Hut, sein ganzer Körper
ist in einen Mantel eingehüllt.

Nid. frägt Vøl., wie es komme, dass aus seinen Trinkschalen der Wein wie Essig schmecke. Vøl. will es bekennen, wenn Nid. den aus Vkv. Str. 33 bekannten Schwur
leiste. [1]

Bødvild spricht ruhig und gelassen: So gib ihm Dein
Wort.

Der König schwört.

Die Jarle treten nun ungeduldig vor; sie meinen, nicht
um auf Sklaven zu hören, seien sie hieher gekommen, sondern um Bødvild zu freien.

Nid. gibt diesem Drängen nach und fordert Bødv. auf,
einen Mann zu wählen. Diese aber weist die Freier zurück
und tritt zu Vølund.

Bødv. Bei Vølund sass ich auf dem   *Hos Vølund sad jeg paa Sævar-*
             Sævar-Holme,   *Holmen,*

---

[1]) Er verlangt: Men Du, Kong Nidung,
        skal sværge mig til —
        med alle Eder,
        som Du besvor,
        ved Aserne Odin og Tyrr og Thor —
        ved Buens Snor
        og Skibets Bord,
        ved Hestens Hov
        og Skjoldets Rand
        og Sværdets Egg
        hos vaaben-før Mand —
        at ej Du vil dræbe
        i Hallen herinde
        Vølund og den Kvinde,
        paa Fanget han tog —
        ej Bane dem volde,
        ej Mén eller Kvide,
        om end Du fik vide,
        bag Barmen hun bærer
        Frugt fra min Lænd!

Sass auf seinem Schosse in der   *sad paa hans Skød i Smedien*
    Schmiede drinnen (Vkv.).   .   *inde!*

Der König traut seinen Sinnen nicht; er hält die Tochter
für verrückt. Doch diese fährt unbeirrt fort:

Weg habe ich ein Kind von seinen   *bort har jeg Barn fra hans*
   . *Umarmungen getragen.*   *Favntag baaret.*

Nid. trifft dieser Schlag härter noch als der Verlust der
Söhne. Die Jarle verzichten jetzt auf Bødvild's Hand. Diese
will nunmehr Vølund als den ihren beanspruchen, doch von
Vølund's Lippen ertönt es: „Nie!"

Bødvild kann solche Antwort nicht fassen. Sie meint,
diese müsste lauten „Immer", da sie, die Königstochter, ihm
seine Liebe entgegengebracht habe und allnächtlich zu ihm
in die Schmiede geschlichen sei.

Vølund verkündet nun dem König:

Vøl. Schlachten liess ich   *Slagte lod jeg*
    Deine Söhne —   *Sønnerne dine —*
    Die würden nur gefolgt sein   *de vilde kun fulgt*
    Ihres Vaters Fussspur: *deres Faders Fodspor:*
    Ich bereue nicht meine That!   *jeg angrer ej min Daad!*
    Von Hirnschädeln   *Af Pande-Skaller*
    Schalen ich machte,   *Skaaler jeg danned,*
    Mit der Augäpfel   *med Øje-Æblers*
    Perlen besetzte ich sie —   *Perler besat —*

Alle blicken mit Entsetzen auf Vøl. Reigin fordert die
Knechte auf, diesen zu ergreifen. Vøl. aber wirft mit einem
Ruck Hut und Mantel ab. Unter dem Arme hält er ein
Bündel (es enthält seine Arbeitskleider), das er zur Erde
fallen lässt. Er erscheint herrlich gewappnet. In seinem
Helme sind Alfenspiele eingeritzt, auf der Brust trägt er eine
Goldplatte mit einer weiblichen Gestalt in erhabener Arbeit.
Am Rücken, nahe bei den Schultern, sind Flügel aus schnee-
weissen Vogelfedern, durchwirkt von Golddraht, befestigt;
an der Seite hängt ein breites Schwert in goldener Scheide,
der Griff mit Edelsteinen besetzt.

Alle Feuer erlöschen in der Halle, nur das um Vølund
flackert stark.

Vol. Greifen und binden mich? — Gribe og binde mig? —
Niemals, mit dem Schwerte   aldrig, med Sværd i Haand!
in der Hand!

Er zieht das Schwert; man hört ein Sausen in der Luft, in der Ferne.

Reigin, von den Jarlen aufgestachelt, stürzt sich hitzig auf Vølund und wird von diesem tot zu Boden gestreckt (ThS.).

Die Bogenschützen des Königs werfen ihre Waffen weg und fliehen. Alle sind bestürzt. Bødvild allein behält ihre Geistesgegenwart bei. Nidung aber sitzt zusammengesunken und ins Leere starrend in seinem Stuhle.

Vøl. tritt nun gebieterisch vor. Es ist, als ob der Federmantel ihn in die Höhe hielte.

Walkürenruf von draussen und oben ertönt:

« Gewaltzeit,	*— — « Volds-Tid,*
Mordzeit,	*Drabs-Tid,*
Die Sonne geht unter,	*Sol gaar under,*
Ragnarok,	*Ragnarok,*
Helle Götterdämmerung	*lyse Guders Skumring stun-*
kommt.» —	*der.› —*
Vøl. Was? Walhallastimmen!...	*Hvad? Valhalla-Røster!*
Kommst Du, Hervør —	*Kommer Du, Hervør —*
Kommst Du, Alvide —	*Kommer Du, Alvide —*
Kommst Du, mein Weib,	*Kommer Du, min Vir, min*
meine Braut, meine Schwe-	*Brud, min Søster? ...*
ster? ...	
Ach! —	*Ak! —*

Vølund schickt sich zum Fluge an. Bødv. will sein Entkommen um jeden Preis hindern, tot oder lebendig muss sie ihn besitzen. Sie spornt die Mannen des Königs an, ihn zurückzuhalten.

Die Walküren werden jetzt aus den Wolken sichtbar; die vorderste ist Hervør, die ihre Arme ausstreckt.

Vøl. Hervør! —	*Hervør! —*
Ich komme!	*jeg kommer!*

Das Federhemd erhebt ihn über die Leute, über die Halle; Hervør schliesst Vøl. in ihre Arme.

Bødv. entreisst dem nächsten Manne Pfeil und Bogen, zielt auf Vøl., der von ihr getroffen wird.

Hervør. Was ewig will leben —   *Hvad evigt vil leve —*
 Muss zuerst auf Erden unter- *maa først paa Jord gaa under!*
            gehn!
Walküren. Rache — Rache!   *Hævn — Hævn! —*
Einherier. Ragnarok kommt!... *Ragnarok stunder!...*

Hornstösse ertönen in der Ferne. Unter Blitz und Donner beginnt jetzt in den Lüften der Kampf zwischen Walhalla-Göttern und Jätten. Der Kampf erstreckt sich hinunter auf die Erde. Die Thürpfosten der Halle stürzen, die Feuer erlöschen mit Ausnahme dessen, das vor dem Hochsitz Nidung's flackert. Man sieht das Götterbildnis Odin's hinter Nid. sich loslösen und auf diesen niederstürzen, ihn in seinem Sturze begrabend und zermalmend. Bødv., mit dem Schwerte in der Hand, wird kämpfend gegen den Vordergrund getrieben, die Gäste an ihrer Seite werden niedergehauen. Ein Jätte mit erhobener Keule erfasst Bødv. bei den Haaren. Diese schreit: „Ist Hervør umgekommen?" Der Jätte lässt mit einem Grinsen die Keule fallen, schleppt Bødv. zum Feuer, hebt sie in die Höhe, erdrosselt sie und wirft sie auf den Boden. Beim dahinsterbenden Feuer sieht man die Züge des Jätten — es ist Svartalf. Ein Einherier — Lysalf — stürzt sich auf ihn und durchbohrt ihn mit dem Speere. Dann wird er selbst von einem Thursen niedergeschlagen. Der Kampf wird in völliger Finsternis fortgesetzt, bis alles unter ohrenbetäubendem Lärme zusammenstürzt.

Grosse Finsternis — grosse tiefe Stille.

Schlussspiel (Lebensträume) — Slutningsspil (Livs-Drømmen).

Es ist mondhelle Frostnacht — draussen Vølund's Haus von der Sommerzeit. Die Sterne scheinen klar; der Schein des Mondes liegt grünlich über der schneebedeckten Landschaft. Grosse Schneemassen reichen ganz hinauf gegen

das Dach des Hauses und den Stamm der Eiche. Schnee
überall.

Auf der niedrigen Bank unter dem Hügel, wo Vølund
jenen Sommerabend sass und arbeitete, hat Hervør Vølund
zum Sitzen gebracht.

Sie hat Schild und Speer von sich gelegt und lehnt seinen
Kopf hinauf gegen ihre Brust. Sein einer Arm ruht auf
ihrem Schosse, in der linken Hand hält er sein Schwert; seine
Augen sind geschlossen.

Durch die Eis- und Schneeschichten unter der Holzbrücke
rieselt der Bach schwach dahin. Wie stille Musik ertönt sein
Rieseln.

Hervør weiht dem verwundeten Vølund ihre Sorge.
Nicht dem Tode sei er verfallen, sondern er werde zur
ewigen Vereinigung mit ihr wiedergenesen.

Hervør. Gesättigt ist der Jungfrau	*Mættet er Møens*
Jagen nach Heergeschrei;	*Higen efter Hær-Skrig;*
Geblendet meine Blicke	*blændet mine Blikke*
Fragen nicht nach Speer-Glanz:	*spørger ej om Spyd-Glans:*
Froh bin ich geworden	*glad er jeg vorden*
Dir zu Willen —	*Dig til Vilje —*
Milde bei ihrem Herrn	*mild hos sin Husbond*
Hervør ruht.	*Hervør hviler.*

Rötliche Lichtung des Morgengrauens erhebt sich über
dem Hügel. Der Schnee löst sich los vom Dache des Hauses
und von den Ästen der Bäume; er fällt zur Erde, aus der
Gras und Blumen zu spriessen beginnen.

Der Bach bricht seinen Weg durch die Eismassen, sein
Lauf verstärkt sich und wird breiter. Der Klang von der
Wellenmusik steigt mit der Rede Hervør's. Als sie endet,
ist die Landschaft ganz sommerlich.

Stimmen von oben verkünden die Wiedergeburt der Erde,
Lysalf erscheint droben, von Zwergen, Elfen, kleinen Mädchen
umringt. Er erscheint als Botschafter des Glückes:

»Einen Saal seh' ich stehn glän-	*»Sal ser jeg staa mer faur end*
zender als die Sonne,	*Sol*
In Walhalla goldgedeckt;	*udi Gimle gylden-tækket;*

Es sollen dort schuldfreie Scharen wohnen	*skal dér skyldfri Skarer dvæle*
Und für Lebenszeit Glück geniessen.‹	*og i Livstid Lykke nyde.*«

Das kleine Volk umringt jubelnd Vølund; die kleinen Mädchen pflücken Blumen und schlingen Kränze um die Thüre des Hauses. Zum Zeichen des nun angebrochenen Friedens vergraben die Zwerge unter Jubel Vøl.'s Schwert in der Erde. Knieend bringen sie Vølund ein Diadem.

Zwerg. Vølund! sei unser König gut —	*Vølund! vær vor Konge god —*
Nimm unsere Krone, unser Kleinod!	*tag vor Krone, vort Klenod!*

Vøl. aber weist die Krone zurück, da alle Sklavenbande jetzt auf Erden gelöst sein sollen.

Das kleine Volk wünscht Vølund und Alviden Heil!

Lysalf aber öffnet die Thüre, die zur Schmiede führt.

Lys. Feuer und Werkzeug,	*Ild og Værktøj,*
beide warten:	*begge venter:*
auf den Wirt seine Gäste!	*paa Værten hans Gæster!*
Was wollen wir jetzt schmieden,	*Hvad ville vi nu smedde,*
Meister der Schmiede? . . .	*Smeddenes Mester? . . .*
Starke Stimme von oben. Frieden auf Erden —	*Fred over Jorden —*
Menschenglück!	*Menneske-Lykke!*

II. Rückblick auf die Dichtung nebst Quellenbesprechung.

Eigentümlichkeiten der Dichtung. Vor allem ist hervorzuheben, dass Vølund der Brüder, Hervør der Schwestern entbehrt. Vølund erweckt Hervør, wie Siegfried Brünhilden, aus dem Zauberschlafe, in den Allvater sie versenkt hat.

Vølund's Genossen — statt der Brüder — sind die beiden Gesellen Lysalf und Svartalf, deren Natur in ihrem Namen begründet ist. Es gilt darum von Svartalf selbst das Wort, das er über Nidung spricht:

I Navnet ligger Manden,
Manden i Navnet (vgl. oben S. 205).

Ragnarok, die Götterdämmerung, wird in die Lösung von Vølund's Geschick verflochten. Der Kampf bringt Untergang den Bösen, für die Guten aber soll ein ewiger Friede herrschen, kündet Lysalf nach geendigtem Kampfe. Man beachte noch: Im Frühling gewann Vølund Hervør, in Sommerszeit wurde sie ihm entrissen, in strenger Winterszeit hatte er all seine Leiden zu dulden, bis es plötzlich, mit einem Schlage, wieder Frühling wurde, der dem wiedervereinten Paare ewiger Frühling bleiben, ein ewig Glück ihm gewährleisten sollte.

Fürwahr, Drachmann's Dichtung ermangelt nicht der grossen, selbständigen Züge. [1])

Quellen der Dichtung. Der Vaulundurs Saga sind vor allem die Charaktere der Neidingerfamilie — König Nidung's, Bødvild's und der Königssöhne — entlehnt. Ein grausamer, boshafter Sinn ist der ganzen Sippe eigen. [2]) In beiden Dichtungen ereilt sie darum sämtlich ihr Schicksal.

Zwei Scenen insbesondere lassen völlige Anlehnung an die Vaul. Saga erkennen: Bødvild, die mit ihrem zerbrochenen Ringe in die Schmiede gekommen ist, muss dem Schmiede dort den Blasebalg ziehen und wird von ihm mit Äl betäubt, und Vølund wird zu einem Gastmahl des Königs herbeigeholt.

Vkv. und ThS.: Diente Oehlenschläger die ältere Über-

---

[1]) Es ist noch zu bemerken: Der Dichter leitet das Melodrama ein mit dem Gesange eines alten Skalden — „Saa synger den graanede Skjald" —. Auf goldner Harfe begleitet dieser seinen Gesang von der endlichen Befreiung des unterdrückten Volkes, für das sicherlich einst der Tag der Freiheit anbrechen werde, wie er für den unterdrückten Vølund angebrochen sei. Er beschliesst die Dichtung mit dem Gesange eines Jungen (der Dichter selbst) — „Saa kvæder den liden Pilt" —, der das Wagnis unternommen habe, dem grossen Skalden nachzusingen. Doch während jener machtvoll die Harfe geschlagen habe, so klimpere er nur mit der Zither.

[2]) Wenn in der *Vaulundurs Saga* Baudvilde das eine Auge Vaulundur's persönlich aussticht, so durchschneiden hier in *Drachmann's Dichtung* Grimur und Gramur, die Königssöhne, dem Schmiede persönlich die Sehnen an den Füssen.

lieferung als einzige Quelle, so trat dagegen bei Drachmann die Vkv. hinter der jüngeren Überlieferung zurück.

Der ThS. entstammmen: Die Person des Reigin, der Bericht von Vølund's Abkunft, die Fertigung des Federhemdes und die Entweichung Vølund's vermittelst desselben.

c) In England.

Angus Comyn: 'Wayland the Smith'. Drama in
Five Acts. London. 1898.
(Übersetzung von J. Börsch's Drama 'Wieland der Schmied'.)

Der Vergleich des englischen Textes mit dem deutschen Original lässt erkennen, dass am Texte einige Änderungen im Sinne von J. E. Wülfing vorgenommen wurden.

In seiner Recension des Börsch'schen Dramas (s. oben S. 189) tadelt Wülfing „den zu häufigen Wechsel des Schauplatzes, der das Stück bühnentechnisch unmöglich macht" und zeigt zugleich, wie sich diesem Mangel durch eine leichte Überarbeitung nachhelfen liesse.

Wülfing meint a. a. O., dass die 5. Scene des II. Aufzugs — 12 Zeilen Selbstgespräch Wieland's, S. 48 f. — als „bei Seite" an die nächste angefügt werden könnte. In der Übersetzung findet nun die Vermengung beider Scenen statt (S. 51 f.), indem Bathilda noch während des Selbstgespräches Wayland's erscheint (neu eingeschobener Dialog zwischen beiden), dann aber das Eintreten des Königs den Scenenwechsel erspart (im Originale begibt sich Wieland zum Könige).

Auch das von .Wülfing beanstandete „Ab" hinter den Worten der Königin, IV, 3 (S. 78), ist gestrichen und die Stelle rektifiziert.

Endlich ist das (gleichfalls von Wülfing erwähnte) Versehen der fälschlichen Anrede Hornbogs mit dem Namen Eigel (s. oben S. 188, Anm. 1) behoben.

Ausser diesen (von Wülfing beeinflussten) Änderungen zeigt der englische Text noch folgende Abweichungen:

I, 1 (Börsch, S. 4) ist der Monolog Alwit's (diese erzählt vom Kampfe gegen Nidung und dessen Ursache, ferner von dem wiedererwachten Walkürendrange) in einen Dialog zwischen Allwhite und Swanwhite aufgelöst (Comyn, S. 2).

III, 1 (Börsch, S. 56) — Scene, wie sich Regin mit den 5 Gesellen in den Hinterhalt legt — enthält einen Zusatz von 6 Zeilen Selbstgespräch Regin's, in welchem der eitle Geck die Überzeugung von Bathilda's Liebe zu ihm ausspricht (Comyn, S. 61).

Noch sind die Namensbezeichnungen der Übersetzung hervorzuheben. Preface S. VI f. äussert sich darüber Comyn:

"The translator has throughout followed the Anglo-Saxon tradition, restoring to the personages and divinities their ancient Anglo-Saxon or Old English names, thus for example Niding becomes Nithhad, Wieland, Wayland, Odhin, Woden (viz., Wodenesdag, Wednesday)" etc. [1]

Im übrigen ist die genaue Wiedergabe des deutschen Originals durch den englischen Text hervorzuheben. [2]

Nachtrag. Zu den afr. Anspielungen (s. oben S. 31 ff.).

Galanz-Stelle in 'Le Roman de Thèbes'.
(Von Herrn Professor Breymann mitgeteilt.)

V. 1561 ff. (Ausg. von L. Constans, Paris 1890) berichten von dem von Galanz gefertigten Schwerte des Helden Tydée:

> *Galanz li févre la forja*
> *Et danz Volcans la tresgeta:*
> *Treis deesses ot al temprer*
> *Et treis fees al tresgeter.*

---

[1] Die weiteren anglisierten Namen: Eadwin (Otwin), Eadgar (Ottar), Egil. Slayfeather, Wittic, Ising, Boarwin, Thankred.

[2] Siehe den Stammbaum der neuzeitlichen Bearbeitungen der Wielandsage auf S. 224. Doch können durch diesen Stammbaum nur die Hauptquellen der einzelnen Dichtungen zum Ausdruck gebracht werden, nicht aber die verschiedentlichen Nebenquellen; die Prosadichtungen sind durch durchbrochene Linien gekennzeichnet.

I. Stammbaum (mittelalterl. Mohrengeschichten).

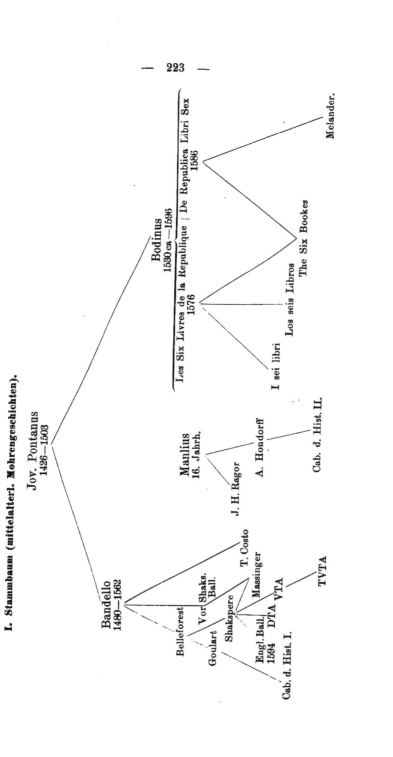

Jov. Pontanus
1426—1503

Bandello
1480—1562

Bodinus
1530 ca —1596

Les Six Livres de la Republique ; De Republica Libri Sex
1576 / 1586

I sei libri

Los seis Libros

The Six Bookes

Melander.

Manlius
16. Jahrh.

J. H. Ragor

A. Hondorff

Cab. d. Hist. II.

Belleforest

Vor Shaks.
Ball.

T. Costo

Massinger

Goulart

Shakspere

Engl. Ball.
1594

DTA

VTA

TVTA

Cab. d. Hist. I.

Lippert & Co. (G. Pätz'sche Buchdr.), Naumburg a. S.

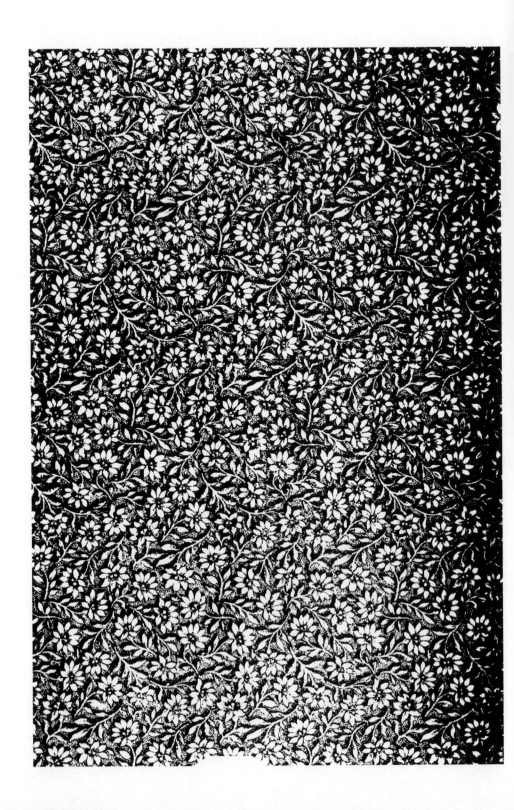

Lightning Source UK Ltd.
Milton Keynes UK
UKHW021813180219
337566UK00009B/157/P